# La Unión Europea: el final de una utopía

EMETERIO GUEVARA RAMOS

RECONOCIMIENTOS


A los foros de The
World Technopolis Association (WTA)
y de la International Association of
Scientific Parks (IASP), realizados en las ciudades de cuatro
continentes realizados anualmente de 1997 a 2018.


A los estudiantes de postgrado en las estancias de planeación de las
universidades Washington State, Seúl National University,
Portland State University, University of Tokio, Río de Janeiro State
University y A los compañeros de Qatar, Jordania, Inglaterra, Francia,
Irán, Corea, Japón, Singapur y Malasia, con los que las discusiones
sobre el tema se prolongaron durante algunas noches.

A los maestros del diplomado de Planeación Urbana y de La
Integración de la Unión Europea; a los maestros del doctorado en
Canterbury, Reino
Unido, de quienes espero que puedan encontrar aquí no solo
vestigios de su
influencia, sino sus grandes líneas de pensamiento.

# CONTENTS

ACKNOWLEDGMENTS

To my professors and classmates in México, United Kingdom,
United States and Spain.

I learned from all of you.

Especialmente mis agradecimientos por el apoyo institucional de la
UNESCO, al Dr. Yoslan Nur,
Programme Specialist Division for Science Policy and
Sustainable Development Natural Sciences Sector, UNESCO; por el
apoyo
para ejercer la Presidencia en México del Knewledge Economy
Consortium; Mi profundo agradecimiento a la WTA y a su presidente
el Dr.
Oh, Deong-Seong por su amabilidad y promoción para las varias
estancias
en Seúl y Daejeon; al Director General, de la International
Association of
Science Parks and Areas of Innovation, Spain (IASPAI- el Dr. Luis
Sanz quien proveyó de lo necesario para asistir como ponente en al
menos 15 congresos internacionales.


Permanezco agradecido de por vida con mi esposa
Aurora, por paciencia, compañía en algunos eventos,
amor y apoyo al proyecto. Ella
es la responsable de que no haya tantos errores
en mis libros gracias a su
minuciosa revisión de los borradores.
Ernesto, gracias, hijo por tu apoyo en
el diseño de las portadas y todo tu apoyo,
a Cesar por las conversaciones
sobre algunos de los temas, gracias, hijo.
Aprecio el entendimiento de mi
hija Claudia cuando estaba viajando.

# PROLOGO A ESTA EDICIÓN

Suele decirse que la Unión Europea es una construcción institucional *sui generis*, por supuesto que, si lo es, sin embargo, esta afirmación ayuda muy poco a entender una realidad que es sumamente compleja. Es más, da por sentada una situación estática. Si algo caracteriza la evolución de la Unión Europea, por lo menos en los últimos treinta años, es su dinamismo, su permanente cambio.

Si a algunos el proceso les parece lento, es porque lo aprecian desde una perspectiva de carácter personal: cuarenta años en la vida de un individuo son muchos. Pero si la apreciación se hace desde una perspectiva histórica, recordando por ejemplo los procesos de unificación alemán o italiano, lo que aparece ya no es la lentitud del proceso, sino su rapidez.

La obra que sigue es buena muestra de ello. Siempre es difícil fechar con exactitud el momento en que una idea pasa de la esfera intelectual a tener una proyección concreta y después a constituirse en una ley. En este sentido, para refrescar el tema, constituye un útil recordatorio el capítulo dedicado los antecedentes del Movimiento Europeo.

Lo que sorprende a la mayoría de los observadores es el origen mismo de las Comunidades Europeas y la estructura deseada y soñada por los padres fundadores. Siendo un proyecto profundamente político en sus objetivos, Schuman, de Gasperi y Adenauer consideraron que los medios tenían que ser distintos en un contexto, el de la posguerra, que no se prestaba con facilidad a una unión de carácter abiertamente político. La ya clásica frase de Maurice Schuman sobre la construcción progresiva de Europa a través de la creación de solidaridades, de hecho, no es más que la traducción de la reflexión inspiradora de Jean Monet (*nous ne fédérons pas les nations, nous unissons les hommes*). Pero este enfoque pragmático y posibilista no es un proceso lineal ni inspirado por una lógica institucional o jurídica. La mejor prueba de la no linealidad del proyecto son las posibilidades de aceleraciones o frenazos en la construcción de la Unión europea.

Sin embargo, las grandes creaciones, los grandes procesos federalistas no obedecen a una lógica rígida o predeterminada. Basta recordar la fundación de los Estados Unidos de América o, más cercano a nosotros, la progresiva construcción de la Confederación Helvética, para tener una demostración patente de ello.

Pero esta ausencia de rigidez no significa la ausencia de una visión de conjunto de lo que se quiere conseguir. Hay una profunda lógica subyacente al proceso de construcción europea; la lógica que recoge el título de esta obra: La Unión Europea: ¿El final de la utopía? Lo paradójico es que la UE surge para evitar la guerra, uniendo a Alemania y apoyándola para que saliera de su destrucción económica, y la inclusión de países del este de Europa ponen en peligro esa paz tan largamente acariciada y nunca lograda en el largo plazo. Y allí está la ex Yugoeslavia con los bombardeos de la OTAN a Kosovo para recordarnos lo efímero de ese objetivo. Y ahora, Ucrania amenaza con ser el Armagedón de Europa.

Algunos se cuestionan el hecho de que si es tan excelente el proyecto ¿por qué la salida del Reino Unido? ¿Por qué no se tuvo un acercamiento con Rusia en lugar de enfrentarla? Detengámonos un momento para entender su salida de la Unión europea, para ello debemos regresar al Tratcherismo. En ese tiempo tanto la señora Thatcher como la mayoría del Partido Conservador apoyaban con entusiasmo una Europa concebida como un mercado único. Su posterior cambio de opinión y el surgimiento de un grupo descontento -los llamados «euroescépticos»- con el que ella simpatiza provienen del hecho de que una Europa unida es algo más que un mercado. Su oposición deriva en parte del hecho de que la Unión Europea representa una alternativa más humana que la de bajos salarios y libertad total con la que se extendió la inseguridad en Gran Bretaña a medida que se hundían industrias que hubieran podido sobrevivir con un poco de apoyo. Es cierto que la economía mejoró, se crearon empleos, la pobreza disminuyo, sin embargo, la desigualdad creció enormemente.

Podría uno preguntarse qué habría hecho la señora Thatcher del ambicioso objetivo de Winston Churchill de «lograr una fraternidad real en Europa, superando todas las fronteras nacionales, clasistas o partidarias», descrito en su carta a Stafford Cripps en 1948. Tres meses más tarde, en su discurso como presidente de honor en el Congreso de Europa celebrado en La Haya en mayo de 1948,

Churchill declaró: «Sólo nos salvaremos de los peligros que nos acechan si somos capaces de olvidar los odios del pasado, dejar morir viejos rencores y revanchas, borrar progresivamente fronteras y barreras que agravan y enconan nuestras decisiones, y alegrarnos juntos con ese glorioso tesoro de literatura, novela, ética, pensamiento y tolerancia que nos pertenecen a todos (Barón, 1999:11). Esa es la verdadera herencia de Europa, la expresión de su genio y su honor, que casi hemos eliminado con nuestras querellas, nuestras locuras, nuestras terribles guerras, así como los actos horribles y crueles, consecuencia de la guerra y la tiranía».

Las amenazas totalitarias latentes que preocupaban a Winston Churchill a finales de los cuarenta parecen haber disminuido. No obstante, los ideales que le inspiraron son muy necesarios en una Europa que ha conocido tanto el salvajismo de la guerra civil balcánica como la miope inacción de un gobierno británico que intentó esconder sus propias deficiencias reglamentarias y su responsabilidad en la generación de la crisis de la ESB, generando una artificial «guerra bovina» con sus socios europeos.

Muchos comparten la visión de Churchill. No tienen problemas en calificar de «valerosas y oportunas» las decisiones adoptadas en Maastricht, que transformaron la Comunidad Europea en la Unión Europea con su doble compromiso de una unión política basada en la ciudadanía común y una unión económica y monetaria fundamentada en una moneda única.

Lo otro, el enfrentamiento con Rusia se puede explicar desde la óptica del imperialismo norteamericano y el papel que juega la OTAN en la defensa de Europa. Como lo dijera el expresidente Trump, se le hizo más fácil a Europa depender de Estados Unidos y no invertir y desarrollas sus propias fuerzas de defensa, al incrementarse esa dependencia, Europa se vio sin una fuerza nacional.

La metáfora central de este libro es que Europa es una catedral a medio construir, cuyos cimientos datan de hace setenta años, pero cuyos muros están todavía construyéndose, y cuyo tejado no es más que un gran proyecto futuro. Pese a ello, no se tienen dudas acerca de la necesidad de completar la tarea o de que hacer las cosas bien hechas requiere tiempo.

El gobierno conservador podía jugar con la idea de Europa como amenaza, dado que la actitud de los británicos hacia la unidad europea difiere sustancialmente de la común entre los europeos continentales.

Para la mayoría de los europeos, el siglo XX supuso niveles de guerra y devastación sin comparación posible con un territorio británico que no conoció el azote de la ocupación rusa o alemana. Europa como proyecto capaz de absorber y canalizar las energías alemanas representan más para los franceses, los holandeses o los belgas que, para los británicos, que viven todavía, ilusoriamente, de la memoria de sus triunfos sobre Alemania (triunfo al que, aunque oportunamente se olvide, la potencia industrial estadounidense hizo una contribución tan decisiva).

Para el resto de Europa, la neutralidad en ambas guerras mundiales significó que no sufrieron ni ocupación alemana ni rusa. Ahora bien, mientras que Gran Bretaña conoció la gloria imperial entre los siglos XVIII y XIX, España experimentó una historia de decadencia y humillación internacional que culminaron con la pérdida final del imperio en manos de los Estados Unidos en 1898, con intensas luchas intestinas. La guerra civil de 1936-39 fue la tercera en un siglo y las experiencias modernas de España, hasta el resurgir de la democracia en 1977, estuvieron dominadas por baños de sangre y dictaduras represivas.

La experiencia de Portugal es comparable. Por ello, no es de sorprender que españoles, portugueses y griegos hayan abrazado la idea de la Unión europea con tanto entusiasmo.

En otras palabras, para los europeos continentales, la memoria, sea de guerras mundiales, sea de guerras civiles, hace que una Europa unida represente una vía de salida de un pasado no añorado. En lo más profundo de la Segunda Guerra Mundial, Jean Monnet, pensando en un mejor porvenir, imaginó el núcleo de una Europa unida en la búsqueda de una futura paz duradera a través de la colaboración francoalemana. Un paz que se ha logrado a pesar de la ruptura histórica de la guerra de los Balcanes y la de Rusia con Ucrania.

Europa representa la institucionalización de la sociedad libre negada por Hitler, Mussolini, Franco, Salazar o los coroneles griegos. Abre una perspectiva de paz porque significa la domesticación de Alemania a la par que renuncia a la soberanía nacional que requería fuerzas armadas para defenderla y que está en el corazón de siglos de guerra.

El caso británico es diferente. Citando la frase de Joaquín Costa, el pensador social español inspirador del regeneracionismo, cuando proponía que para afrontar el futuro España tenía que cerrar la tumba del Cid con siete llaves; en otras palabras, porque, como dice, «no tenemos la opción de vivir de nuestras memorias».

En este contexto, hace bien recordar otras palabras de Winston Churchill cuando, en su calidad de presidente de honor del Congreso de Europa celebrado en La Haya en mayo de 1948, afirmaba «la urgente necesidad de una unión estrecha y eficaz entre los pueblos de Europa».

Al hablar de la unidad política, Churchill reconocía que implicaba algunos sacrificios de soberanía nacional, aunque afirmaba «preferir considerarlos como la asunción progresiva por todas las naciones concernidas de una soberanía más amplia, que es la única que puede proteger nuestras costumbres diversas y propias, así como nuestras características y tradiciones nacionales, todo lo cual habría sido erradicado para siempre por regímenes totalitarios, fueran nazis, fascistas o comunistas».

Incitado por la falta de apoyo oficial a la idea de una Europa unida, había afirmado en la radio tres meses antes: «Pedimos a las naciones de Europa, entre las que han corrido ríos de sangre, que olviden sus agravios milenarios y trabajen por lograr las armonías más amplias de las que depende el futuro; y sin embargo, no somos capaces, en esta isla, nosotros que tenemos tanto en común, que no tenemos serios agravios o venganzas que devolver, de dejar de lado, por el bien de la causa en la que todos coincidimos, las luchas o los prejuicios de partido». Debemos ser conscientes de que las cosas han cambiado desde el ambiente positivo de los últimos años de la década de los ochenta, cuando la creación del mercado único estimulaba la actividad económica y las revoluciones de la Europa del Este parecían anunciar, si no el fin de la Historia, al menos el progreso hacia un mundo de consumo democrático. La recesión actual, el desastre económico por la pandemia, la oleada de refugiados y el surgimiento de nacionalismos sedientos de sangre política recuerda a lo ocurrido en los Balcanes y, aun así, en partes del antiguo imperio soviético no han disminuido su entusiasmo europeísta, lo que implica un choque de trenes con Rusia.

De modo similar, es actual el comentario de Robert Schuman sobre el peso muerto que supone la burocracia comunitaria, cuando decía que «la coalición de los técnicos es una cosa terrible».

Se es consciente de los resentimientos que nacen de la falta de consistencia entre los Estados miembros en la aplicación de la legislación europea o de la avidez de la burocracia bruselense por obtener más poderes reguladores o lo que De Gaulle denominaba «la Europa de las Patrias» por «la Europa de las Regiones».

La cuestión de la moneda única es también de igual, si no mayor, preocupación para todos los europeos en plena pandemia y guerra de sanciones contra Rusia, aunque por razones diferentes. La posibilidad de que al haber tenido que seguir la disciplina monetaria de una moneda que, de cualquier manera, que se denomine, «euro», se parecerá en casi todo al marco alemán, renunciando al arma de la devaluación, parece plantear una clara amenaza para las economías periféricas de Europa, como España. Portugal, Grecia o Italia. Con las sanciones a Rusia, Hungría, Austria, Alemania y Francia se unirán a esa crisis que requerirá algún ajuste al euro.

Este relato vivo de Europa en el alba de la próxima tercera década del Siglo XXI habrá conseguido, sin duda, el objetivo de evitar lo que se llama «oscurantismo», hecho de «inferencias, guiños y anacronismos».

También aleje el prejuicio de que sabe todo sobre Europa, el fenómeno más complejo de la historia de las naciones, nadie lo puede conocer todo.

No se ha optado en nuestro caso por establecer de antemano que ese modelo puede fracasar, pero sí que se han creado las condiciones sociales, económicas, políticas e institucionales para que el resultado sea la aparición de una federación con otras características, principalmente en el área de seguridad y defensa comunitaria. Aunque hablar de «aparición» no sea del todo exacto. Lo que caracteriza a la Unión Europea es que es ya una federación en muchos e importantes sectores: agricultura, cohesión social y territorial, regulación del mercado interior y del comercio exterior, competencia, destacados aspectos de la política industrial y medioambiental, moneda. Pues ¿qué es federación sino poner en común ciertos poderes y competencias, atribuyendo a la organización que ejerce esas competencias las clásicas funciones legislativa, ejecutiva y judicial? Porque no hemos encontrado aún los árboles clásicos no queremos darnos cuenta de que estamos en pleno bosque.

Una sociedad europea ha ido configurándose a través de unos

lazos cada vez más densos y estrechos entre los operadores económicos y las organizaciones sociales de todo tipo (empleadores, organizaciones civiles, trabajadores, consumidores, etc.). Está claro que queda mucho por hacer, sobre todo la resolución de las crisis que afectan a nuestro mundo: la económica, la social y la de salud con la pandemia.

Al comienzo del 2020 se habían dado los primeros pasos del nuevo ciclo político europeo, tras las elecciones del Parlamento de Estrasburgo y la llegada de nuevos liderazgos al frente de las instituciones comunitarias.

¿Hasta qué punto ha obligado la pandemia y la guerra a revisar esa estrategia? A diferencia de lo ocurrido en la crisis financiera de 2009, la Unión Europea ha reaccionado a tiempo, mostrando su determinación de hacer frente a las consecuencias del Covid-19 con la mayor contundencia y unidad posibles. Actuar de otra manera no solo hubiese supuesto una enorme equivocación en detrimento de los intereses comunes de los países miembros, sino también un riesgo cierto para el propio proyecto de integración, generando la desafección de millones de ciudadanos respecto de la burocracia de «Bruselas»

Derivado de la gran crisis económica que deja la pandemia y el conflicto bélico Rusia Ucrania en el mundo, el modelo de Europa debe repensarse de nuevo. Este modelo, en su concepción y operación, ha funcionado durante casi setenta años, pero hoy ya es disfuncional, lo muestra la salida de la Unión del Reino Unido y la desunión de Austria, Hungría y Alemania en torno a las sanciones a Rusia, la crisis de refugiados de Ucrania, el desempleo y la crisis financiera. Con el crecimiento de la Unión Europea hacia al Este, aunque no sólo con ella, se inició un nuevo ciclo de cooperación que trasciende y difumina fronteras. Pero ¿qué ha surgido exactamente de este modelo? ¿Adónde nos lleva la europeización, y qué resultados ha tenido hasta el momento? Ni la euforia ni el escepticismo en relación con una nueva Europa acrecentada pueden hacernos olvidar que Europa todavía no ha sido positivamente comprendida, entendida. Esta forma históricamente única y singular de crear una congregación de sociedades y Estados distintos se sustrae a todas las categorías y conceptos en uso. El ejemplo de Europa muestra con especial luminiscencia hasta qué punto nuestras significaciones políticas y el instrumental teórico de las ciencias sociales se han vuelto inapropiados para explicar este proceso y ajenos a la realidad, hasta qué punto siguen confinados en el marco teórico de un nacionalismo metodológico. La misma definición moderna de imperio debe asimilarse y discutirse pues, aunque no se quiere decir en público, la Unión europea se constituye en un imperio moderno.

¿Qué mantiene cohesionada a la nueva Europa de los 27? ¡Otra visión de Europa, la visión cosmopolita!

La pandemia del coronavirus y la guerra cayó como un balde de agua fría para la Unión Europea. Si a comienzos de 2020 podían vitorear con un liderazgo nuevo por haber salido airosos luego de una década en la que enfrentaron una severa crisis económica, una crisis de refugiados, además del drama que conllevó el Brexit, podían incluso pensar en la idea de transformar el bloque tal como lo planteó el presidente francés, Emmanuel Macron, a fines del año 2019. Sin embargo, llegó el Covid-19, después la invasión a Ucrania, que, con más de 300 mil muertos en el bloque y una tercera ola más letal que la anterior, y más de 6 millones de refugiados, se ha transformado no solo en una crisis sanitaria de inconmensurables dimensiones, sino que también en un desafío económico, político y social, que incluso ha llevado a que surjan voces que controviertan los pilares que sustentan a la UE.

Es en este contexto que muchos ya han comenzado a preguntarse: ¿Cuánto cambiará Europa luego del coronavirus y la guerra?

Sin embargo, es un hecho que las divisiones reales entre los países del norte y el sur en el bloque ya existían desde la crisis financiera y nunca se conciliaron, por lo que se puede esperar que en un mundo post-coronavirus y posguerra persistan y se amplíen. La distinción de ahora es que los países más afectados del sur, como Italia, Portugal y España, no pueden ser culpados por lo que pasó, sino que, si se quiere decir, tuvieron mala suerte. Por primera vez tenemos a estos dos protagonistas de ambos lados, Francia y Alemania, que lograron unirse para llegar a un acuerdo común para tomar un riesgo. Sin embargo, el problema es que el momento para que todos sigan a Francia y Alemania ya pasó. Ahora muchos otros países tienen dudas y no están listos para adquirir esta clase de deudas.

Alemania ha cambiado su postura, porque es uno de los más férreos defensores de esta suerte de escuela a favor de la reducción del riesgo. Aunque si no se logra resucitar la economía en una buena forma, sobre la base de la solidaridad, entonces los desequilibrios entre el norte y el sur van a ser más grandes y las tensiones también serán más grandes.

En la misma línea, Vessela Tcherneva, del centro de estudios European Council for Foreign Relations, sostuvo que en una Europa postcrisis «veremos más coordinación interna en relación con los asuntos de la salud entre los Estados miembro, lo que es una buena noticia para los sistemas de salud menos desarrollados».

A nivel general, la crisis del coronavirus ha mostrado el regreso del «gran Estado», donde los gobiernos dirigen la economía durante los tiempos difíciles, lo que necesitará más recolección de información y en algunos casos mayor vigilancia. Solo las democracias robustas podrán lidiar con estos cambios sin convertirse en un modelo a lo «Gran Hermano». Por lo tanto, el caso húngaro es muy importante para tomarlo como ejemplo en lo referente a la campaña de vacunación de manera muy independiente de las directrices de Bruselas.

Si la Unión Europea tiene éxito en persuadir a sus ciudadanos de que es el garante de su seguridad y prosperidad en el largo plazo, mediante el Fondo de Recuperación o simplemente al recolectar mascarillas o medicamentos, será un gran paso en el proyecto en sí mismo. En cierta forma se trata de la sobrevivencia de la Unión Europea.

Los riesgos de cara al futuro son considerables. Las desigualdades entre ciudadanos en el interior de cada país, y entre estos en el seno de la UE, ponen a prueba la solidez de los sistemas de protección social nacionales y abonan la necesidad de poner en marcha mecanismos de solidaridad a escala europea que complementen, con instrumentos y prioridades acordes con la nueva realidad, a los ya existentes en el marco de la política de cohesión territorial

Así, al tiempo que el continente enfrenta -como lo dijo la canciller Angela Merkel, «da peor crisis de su historia reciente», ya es posible ver en la práctica algunos cambios: no solo las personas ahora usan protecciones como mascarillas, sino que también los restaurantes han establecido medidas para mantener el distanciamiento social. Desde la salida de Merkel, las cosas se han complicado. Además, algunos países -que tienen el mismo nivel de control de la pandemia- acordaron burbujas de viaje, en la que sus habitantes podrán cruzar las fronteras. Eso sí, se vienen muchos otros cambios. La Europa después de la pandemia y de la guerra será puesta a prueba sobre si es el final de la utopía, o, al contrario, se refuerzan los lazos para continuar con la construcción de un modelo nunca soñado por la humanidad.

De esta forma pueden alcanzarse al mismo tiempo dos tipos de objetivos: los nacionales y los europeos. Y el concepto de una Europa cosmopolita parte de la suposición de que esto no cambiará sustancialmente en el futuro.

No se puede olvidar nunca que Europa comenzó siendo una idea antes de convertirse en una realidad por la voluntad de los hombres y mujeres de ese continente. Sin el debate en torno a las ideas y los proyectos, no podría haber habido acción, y por consiguiente traducción concreta de la misma.

Primavera del 2024

# 1 INTRODUCCIÓN

«Europa no se hará de una vez, ni en una obra
de conjunto: se hará gracias a realizaciones
concretas, que creen en primer lugar una
solidaridad de hecho».

Robert Schuman
9 de mayo de 1950

En aras de explicar la complicación de escribir un libro que
abarca tantos procesos paralelos, fechas que se fijan objetivos,
además de complejos arreglos institucionales difíciles de explicar
simultáneamente, voy a recurrir a describir la experiencia de mi
cambio de paradigma para aprehender este fenómeno de la
integración europea y como cambió mi mentalidad «americanizada».

En los años finales de la década de los 60´s había «devorado» los
libros que podía conseguir sobre utopías, desde Platón con la
*Republica*, una forma literaria de los sueños de una época dorada y de
las sociedades ideales, que sin duda han cautivado al hombre desde el
inicio de la consciente discusión de los problemas sociales, hasta *El
mundo feliz* de Huxley, con su descripción de una sociedad
estructurada en base a estrictas normas provistas por el estado. En el
recuento de las utopías me encontré el énfasis de la naturaleza
intolerante y autoritaria de la mayoría de las visiones, con excepciones
como aquellas de Morris, Diderot y Foigny, siendo una clara minoría.
De Gabriel de Foigny destaca *La tierra austral* con un realismo
puntilloso, en medio de fantasías con los movimientos del navegante
forzado Sadeur. El relato es que, siendo Sadeur hermafrodita, puede

adentrarse sin dificultad en un mundo utópico, austral y extraordinario, porque todo él es tierra de hermafroditas. Sus habitantes son autosuficientes en todo y perfectos en el plano físico e intelectual; no dependen de nadie y son rigurosamente similares; dadas sus características físicas, carecen de los apetitos habituales y de las pasiones perturbadoras. Foigny sugiere que sus *australianos* serían una especie de preadamitas.

Esta rara y casi desconocida, para los de habla hispana, novela utópica de 1676, contiene ideas corrosivas y prohibidas para la época, de tal suerte que tuvo una edición edulcorada en 1692, a la muerte del autor. Su referencia «austral» fue copiada en decenas de utopías del siglo XVIII.

Aunque los marxistas siempre han proclamado ser «científicos» como una oposición a los utópicos socialistas, sus experimentos en la práctica han tendido a tomar, en lo general, una estructura rígida y también los desarrollos individuales de las características institucionales de las utopías clásicas. Afortunadamente las lecciones de estos desarrollos y sueños no se han perdido en las sociedades de hoy.

Visiones de un mejor e ideal futuro como en los esquemas de Cabet o Bellamy son cuidadosamente regulados e incluidos en el modelo de Estado, aunque ya no son populares, es significativo que no solamente son esos escritores quienes son conscientes de los males sociales de su época y que persisten en el presente, previniendo a las personas de los peligros de ir más allá de la reglamentación de la vida pública. Ettiene Cabet con su *Viaje por Icaria*, es el sueño arcádico de una comunidad idílica que describían sus páginas y hechizó a millares de personas, sobre todo de las clases más humildes, según el cual llegó a haber cuatrocientos mil comunistas «icarianos» en Francia, incluyendo a todos los militantes de los grupos, sociedades y organizaciones utopistas más o menos coetáneas de la de Cabet: los comunistas violentistas seguidores de Noël Babeuf (1746-1797), y los utópicos pacifistas ilusionados con las doctrinas de Saint-Simon (1760-1825) o de Charles Fourier (1772-1837).

Con todos ellos tienen concomitancias las ideas de Étienne Cabet, y también con Robert Owen, el padre del experimento comunitario de New Lanark, a quien Cabet visitó en Gran Bretaña y a quien algunos críticos lo acusan de haber imitado. Pero la fantasía utópica que diseñó Cabet en *Viaje por Icaria* es más completa y obsesiva que la de todos ellos y la que entronca más directamente con el padre y fundador de la tradición utópica occidental, el inglés Tomás Moro, cuya Utopía Cabet reconoció haber leído y estudiado en su exilio londinense, cuando se disponía a escribir su fabuloso *Viaje por Icaria*.

No solamente son Platón, Plutarco, Aristófanes, Moro, Campanella. Andreae, Bacón, Rabelais, Winstanley, Diderot, Lytton, Morris, Richter, Wells y Huxley los que configuran el puñado de utópicos sino también, entre ellos, los anti utópicos con textos como *Mono y esencia* de Huxley, realmente una macabra visión del futuro, después de la guerra atómica cuando la sociedad rinde culto al odio, donde el autor nos advierte de las posibles perversiones con un mayor énfasis que en su previo «Un mundo feliz». Y no podemos descartar *1984* de George Orwell, una poderosa visión del mundo destruido por la autoridad.

En la actualidad, la pesadilla de los anti utópicos nos ha alcanzado, las utopías y antiutopías del pasado están tomando forma en nuestro entorno, y nos damos cuenta de que las lecciones de estos esquemas pueden ser una prisión a la individualidad, a menos que aseguremos firmemente los fundamentos de la libertad individual. Hay mucha distancia entre la utopía y la realidad social, sin embargo, son las utopías las que despiertan los sueños de un mundo mejor y que han alentado a la sociedad a construir utopías y establecer los caminos para alanzarlas.

Nuestra época es una época, desafortunadamente, de compromisos a medias y de medias medidas, de falsos caminos de menos maldad. Los visionarios son marginados y los hombres prácticos rigen nuestras vidas. Ya no buscamos soluciones radicales a los males sociales, sino reformas, ya no tratamos de abolir la guerra, sino evitarla por períodos de tiempo, no tratamos de abolir el crimen sino contenerlo con reformas a las leyes criminales, no tratamos de abolir el hambre, sino crear organizaciones caritativas que intenten mitigarla. Ante estas realidades, es sano y deseable regresar a los sueños, a las utopías. Deberíamos reconocer la pobreza de nuestras visiones, ya Zenón pugnaba por el internacionalismo; Platón reconocía la igualdad entre hombre y mujer; Tomás Moro vio la relación entre pobreza y crimen, algo que hoy se intenta desacreditar; Campanella propuso el horario de trabajo de 4 horas y el alemán Andreae resaltaba la necesidad de un trabajo atractivo y un sistema educativo que bien podría ser un modelo en nuestros días.

Encontramos en los utopistas la condena a la propiedad privada, dinero y salarios inmorales o irracionales, la solidaridad humana, el desarrollo comunitario y muchas más. Mis maestros en secundaria primero, después en preparatoria, me decían que dejara esas lecturas, que no eran propias para un joven de 15 años en la primera y 18 en la segunda. Ya a los 13 había fundado un periódico escolar «El búho» que imprimíamos en un mimeógrafo y lo repartíamos a los compañeros de secundaria. En preparatoria fundamos «Proyección» con escritos que pocos entendían.

Diferenciar las corrientes utópicas no era fácil, una tendencia busca la felicidad del ser humano a través de las cosas materiales y del bienestar, hundiendo la individualidad dentro de la conformación grupal, la masa, y la grandeza del estado. La otra tendencia, mientras demanda un cierto grado de confort material, considera que la felicidad es el resultado de la libre expresión de la personalidad del hombre y no debe ser sacrificada en aras de un arbitrario código moral o del interés del Estado. En los años 80s tuve la oportunidad de conocer ArCosanti, la utopía de Paolo Solari. En un altiplano desértico de Arizona, a medio camino entre Phoenix y Flagstaff, el arquitecto turinés imaginó su ciudad ideal: una utopía que se ha convertido en realidad y que continúo creciendo hasta 2011. Después de la construcción de una primera serie de edificios en ArCosanti, Soleri decidió ampliar las dimensiones del núcleo urbano y compró un terreno mucho más amplio.

Aquí, desde principios de los años 70, surge la ciudad por él imaginada, que se desarrolla no en sentido horizontal, sino en estratificaciones, para optimizar los desplazamientos, la protección del medioambiente y el ahorro energético. Un sistema urbano tridimensional, que se contrapone a las grandes metrópolis y a sus periferias degradadas, para resolver sin derroches las relaciones temporales, espaciales y los problemas energéticos.

Uno de los aspectos de mayor interés para esta ciudad es de hecho precisamente el de la calidad de vida, tanto desde el punto de vista arquitectónico como social. *No lo llames utopía, decía Soleri, La utopía es el «no lugar», el ideal inalcanzable. Yo nunca he querido caer en el idealismo irrelevante... ArCosanti es un laboratorio urbano y está arraigado en la realidad».*

La forma de los diversos edificios está estrechamente relacionada a la imagen urbana, tanto que hace difícil la distinción entre una y otra. Años después entendería que estas visiones están representadas por Estados Unidos, la antiutopía, y la utopía por la Unión Europea. Mi forma de pensar nunca volvería a ser la misma y mis compañeros y amigos me decían que era *demasiado diferente*. En ese entonces desconocía el por qué. Lo entendería a fine de los 90s. En este 2021 en su 50 aniversario ArCosanti está programando visitas para que lo conozca el mundo. Los costos de hospedaje son simbólicos, lo importante es difundir sus logros. Aquí la dirección de la Web; https://www.arcosanti.org/

Regresando a la década de 1970, era yo un joven soñador apasionado de la izquierda. Igual que muchos de mis contemporáneos me encontré inmerso en las discusiones de «La Gran Revolución Social» iniciada e inspirada por el mayo francés que se extendió por todo el mundo en 1968. La liberación estaba en el aire. Se podía oler y respirar. Los jóvenes estaban cansados de simulaciones y de un mundo diseñado por adultos sin la posibilidad de participación, cansados de un sistema educativo antidemocrático, de un autoritarismo que diseñaba una uniformidad embotadora de la vida de las ciudades y de las universidades. En el mundo entero, los jóvenes se rebelaban. La libertad de expresión, la libertad sexual, el rock and roll, las drogas y el poder de las flores cruzaron los océanos influyendo y cambiando sociedades.

La política de clase dio paso a la política cultural, luego a la política sexual, para finalmente llegar a la política ecológica. Las paredes se cubrían de posters del Che Guevara y de los grandes artistas de la época. Las lecturas obligadas eran de Herbert Marcuse, Rosa Luxemburgo, Marx, Hegel y Braverman entre otros. La idea central de la protesta era la lucha contra la opresión y el imperialismo. La vieja izquierda adoradora de Stalin y Mao seguía existiendo, pero dejó paso a la nueva izquierda creadora de la socialdemocracia. La conciencia histórica y los debates abstractos sobre dialéctica, materialismo, imperialismo y marxismo empezaron a perder interés en algunos espacios universitarios. En su lugar surgieron las pláticas de la recomposición del mundo y la trasformación de las relaciones interpersonales. Llegó la revolución espiritual, el amor y paz. Vendría el movimiento feminista y los movimientos ecológicos a darle frescura a la sociedad y al debate. Parecía que todo el mundo reclamaba el derecho a ser reconocido. La gente salía del armario y empezamos a ver lo que se escondía detrás de la oscuridad de la vida de los homosexuales, lesbianas, transexuales y bisexuales. El mundo era, y se percibía, marcadamente materialista y había que cambiarlo, se decían los jóvenes. En México, y en toda América latina, la mayoría de nosotros despotricaba sobre el imperialismo yankee, al que culpábamos de todos los males de la sociedad. Algunos se incorporaron a grupos de protesta, otros a grupos terroristas disfrazados de protesta como la Liga 23 de septiembre, el MAR o el MURO entre otros, que querían cambiar algo en la sociedad, aunque bien a bien, no sabían qué. Se luchaba simplemente contra el sistema. Sus actitudes políticas estaban animadas más por el desafío que por el afán de reforma.

Terminé la licenciatura y en 1980 inicié los estudios de posgrado en la Southern Oregon University (antes SOSC) donde, en un seminario de Marxismo aprendí a diferenciar la ideología de la técnica marxista, descubrí la lejanía entre leer a Marx y leer a los falsos divulgadores del marxismo. En otro seminario de procesos de integración económica, estudiamos como una revolución utópica tenía lugar en Europa. Pero allá se la tomaron en serio y pasaron de las palabras a los hechos para seguir construyendo una utopía sobre las bases que se habían sentado en 1950. Estaban en el proceso de construir las siguientes fases de una utopía: la integración de toda Europa. Ya en México, en 1982 fui invitado a participar en un diplomado intensivo (8 horas diarias, en total más del doble de las horas de una maestría) de 3 meses en el prestigiado Colegio de México, era sobre *El proceso de integración de la unión europea*, con maestros de Luxemburgo, Bélgica y España. Al terminar asumimos el compromiso de introducir el tema en nuestras clases de licenciatura y posgrado. En mi caso, lo hice en dos materias, una de licenciatura y otra de posgrado en las cuales impartí en tema hasta mi retiro en el año 2008. En ese entonces era difícil encontrar textos en español, así que me vi obligado a confeccionar unos apuntes que actualizaba año con año. Durante 23 años leí, participé en seminarios en bastantes países, me asombraban los avances que veía en mis viajes en Europa donde, por ejemplo, la España con una pobre infraestructura carretera y urbana de 1996 había evolucionado en el año 2010, para convertirse en un país moderno. También escribía, y, al paso de los años, elaboré el cuerpo central de este libro y de uno sobre globalización.

Ahora, casi cincuenta años más tarde, esos sentimientos de

cambio de la generación de las protestas de 1960 y 1970 han consolidado un nuevo y atrevido experimento social: uno cuyos borrosos entornos resultaban apenas perceptibles para nosotros en nuestros años de juventud. También se cumplen setenta años del inicio de la utopía de la construcción de una Europa integrada.

Se pueden apuntar muchas razones por las cuales los europeos llevan la delantera en la transición hacia una nueva era. Entre todas las explicaciones posibles, hay una, en la que creen, que ocupa un lugar especial: para los europeos antes que el progreso material debe conformarse comunidades que desarrollen su potencial de crecimiento y el de los individuos que las integran. Esa integración en comunidades con deseos reales de participación, hacen la diferencia. Es un sueño mucho más apropiado para el nuevo estadio en el que se encuentra la humanidad: un estadio que promete llevarla a la conciencia global propia de una sociedad cada vez más globalizada, compleja e interconectada.

El sueño de la Europa integrada, para mí, es una utopía como la de los grandes utopistas sociales, que pone el acento en las relaciones comunitarias más que en la libertad individual, en la diversidad cultural más que en la asimilación o en la homogeneidad, en la calidad de vida más que en la acumulación de riqueza, en el desarrollo sostenible más que en el progreso material ilimitado, en el juego antes que en el trabajo duro, en los derechos humanos universales por encima de los derechos de propiedad y en la cooperación global más que en el ejercicio unilateral del poder.

El sueño de la Unión europea se encuentra en la intersección entre la posmodernidad y la era global y se constituye como un puente entre ambas. Los posmodernos culpaban de todos los males sociales a la modernidad, debido a las rígidas premisas del pensamiento moderno. La modernidad, según los pensadores posmodernos, estaba viciada desde lo más hondo. Las ideas mismas de una realidad objetiva cognoscible, un progreso lineal irreversible y una perfectibilidad humana indefinida adoptaban una forma demasiado rígida e históricamente sesgada. La nueva generación de intelectuales recelaba de los grandes relatos y de las visiones utópicas unidimensionales que aspiraban a crear una visión unificada del comportamiento humano. Al encadenar a la humanidad a una «sola visión o forma correcta» de pensar el mundo el pensamiento moderno se había vuelto, según ellos, indiferente a cualquier otro punto de vista e intolerante ante cualquier idea que se les opusiera.

Cuando la asimilación de la clase obrera parecía completa y se había extendido por doquier, el convencimiento de que, por lo menos en Europa, habría llegado el fin de las revoluciones -se juzgaba residuos trasnochados, de otra centuria o de otra latitud, a los pocos revolucionarios que todavía quedaban-, las explosiones estudiantiles de Berlín, París o California, dado el empuje y la capacidad de movilización que pusieron de manifiesto, resultaban difíciles de encajar en un horizonte del que había desaparecido por completo la revolución y, aun, la protesta. En cambio, entre la exigua minoría de los revolucionarios desesperanzados, que no desesperados, estos acontecimientos, sacando las cosas de quicio, llegaron a calificarse de revolucionarios, y no faltaron voces que atribuyesen al estudiantado el papel vacante de sujeto revolucionario. Desde luego que era un despropósito, pero su contribución fue grande en el despertar de la conciencia de una sociedad adormilada por el trajín de la vida diaria y la búsqueda de confort material.

Sin embargo, tan repentina e inesperadamente como había subido la marea de protestas del 68, al cabo de un año, vueltas las aguas a su cauce, parecía no quedar más que un acervo de experiencias. La calma llegó tan rápido como subió la espuma de la protesta social en los países que la iniciaron; Francia, Alemania y Estados Unidos. Sólo en algunos países en vías de desarrollo la protesta social se incrustaba en la medula de la sociedad. Dos experiencias, una en cada campo, merecen consignarse. Para los convencidos de la estabilidad de las sociedades occidentales desarrolladas, el amago servía de aviso para desconfiar de su reciedumbre inquebrantable. Convenía poner sordina a la retórica del fin de las revoluciones, y aunque la revolución en Europa no esté a la vista, ni, desde luego, dependa del tesón y combatividad de un puñado de iluminados, tampoco es una posibilidad que podamos eliminar a priori. Para los que anhelaban cambios profundos, el mayo francés y la primavera de Praga tuvieron la virtud de mostrar toda la carga conservadora de la izquierda establecida. Comunistas y socialdemócratas rivalizaron en el mismo afán de contener la marea, enemigos ambos de cambios sustanciales, al este como al oeste.

A comienzos de los setenta se constataba una nueva dimensión ideológica, señalizando, con el comienzo de la crisis, el fin de toda una época. Para la derecha, la revolución constituye una posibilidad que sería ingenuo y hasta suicida eliminar del horizonte. Para la izquierda, esta posibilidad se presenta factible si previamente logra librarse del dogmatismo y autoritarismo burocráticos de la que ya se revela como la vieja izquierda. Y las revoluciones pacíficas unas, otras armadas, comenzaron a recorrer el mundo. Desde el fin de la Segunda Guerra Mundial (1945), Asia y África fueron escenario de un proceso acelerado de construcción de nuevas naciones. En efecto, en uno y otro continente un gran número de colonias logró -tras largas y cruentas luchas- su emancipación de las grandes potencias europeas que las habían colonizado en el siglo XIX.

El caso de Vietnam resulta sumamente significativo: colonizado por los franceses, invadida por los japoneses, lograron derrotar a las tropas francesas en la guerra de independencia (1946-1954), el país había quedado dividido en Norte (independiente) y Sur (sucesión de dictadores alineados con Francia primero y Estados Unidos después). A partir de 1957, apoyadas por el Estado vietnamita del Norte, las fuerzas guerrilleras del sur -llamadas Vietcong- comenzaron una nueva lucha por la liberación del sur y la unificación con el norte. El éxito de las acciones del Vietcong fue la razón de la intervención masiva de los Estados Unidos en la región a partir de 1963.

La guerra de Vietnam duraría más de diez años (culminaría definitivamente en 1975 con la derrota del eje Sur-Estados Unidos, el retiro de las tropas norteamericanas y la unificación de Vietnam) y tendría importantes repercusiones. La experiencia vietnamita constituyó, para los movimientos revolucionarios del Tercer Mundo que habían seguido la gesta de Vietnam con suma atención-, un «ejemplo», una lección: tras derrotar a la fuerza bélica más poderosa del planeta, el pueblo vietnamita demostraba que ningún poder es invencible. Más importante aún: el poder norteamericano - «el imperialismo», enclave de la época- no era invencible.

En Europa Oriental, varios países del llamado bloque socialista (Hungría, Yugoslavia, Checoslovaquia) se rebelaban de alguna manera -ya fuera a través de cambios en las políticas de gobierno, o por medio de rebeliones nacionales y populares- contra el poder que ejercía la URSS sobre ellos y en oposición al modelo político-económico que desde Moscú se les imponía imitar. El ejemplo más emblemático de estos movimientos fue la llamada Primavera de Praga, en 1968.

Otro proceso orientado hacia la construcción de un modelo

socialista de características distintas a la del soviético ocurría en China, con la llamada «Revolución Cultural» liderada por Mao Tse Tung, dirigente máximo del Partido Comunista Chino.

Estos nuevos socialismos, estos nuevos proyectos que, sin abandonar la idea de la socialización de las riquezas, ensayaban sus propias modalidades (distintas a la del modelo soviético), constituyeron ejemplos atractivos para gran parte de los movimientos revolucionarios de todo el mundo.

En el caso de América Latina, estos movimientos reconocían diversas tradiciones políticas e ideológicas; encontraban, sin embargo, un común denominador: su postura «antiimperialista», es decir, su oposición al poder, real o imaginario, que sobre la región ejercían los Estados Unidos. Muchos de estos movimientos planteaban, además, un cambio radical del sistema socioeconómico.

Frente al capitalismo dependiente que caracterizaba a la mayoría de los países latinoamericanos, que había demostrado ser fuente de desigualdades económicas, injusticias sociales y escaso y desigual desarrollo productivo; en oposición, el socialismo aparecía, en este contexto, como un modelo justo, equitativo, atento a las dignidades humanas.

Mientras tanto, en el resto de Latinoamérica los recurrentes golpes de Estado y las diversas prácticas autoritarias y represivas de las clases dominantes venían a confirmar que éstas no estaban dispuestas a ceder sus privilegios económicos y políticos. De ahí que la «lucha armada» se erigiera, también siguiendo el ejemplo cubano, como un camino no sólo viable para la toma del poder sino, también, necesario.

En este contexto, la muerte del Che Guevara en Bolivia, en octubre de 1967, dio origen al (falso) símbolo más fuerte de quienes luchaban de alguna u otra manera por «la liberación». Su imagen representaba, para millones de jóvenes en distintas partes del planeta, los valores que parecían sintetizar a esa generación que intentaba cambiar el mundo: el compromiso revolucionario, el sacrificio, la entrega por un ideal, el heroísmo, la solidaridad, la lucha contra el individualismo. Éstos y otros casos eran, en definitiva, los atributos que tendría «el hombre nuevo», ese ser humano al cual el Che se refería, que se iría construyendo a la par de los avances revolucionarios.

El «hombre nuevo» sería, entonces, el hombre del futuro; porque los revolucionarios de las décadas de los 60´s y del 70´s no dudaban en confiar que la historia se encaminaba, veloz e indefectiblemente, hacia una sociedad igualitaria, justa, socialista. Como alentaba la mítica oratoria del líder de la Revolución Cubana: «das ruedas de la historia han echado a andar y ya nada podrá detenerlas». Esta historia sólo necesitaba de la acción de los hombres para acelerar su paso. Sin embargo, la falta de sustento propició que todo ello quedara sólo en sueños.

Regresando a Europa, ésta estaba dividida entre ese modelo del bloque del este, mientras la Europa occidental, basada en la socialdemocracia continuaba en la construcción de su utopía. Ya en el siglo XXI, la nueva izquierda europea demostró su aspiración a desempeñar un papel relevante en la construcción de las últimas fases de la integración de la Unión europea. Los partidos y líderes políticos que se encuadraron bajo el concepto de nueva izquierda comparten, como mínimo, tres rasgos comunes. El primero es que han sido especialmente relevantes en los países del sur de Europa (Grecia, Portugal y España), pasando de la irrelevancia casi total, al protagonismo político. El segundo es que empezaron como euroescépticos y contrarios a la integración europea, por considerarla un proyecto con una agenda neoliberal, pero acabaron aceptándola (y, en algunos casos, defendiendo) por motivos electorales. El tercero es que, a diferencia de la izquierda heredera de la tradición comunista, estos nuevos partidos se han mostrado dispuestos a asumir el desgaste que conlleva gobernar sin poner tanto énfasis en la pureza ideológica, llegando a sacrificarla en algunas ocasiones.

El surgimiento de esos movimientos se dio en las elecciones europeas de 2014, por un lado, el grupo confederal de la izquierda unitaria eligió candidato a la Comisión Europea a Alexis Tsipras. Éste era, en aquel momento, líder de una *Syriza* al alza con vistas a ganar las próximas elecciones en Grecia y cara visible de la anti-austeridad en Europa. Por otro lado, y a pesar de ser prácticamente desconocido, «*Podemos*» daba la sorpresa en España al hacerse con cinco escaños en los comicios europeos, recién constituido como partido. En Portugal ocurría lo mismo, un movimiento que surge de la nada hasta convertirse en un reto para el oficialismo. Con elecciones en Grecia, Portugal y España en 2015, cabía la posibilidad de que los tres países pusieran fin a gobiernos dispuestos a plantear una alternativa a las políticas aplicadas hasta la fecha y que el conjunto del sur de Europa estuviera gobernado por partidos más o menos afines ideológicamente.

La realidad ha resultado muy diferente. Ni en todos los estados miembros del sur de Europa ha ganado esta opción política, ni se ha producido un frente común entre los países donde sí ganó. Los partidos de la nueva izquierda europea han acabado poniendo más esfuerzos en el escenario nacional que en el europeo y, a menudo, los intereses nacionales han pasado por encima de las alianzas ideológicas. Aun así, existe una tendencia entre fuerzas políticas progresistas que podría haber cristalizado como alternativa a la política de austeridad y tener la responsabilidad y capacidad de ofrecer una narrativa en oposición a las opciones de extrema derecha que surgen en algunos estados miembros de la UE.

El caso de *Syriza* es emblemático para ilustrar como el éxito lleva a la muerte de los ideales. Existió el «trilema» al que se enfrentó Syriza al llegar al poder teniendo en cuenta que siempre hay que renunciar a una de las tres opciones: conservar el poder, ser fiel a sus promesas políticas y mantener a Grecia en el euro. Tsipras escogió mantenerse en el poder y juzgó mal el ánimo de los griegos en cuanto a mantenerse en el euro. Quiso utilizar el referéndum para legitimar la decisión de aceptar el tercer rescate porque las encuestas iniciales daban la victoria al sí, pero la victoria del no obligó a una convocatoria de elecciones. Y las ganó, subrayando que solo un enfoque de izquierdas podía atenuar los efectos del tercer rescate, renunciando así a muchas de sus promesas electorales. No dudó, a partir de entonces, en enfatizar su «sentido de Estado», aunque en su primer Gobierno Tsipras también dio cabida a los izquierdistas de la vieja escuela. Sin embargo, después de aceptar el tercer rescate, no vaciló en reforzar su perfil institucional y, poco a poco, se fue deshaciendo de los elementos más izquierdistas que le rodeaban: primero, los diputados del grupo parlamentario, que se escindieron en Unidad Popular pero no entraron en la Cámara, y más tarde los ministros más críticos como concesiones a los acreedores, como Theodoros Dritsas, Panos Skourletis y Aristides Baltas, que fueron reemplazados por jóvenes tecnócratas sin demasiado contenido político.

Está por ver si *Syriza* abrazará hasta el final la estrategia del PASOK de los ochenta de una retórica radical pero una política «pragmática»

España cerraba el ciclo de elecciones en el sur de Europa del año 2015 con comicios en todos los niveles administrativos. Desde las elecciones al Parlamento Europeo en 2014, Podemos ha ocupado un espacio mediático muy importante en el escenario político español.

*Podemos* se presentó a las elecciones al Parlamento Europeo con un programa que defendía la derogación del Tratado de Lisboa por considerar a la UE neoliberal y antidemocrática, pero también con la intención de refundar sus instituciones. Si bien los fundadores de *Podemos* provenían de la ideología de izquierda más euroescéptica, la estrategia para atraer a más votantes a partir de las elecciones al Parlamento Europeo les hizo modular su discurso porque, como Portugal, España sigue siendo ampliamente favorable a la UE. Por tanto, *Podemos*, como el *Bloco de Esquerda* y *Syriza*, con los que sientan en el grupo de la izquierda radical del Parlamento Europeo, ha hecho del eurocriticismo su bandera. Sin embargo, todas las cuestiones pendientes de resolver han dado pie a unas divisiones internas que han mermado la capacidad que tuvo *Podemos* en su origen de proyectarse como motor de cambio, tanto a nivel nacional como a nivel europeo, igual que le sucedió en Grecia a *Syriza*. Al tener que afrontar dos elecciones generales y dada la experiencia de Gobierno de *Syriza,* el partido *Podemos* ha procurado evitar las comparaciones y, para ello, ha intentado alejar el tema de Europa del centro del debate, priorizando la agenda doméstica sobre la europea y manteniendo un perfil bajo frente a las cuestiones paneuropeas provenientes de la izquierda.

La nueva izquierda en la esfera europea

Conviene tener en cuenta que algunos movimientos sociales fueron el embrión del fenómeno ya que impulsaron, articularon o compartieron parte de las demandes de los partidos de la nueva izquierda: el 11-M como embrión de *Podemos, Syriza* al lado de los indignados de Atenas, y en Portugal, *Que se lixe a troika,* siempre respaldado por el *Bloco.* Estos partidos han tenido que lidiar no solo con los movimientos sociales que surgieron (o lo harán) en sus respectivas realidades nacionales, sino también con un conjunto de iniciativas que han buscado articular una respuesta paneuropea a los desafíos que, en su opinión, afectan al conjunto de la Unión. Si ya resulta difícil definir los términos de esta relación en el marco del

Estado-nación, a nivel europeo el reto es aún mayor.

Se podría pensar que un tema tan importante para los partidos de la nueva izquierda (y de la no tan nueva) como proponer una alternativa a la austeridad generaría las dinámicas necesarias para animar a las partes interesadas a desarrollar propuestas concretas y actuar de manera coordinada. Sin embargo, quiénes debieran ser los aliados naturales de esta nueva izquierda, los socialdemócratas, tienen muchos recelos al respecto y además atraviesan por sus propios problemas en sus respectivos países y con sus respectivos electorados. Tanto François Hollande como Matteo Renzi, en su momento, recomendaron a Tsipras aceptar el pacto que ofrecían los acreedores pues no querían ser vistos como potenciales morosos a los ojos de Alemania. Un país que, a su vez, ha mostrado cierta flexibilidad con sus respectivos déficits, pero al que necesitan para gestionar la situación de los refugiados. Al final, los intereses nacionales pasan por encima de las alianzas ideológicas.

## Conclusión

En todas las épocas se han construido utopías sobre el ideal de la sociedad, en todas las épocas se ha pensado en que el socialismo (la propiedad en manos del Estado y este como proveedor de todo para satisfacer las necesidades de la sociedad) o el comunismo (la propiedad es de un grupo de personas que forman la comuna, el Estado provee de lo que la comuna es incapaz de hacerlo) son la salvación de la humanidad. Y todas las épocas su aplicación a representado un rotundo fracaso. En la actualidad, varios ejemplos muestran que la suma de las fuerzas progresistas ha encontrado espacios de colaboración, tanto a nivel nacional como a nivel europeo. Uno de ellos es Portugal que ha logrado pasar dos presupuestos generales y donde, a pesar de una recuperación económica leve y de un sistema bancario aún frágil, los indicadores económicos apuntan en la buena dirección (sin valorar la calidad del empleo). El otro es el *Progressive Caucus*, una alianza en el Parlamento Europeo entre diputados de distintos grupos parlamentarios en los que se agrupan socialdemócratas y representantes de esta nueva izquierda (verdes y Grupo Confederal de la Izquierda Unitaria). Sin querer crear un nuevo grupo político, esta alianza pretende ser un espacio de reflexión para romper la dinámica de gran coalición que impera en el Parlamento Europeo, porque entienden que es beneficioso para todos. Conocieron un pequeño éxito al organizar unas charlas críticas con el Acuerdo Económico y Comercial Global, conocido como CETA por sus siglas en inglés (Comprehensive Economic and Trade Agreement), pero un fracaso estrepitoso al no ponerse de acuerdo con la elección del nuevo presidente del Parlamento Europeo.

El debate sobre cómo deben entenderse las fuerzas progresistas no es nuevo, pero, frente al auge de la extrema derecha y el repliegue nacionalista en Europa, el tema vuelve a cobrar actualidad. El *Progressive Caucus* ofrece un ejemplo de ello, pero también el libro coeditado por las diputadas británicas Lisa Nandy, de los laboristas, Caroline Lucas, de los verdes, y el miembro de los Liberales Demócratas, Chris Bowers, que pretende analizar cómo tiene que funcionar dicha alianza.

La nueva izquierda tiene que actuar en clave propositiva y no solo de rechazo y denuncia si de verdad quiere contribuir al futuro del proyecto europeo. Es prioritario que estos actores se pongan a hablar con quienes han considerado enemigos hasta ahora –los socialdemócratas– y busquen una base común sobre la que llegar a acuerdos. La nueva izquierda no debe ni puede permitirse cometer los errores de la vieja izquierda radical tradicional en la que la obsesión por la pureza ideológica impedía cualquier avance, acuerdo o progreso, y llevaba a apoyar sistemáticamente a todo lo que sonara a antiimperialismo.

Por su parte, la socialdemocracia debe comprender que no puede seguir mirándose el ombligo. Tanto la correlación de fuerzas en Europa y en el mundo como la falta de ideas que lleva acusando en los últimos treinta años le obliga a redefinir y adaptar su proyecto con generosidad y amplitud de miras. Plantear un escenario donde fuerzas progresistas presenten una alternativa creíble a los ciudadanos de Europa es la manera de contrarrestar la visión de una realidad más excluyente que ofrecen opciones como el Frente Nacional y afines. Al fin y al cabo, mientras las opciones de extrema derecha han pasado por cultivar y explotar las divisiones que existen en nuestras sociedades, la izquierda ha tenido como su seña de identidad la voluntad de unir y superarlas, que es justamente lo que necesita el proyecto europeo para sobrevivir: unión y superación.

Lo que intentamos a continuación, es hacer un apretado

resumen de la historia, los contratiempos, los avances y retrocesos en la construcción de la utopía moderna de configurar una comunidad donde no existan fronteras de ningún tipo. Por su dificultad de integrar los importantes sucesos de 1989, dedicaremos un capítulo al tema, haciendo un alto en el tiempo, rompiendo la continuidad histórica.

# 2 LOS GRANDES AVANCES

Cuando empecé a leer sobre la Unión europea, hace más de 35 años me parecía que sus objetivos eran inalcanzables, hoy, parece que estamos en otra época. Ahora abro y cierro los libros que argumentan que el éxito de Europa y el proyecto europeo no sólo es importante para la Europa misma, sino que es un modelo para el mundo. La cuna de la cultura, al momento, es la que muestra al mundo los valores por los cuales todos los países deberían luchar. En aquel tiempo, era casi impensable que un presidente como Donal Trump pudiera ser electo en el país más poderoso del mundo. Pero ocurrió. Y vino el asalto a los valores democráticos, algo que en Europa nunca ocurriría. Por fortuna para la democracia Trump fue un fracaso electoral en su intento de reelección.

La gran cuestión planteada es la naturaleza y dimensión política de la Unión, porque el paso dado suscita tantos interrogantes como respuestas se han dado. ¿Para qué y por qué la Unión?; ¿creará más empleo?; ¿proporcionará más seguridad?; ¿se trata de una Alianza o de una Federación?; ¿cómo se repartirán los poderes ejecutivos entre la Comisión y el Consejo Europeo?; ¿y el poder legislativo entre Consejo y Parlamento?; ¿el proceso legislativo será público?; ¿cómo será en la época postpandemia la moneda única y qué efectos provocará?; ¿valdrá más o menos? Estas y otras muchas son las preguntas que se formulan los ciudadanos de los diversos países comunitarios, que van desde la concentración de poder burocrático en Bruselas para muchos, hasta la temida extensión del derecho de voto municipal a los emigrantes magrebíes para muchos franceses, el esfuerzo de años y años de dirigentes y sociedad civil para crear la gran utopía.

La Unión Europea (UE) es una familia de países europeos democráticos que trabajan juntos para mejorar la vida de sus ciudadanos y para construir un mundo mejor. Las disputas internas y crisis ocasionales son lo que llama la atención en los titulares de las noticias, pero al margen de los medios de comunicación, la UE es en realidad, la historia de un gran éxito. En sólo 70 años de existencia, la Unión Europea ha traído la paz y la prosperidad a Europa; ha creado una moneda europea única (el euro) y un «mercado único» sin fronteras donde las mercancías, las personas, los servicios y los capitales pueden circular libremente. Se ha convertido en una potencia comercial importante y en líder mundial en ámbitos tales como la protección del medio ambiente, el desarrollo igualitario de las naciones, la construcción de un andamiaje legal que trasciende fronteras y la ayuda al desarrollo de las regiones más atrasadas. No es sorprendente que en su tiempo de existencia haya crecido de seis a veintiocho países, (veintisiete, ahora una vez que concluida la salida del Reino Unido) y que más países estén deseando adherirse a la Unión.

El éxito de la Unión Europea se debe en gran parte a la gran visión de sus fundadores y a su peculiar forma de funcionamiento. La Unión Europea no es una federación como los Estados Unidos, ni una mera organización de cooperación entre Gobiernos, como las Naciones Unidas. En realidad, la UE es única, es la utopía final: un mundo donde las nacionalidades, razas, credos y lenguas no importen. Es el deseado *melting pot* que fusiona todo lo humano en una convivencia pacífica. Aunque los países que constituyen la UE (sus «Estados miembros») siguen siendo naciones soberanas independientes, sin embargo, comparten su soberanía en una serie de aspectos y programas para ser más fuertes y poder crecer, desarrollarse, integrarse y tener una influencia mundial que ninguno de ellos podría ejercer individualmente. Compartir la soberanía en algunos aspectos significa, en la práctica, que los Estados miembros delegan algunos de sus poderes decisorios en las instituciones comunes creadas por ellos para poder tomar democráticamente, y a nivel europeo, decisiones sobre asuntos específicos de interés conjunto.

Desde hace setenta años un número creciente de Estados europeos viene tratando de construir una Europa unida y fuerte, incluso de hacer más Europa sin que esté nada claro el objetivo último de este proceso, ya que el objetivo evoluciona a medida que se alcanzan unos y se fijan otros más ambiciosos. En los años fundacionales de las Comunidades Europeas los federalistas estaban ansiosos por construir los Estados Unidos de Europa, sin embargo, de acuerdo con un cálculo realista aceptaron el enfoque de los funcionalistas, que proponían una aproximación gradual a dicho objetivo, partiendo de una integración progresiva de sectores económicos, para saltar de ahí a la integración de otros sectores y acabar en la unificación política. Se trataba de una larga marcha, hecha de pequeños pasos, en que la unión política de Europa bajo forma federal se presentaba a los creyentes en la inacabable capacidad de evolución y progreso de este proceso como la coronación del edificio europeo, según conocidas aportaciones metafóricas de la biología y de la ingeniería civil a este orden de cosas. Los padres fundadores nunca pensaron que se tendría una zona de influencia de esa magnitud, lo que en relaciones internacionales se conoce como imperio en su acepción moderna (sin emperador). En los capítulos finales regresaremos a este tema.

Los hilos de la trama para lograr la federación de naciones, que se teje y alarga cada día, según la no menos metafórica, muy temprana y, ciertamente, poética expresión de P. Wigny, que fabricaron, con base en un racimo de tratados servidos por instituciones propias a las que se transfirió el ejercicio de competencias soberanas, un complejísimo orden jurídico que aspiraba a la aplicación directa de sus actos normativos en los Estados miembros y, según la doctrina del Tribunal de Justicia, a la supremacía sobre las normas estatales, incluidas las constitucionales, bajo un control judicial comunitario, garante de su respeto, unidad y coherencia. Se avanzó muchísimo desde que en 1951 se firmó el tratado constitutivo de la primera de las Comunidades, la Comunidad Europea del Carbón y del Acero, la CECA (hoy extinta). Con el tiempo se contó con ese «espacio sin fronteras interiores en que la libre circulación de mercancías, personas, servicios y capitales está garantizada», prometido en el Acta Única Europea (1986) para el 1 de enero de 1993. Incluso, se contó luego con un Banco Central y una Moneda Común, el euro. La coordinación de la política económica y la comunitarización total de la política monetaria tenía un calendario desde la firma del Tratado de Unión Europea en Maastricht, el 7 de febrero de 1992. Al mismo tiempo fue aumentando progresivamente el número de países participantes en el proyecto.

Este año el proceso de integración europea cumple 70 años. Pero el punto culminante del proceso, la Unión Europea (UE), está lejos de su mejor forma. Se acerca a las puertas de la vejez, cansada y llena de achaques. Comienza a padecer los embates del paso del tiempo. Y por si esto fuera poco, culminó el divorcio de uno de sus grandes amores: el Reino Unido. Además, varios países se han inclinado por la derecha radical nacionalista cuyos exponentes piden la salida de la UE, aunque fuera del Reino Unido, en ninguno se tienen posibilidades de ganar. Pero es cierto que han vivido, sin duda, épocas mejores y en 2020 llegaría la pandemia para pintar de un negro sombrío el panorama de la Unión.

El club europeo integrado, ahora, por 27 países llega a su septuagésimo aniversario en medio de la peor crisis de su historia. Con Reino Unido fuera del bloque (el 29 de marzo de 2016 se activó formalmente el proceso de salida para terminar en enero del 2020, postergado por la pandemia y la falta de acuerdos, pero que fue efectivo en el primer día del 2021); con la amenaza terrorista dentro de casa; con un fracaso monumental en su política de refugiados; y con los partidos euroescépticos y la extrema derecha cosechando sus mayores éxitos electorales desde 1945.

Frente a este diagnóstico, muchos se preguntan ¿tiene hoy la UE algo que celebrar? ¿Tienen, sus 500 millones de habitantes, algo de lo que estar orgullosos? Pese a la crisis y a sus errores, la Unión Europea es más necesaria que nunca en este mundo globalizado. Volver al estado nación dejaría indefensos y sin fuerza a los gobiernos frente a las grandes potencias y al inmenso poder de las multinacionales y el sector financiero. Por lo anterior, las razones que inducen a Rifkin (2004, 2017) a defender la Unión Europea no tienen que ver con una idealización de la realidad de la Unión tal cual es, ni con una sobrevaloración de las palabras autocomplacientes que, a menudo, nos dedicamos, sino con el hecho de que la construcción de que el modelo europeo, en general, y su materialización en el proyecto de la Unión Europea ofrece una mejor disposición para enfrentarse al futuro que el modelo estadounidense. El sueño europeo de Rifkin pretende mostrar de la manera más explícita a los estadounidenses, destinatarios principales de la obra, pero también a europeos y otros, por qué su modelo económico-social pierde rápidamente su vitalidad, y no sólo por razones ecológicas, mientras que, al contrario, el «sueño europeo» es en muchos puntos preferible, más equilibrado y finalmente viable. Aunque peca de optimismo tal vez excesivo y en cuanto a ese «sueño» tiende a exagerar retórica y realidad; en todo caso, el aporte de Rifkin es sin duda como sus obras anteriores, de una gran originalidad y sumamente útil para el debate global.

## DESAPEGO CIUDADANO

Cabe preguntarse, sin embargo, si el paso del tiempo, con millones de ciudadanos jóvenes que no sufrieron crisis económicas o de guerra, que no sólo no creen en la alianza entre el objetivo perseguido y el método para lograrlo, sino que, para ellos, se ha desdibujado el objetivo mismo, se ha golpeado por añadidura por las ampliaciones sucesivas de las Comunidades, de la Unión. La política exterior y de seguridad y la cooperación en asuntos de justicia e interior se introdujeron empíricamente en los años setenta en el proyecto Europa por la vía de la cooperación intergubernamental y al margen del sistema -normas e instituciones- comunitario. Hoy, son esos jóvenes indignados quienes, en Francia, niegan el apoyo a Macron en su reelección y ponen en riesgo los avances de Francia y de la UE. Son los mismos que protestan en Grecia, España, Hungría, Portugal y Alemania por el deterioro de las condiciones de vida debido a la crisis por las sanciones a Rusia.

Sin embargo, el Tratado fue incapaz, como todos los que le siguieron, de reconocer la vocación federal profesada por los funcional-federalistas, que hubieron de aceptar, para salvarlo, la ya vieja -y por lo visto eterna- formulación de Roma manifestando la aspiración a una unión más estrecha entre los pueblos de Europa. La expresión Unión para identificar el proceso podía ser considerada con recelo y desamor, teniendo en cuenta que se llamaba unionistas a quienes contemplaban el proceso, en clave intergubernamental, desde la cerrada defensa de la soberanía estatal. Algunos de éstos, como los amigos de la muy conservadora señora Thatcher (primera ministra británica y, luego, baronesa) vapuleaban a los que llamaban despectivamente eurointegristas e, incluso, eurofederalistas. Hasta un liberal-socialdemócrata, como David Owen, siendo secretario del Foreign *Office* y presidente en ejercicio del Consejo, se refería a los euroteólogos, practicantes del ejercicio intelectual gratuito al que se entregan los maníacos de las instituciones, sobre todo si se presentan como federalistas

Pero si en un inicio, la paz y la prosperidad eran valores que hacían incuestionable la utilidad de esta gran unión política, económica y monetaria en Europa, las cosas hoy han cambiado, y mucho. Las encuestas en lo alto de la crisis de 2009 hasta 2016 reflejan que solo el 35 por ciento de los ciudadanos considera positiva a la UE y 54 por ciento considera que su opinión no cuenta en la UE, ahora son de más del 63 por ciento los satisfechos según datos oficiales del último eurobarómetro de 2019 de la Comisión Europea. La crisis económica mundial de 2008-9 pegó fuertemente en los niveles de bienestar de los europeos, los jóvenes, que siempre habían visto mejoras en sus vidas, se sienten frustrados al no tener muchas alternativas para mejorar después de esa fecha. Más ha cambiado el panorama en 2022 por el apoyo a Ucrania en su guerra con Rusia.

El distanciamiento y el desapego de los ciudadanos hacía las elites europeas se debe, a que en los últimos años varias capas de la sociedad «han visto como sus condiciones de vida han empeorado» a consecuencia de que «la desigualdad, el desempleo y la precariedad» han aumentado en casi todos los países. La culpa se la atribuyen a las políticas de Bruselas y a la globalización. Ahora se suma a las sanciones a Rusia que ha provocado escasez de productos, elevación de los precios y deterioro de la vida.

El director del *think tank* europeo Consejo de Relaciones Exteriores, Mark Leonard, opina que la UE nació como un proyecto que encarnaba «los valores de la Ilustración: la razón, el liberalismo, la democracia representativa» sin embargo, hoy, setenta años después, –añade– para muchos se ha convertido en todo lo contrario: «En lugar de exportar sus valores, importamos caos. En lugar de una comunidad de destino, vemos un fracaso de la solidaridad, un continente dividido. La UE se encoge en lugar de ampliarse».

Especialistas en asuntos europeos coinciden en que otro de los logros a destacar es la serie de normas de protección del medio ambiente, de seguridad alimentaria, de derechos para los consumidores. En 70 años, se han sentado las bases de un estado de bienestar que pocos países en el mundo tienen, incluida una política agrícola común y otra de cohesión que han ayudado a mantener el desarrollo de muchas regiones.

A pesar de que «el sueño americano, antes tan codiciado, es cada vez más un motivo de burla. Nuestra forma de vida ya no resulta inspiradora, sino que más bien es vista como algo anticuado o, peor aún, como algo terrible, aborrecible» (Rifkin, 2004:29). Las crecientes desigualdades sociales en los Estados Unidos, enfatiza Rifkin, han hundido prácticamente el sueño americano del progreso posible para todos, mientras que el generoso sistema social habría transformado a Europa desde 1945 en la verdadera «nueva tierra de oportunidades» (pp. 64-81).

Grandes dosis de austeridad y aplicar una política de ajustes. Esa fue la receta de la UE a los países de la Eurozona que se vieron afectados por la grave crisis económico que estalló en 2008 –tras la crisis hipotecaria de Estados Unidos y la quiebra de Lehman Brothers–. Esta situación que golpeó de un modo asimétrico a estados y ciudadanos llevó a cinco países europeos a solicitar el rescate: Grecia, Irlanda, Portugal, Chipre y España. Muchos de ellos aún hoy intentan sobreponerse a las graves consecuencias del desastre político y social que supuso la crisis. Por su importancia para entender el presente y el futuro de la Unión europea, también le dedicaremos otro capítulo.


## REFUGIADOS, VALLAS Y MUROS

Rifkin muestra convincentemente en su libro, «Nuevas lecciones del Viejo Mundo», que es bastante absurdo considerar como mucho más productiva» o «eficiente» a la economía de Estados Unidos en relación a la europea:, dado en particular que el cálculo del PBI tiene poco que ver con la productividad real y menos aún menos con el verdadero bienestar real; si el crecimiento más rápido del PBI en Estados Unidos ha crecido sustancialmente más en años recientes que el europeo, esto se debe no sólo a un endeudamiento exterior insostenible sino también en medida considerable a gastos improductivos como aquellos ligados al gigantesco aparato militar y policial -este último para combatir una delincuencia varias veces mayor a la de Europa y para albergar la cantidad impresionante de dos millones presos-, así como al mayor costo de su sistema de en materia de salud ocasionado por sus deficiencias de cobertura de un sistema de seguro de salud y por fenómenos como la obesidad que alcanza ya prácticamente un carácter de epidemia.

Tampoco se olvida el autor de enfatizar, las desigualdades sociales sustancialmente mayores en Estados Unidos y el hecho que los europeos no sólo se toman muchas más vacaciones, sino que valoran notablemente más, en general, todo lo referido a la calidad de vida, que es un concepto bien europeo y desconocido allí. Las crecientes desigualdades sociales en los Estados Unidos, enfatiza el autor, han hundido prácticamente el sueño americano del progreso posible para todos, mientras que el generoso sistema social habría transformado a Europa desde 1945 en la verdadera «nueva tierra de oportunidades» (2017: 64-81).

Pese a ello, el último evento que despierta sentimientos separatistas entre los países con menor grado de multiculturalidad es el fenómeno migratorio. Casi diez millones de migrantes procedentes de Siria y África, principalmente, pusieron a prueba la unidad de los europeos. La pésima gestión de la llegada masiva de refugiados provenientes de Siria y del norte de África ha sido uno de los grandes tropiezos de la Unión Europea y ha puesto en entredicho su propio sistema de valores sociales, una de las banderas de la UE. Ahora se agregan más de 4 millones de ucranianos que se esparcen por Europa, principalmente en Polonia, Alemania y Rumania.

Frente a esta crisis humanitaria, muchos gobiernos se vieron desbordados, pero pocos han cumplido con los compromisos asumidos para resolver la situación que países como Grecia e Italia, que son puerta de entrada para miles de refugiados, han tenido que enfrentar. Incluso, algunos, como Hungría, no solo se han negado a recibir refugiados, sino que han construido muros y vallas para cerrar sus fronteras. Se estima que desde 2016 a la fecha más de 25 mil personas perdieron la vida al intentar cruzar el Mediterráneo y otros cientos de miles malviven en campos de refugiados. La crisis ha llegado al punto que Reino Unido intenta enviar a los refugiados en su país a Ruanda.


## LA UTOPÍA

El inicio de la utopía con el visionario principal, Robert Schuman, Ministro de Asuntos Exteriores de Francia, con ocasión de su Declaración de 9 de mayo de 1950 en una reunión de Homólogos para tratar asuntos de diversos países europeos, propuso un plan elaborado con Jean Monnet, destinado a la unificación de la industria europea del carbón y del acero, como una vía para controlar los principales insumos necesarios para la fabricación de armas. Lo anterior potencialmente permitía inhibir nuevas conflagraciones posteriormente a la II Guerra Mundial que tanto había costado a Europa.

El ideal de esta concepción histórica fue el de una «Europa organizada y viva» «indispensable para la civilización» y sin la cual «la paz en el mundo no puede ser salvaguardada». El plan Schuman se concretó en el Tratado constitutivo de la Comunicad Económica del Carbón y del Acero (CECA), de 18 de abril de 1951 (Tratado de Paris), que entró en vigor el 23 de julio de 1952, con seis Estados fundadores (Bélgica, República Federal de Alemania, Francia, Italia, Luxemburgo y los Países Bajos)

Esto, en el fondo debido a que en la frontera Alemania-Francia se tenía la mayor producción de carbón y acero, así como ácido sulfúrico y cemento (Alsacia-Lorena) lo que dio lugar a la creación de una autoridad supranacional con el concierto de Alemania, Francia, Italia, Bélgica y Luxemburgo, a través de un tratado multilateral que crea por primera vez un espacio común. (Tratado de Roma, 1957 que crea la Comunidad Europea del Carbón y el Acero, CECA). Tratado que entra en vigor en septiembre de 1952; con lo cual se marcaba el inicio del proceso de formación de la Comunidad Europea.

Los impulsores de la propuesta semejaban un volver a la idea marxista de que, sin una economía o un mercado comunes, no habría unidad, que los bienes circularan en Europa, jurídicamente bajo un mismo contexto.

La crítica de Europa que subyace a la idea de la Europa cosmopolita ha de distinguirse de las posiciones rivales que han marcado la discusión pública en los últimos años. La principal diferencia existente entre esas posiciones es el grado de europeización que cada una de ellas está dispuesta a admitir. (Pinder, John y Simon Usherwood, 2018).

## LA ILUSIÓN NACIONAL

Gran parte de la crítica de que es objeto Europa venga ésta de la izquierda o de la derecha, se basa en la creencia de que en una sociedad y en una política europeizadas siempre es posible dar marcha atrás y recuperar el idilio del Estado nacional. Por doquier se escucha esta misma queja: Europa es una burocracia sin rostro; Europa destruye la democracia. Europa acaba con la diversidad de las naciones. Esta crítica, por más genérica que sea su formulación, no carece de sentido, pero es problemática en la medida en que parte de presupuestos falsos y es víctima de una falsa alternativa (Pinder, 2018). Evidentemente, la política de la Unión Europea y su déficit democrático puede y debe ser objeto de crítica. Nosotros también someteremos a una extensa crítica. Pero esta crítica es incorrecta cuando parte del principio fundamental de la ontología nacional: sin nación no hay democracia. El error reside en la lógica nacional y no, por ejemplo, en la realidad de Europa, pues según esta lógica una Europa posnacional debe ser necesariamente una Europa posdemocrática. Y ello de acuerdo con el lema: «Cuanta más Unión Europea, menos democracia» (Beck, 2016).

Esta argumentación es falsa por toda una serie de razones, y partiendo de ella es posible poner de manifiesto los errores del punto de vista nacional. En primer lugar, sus defensores pasan por alto que el camino de Europa hacia la democracia no es ni puede ser el mismo que el camino de una nación hacia la democracia. Históricamente, la europeización pertenece a un orden categorial distinto, y esto se pone de manifiesto en el hecho de que la UE está formada por Estados democráticos, pero ella misma no es un Estado en el sentido tradicional del término, sino un imperio del consenso (Beck, 2016). Así pues, hemos de preguntarnos, en segundo lugar, si los modelos de democracia desarrollados para el Estado moderno pueden aplicarse a la UE o si acaso no habrá que desarrollar modelos distintos, posnacionales, de democracia para la legitimación democrática de la política europea (Greven, Pauly, 2002)

Ambas cosas, la absolutización del modelo nacional de democracia y el desconocimiento de la especificidad del camino histórico hacia la democratización de Europa, que ciertamente aún es muy insuficiente, se deben a la nostalgia, a la ilusión resultante de absolutizar la nación. Así, esta «vuelta a los viejos buenos tiempos del Estado nacional» no sólo llena las cabezas poco amuebladas de los reaccionarios. Los espíritus más ilustrados, los más cultivados, al igual que las teorías políticas más rigurosas, también abrazan este dogma del Estado nacional. Mientras que Europa y sus ex Estados nacionales se entrelazan, se mezclan y se funden, hasta tal punto que en las ex sociedades nacionales europeas ya no existe ningún rincón ajeno de Europa, la nostálgica ilusión de la soberanía nacional llena más que nunca las cabezas de sus gentes y se convierte en un fantasma sentimental, en la fórmula retórica en la que temerosos y desorientados buscan refugio (McCormick, 2020).

Pero en Europa ya no es posible volver al Estado nacional, pues todos los actores están inmersos en un sistema de dependencias, del que sólo podrían escapar pagando un precio muy alto. Tras cincuenta años de europeización, las sociedades y los Estados europeos ya sólo pueden actuar en el marco de la síntesis europea. La ilusión nacional se presenta en dos versiones, una fuerte y otra débil. En su versión fuerte afirma que es posible y necesario dar marcha atrás en el proceso de europeización. Según esta versión, la UE debería ser una de las múltiples formas de cooperación y coordinación intergubernamental, no menos que esto, pero tampoco más. Esta versión sigue actualmente con destacados defensores, sobre todo en Gran Bretaña donde fue utilizada para asegurar el Brexit.

La versión débil no propone una marcha atrás en el proceso de europeización, sino una constante y estricta división de tareas entre la UE y sus Estados miembros, de modo que la mayoría de estas tareas sean o vuelvan a ser competencia estos últimos. En última instancia, sin embargo, esta versión también desemboca en un minimalismo europeo que sigue haciendo hincapié en la capacidad de acción de los Estados nacionales. Ambas versiones se basan en la suposición de que la división, la desintegración conforme al principio del «o esto o eso» no sólo tiene sentido, sino que también es posible desde un punto de vista práctico. ¡Pero ninguna de estas dos cosas es cierta! No es posible una vuelta al Estado nacional. Y de serlo, nadie que velase por sus propios intereses podría quererla. Pues tal desintegración regresiva de la UE sería sumamente peligrosa, y hasta podría volver a abrir la caja de Pandora de la historia bélica de Europa.

La nostalgia nacional es, pues, un claro ejemplo del hecho que constatábamos al comienzo de este libro, a saber, del desconocimiento de los beneficios de las grandes transformaciones estructurales y del efecto paralizante que éstas producen en la mente de los hombres, incluso en la de los científicos y que constituyen el mayor peligro para el mundo (Beck, 2016)

## LA ILUSIÓN NEOLIBERAL

Al igual que la ilusión neonacional, la ilusión neoliberal parte del supuesto de que es posible una integración económica de Europa, y de que con ella sería suficiente. Una progresiva integración social y política no sólo sería superflua, sino hasta perjudicial. De acuerdo con esta concepción, Europa no debería ser sino un gran supermercado regido exclusivamente por la lógica del capital. Pero de este modo se pasa por alto la velada relación existente entre la neoliberalización y la neonacionalización de Europa: la creación de un mercado europeo, de una unión monetaria europea y los intentos de sentar las bases de un marco jurídico común contradicen precisamente la concepción subsidiaria que este proyecto europeo ha legitimado en la mentalidad nacional de los individuos, provocando un rechazo nacionalista en muchos de ellos. Pues la retórica de la competitividad global ha impregnado la modernización europea. Bajo el lema de la «integración económica» se ha desencadenado un profundo proceso de modernización que trasciende fronteras e invalida las premisas nacionales de la democracia parlamentaria, del Estado social y del compromiso de clases. Cuando se habla de «reformas» no se piensa ya sino en una progresiva desregulación de los mercados (Andreas, 2020).

El desarrollo neoliberal de Europa se basó durante mucho tiempo en un consenso de las élites europeas, pero desde el principio se tuvo en mente y se puso en práctica la cooperación económica supranacional, entendida como el principal instrumento de reconciliación. La coincidencia en este mínimo denominador económico y la superación de las fronteras nacionales con la «fuerza de la economía» condujo, una vez se hubo generalizado la solución universal neoliberal, al estancamiento de las bases sociales y políticas del proyecto europeo. Ciertamente, la izquierda europea ha invocado los capítulos sociales del Tratado de Maastricht para defender la justicia social contra el poder de la economía. Pero los principios de la racionalidad económica han desatado exactamente la dinámica contraria: las posibilidades de control y de reglamentación estatal se han reducido y los gobiernos de los países miembros se han comprometido con una política financiera, económica y fiscal que les ha atado las manos (Staab, Andreas, 2020). Lo más doloroso es probablemente la falta de medios eficaces para combatir el paro, aunque sea a través de la famosa receta mágica de la desnacionalización neoliberal. En la Europa neoliberal, la superación del déficit presupuestario y el principio de la estabilidad de los precios se han convertido en el verdadero criterio del éxito y del fracaso de los países miembros.

Esta Europa mínima de corte neoliberal es económicamente absurda y poco realista desde el punto de vista político. Los problemas económicos resultantes de una integración europea exclusivamente «negativa» son suficientemente conocidos y no precisamos profundizar en ellos. Los mercados no sólo se construyen políticamente, también hay que corregirlos constantemente para que puedan funcionar bien. Si estas políticas correctoras no son posibles o no se consideran deseables en el plano europeo, a largo plazo no sólo puede resentirse la economía europea, sino también el proyecto de Europa en su conjunto (Pinder, John y Usherwood, 2018). Pues las contradicciones y las dificultades de la Europa mínima neoliberal no se eliminan políticamente, sino que son descubiertas y rentabilizadas políticamente por el floreciente populismo de derechas. Su fuerza reside esencialmente en la ilusión neoliberal de que el proyecto europeo puede realizarse de forma apolítica como un mercado europeo que deje intactas las viejas sociedades nacionales. Puede que no sea su intención, pero lo cierto es que en Europa el neoliberalismo pone en marcha una peligrosa dinámica anti cosmopolita cuya consecuencia no sólo podría ser menos Europa, sino también en menos mercado.

## LA ILUSIÓN TECNOCRÁTICA

A diferencia de las dos primeras posiciones que se oponen a Europa, o al menos al avance del proceso de europeización, la posición tecnocrática es esencialmente proeuropea. No sólo acepta Europa, sino que también comprende la necesidad de una progresiva integración («positiva»), ilusión nacional es reemplazada por la confianza en el futuro, por el optimismo de una *spill-over-integration* neo(funcionalista): las consecuencias previstas e imprevistas de la integración plantean constantemente problemas para los que las ilustradas élites europeas encuentran siempre las soluciones «técnicas» adecuadas, de modo que al final, una crisis tras otra, siempre se acaba alcanzando el objetivo deseado, la «integración».

El verdadero problema de esta concepción tecnocrática de Europa no reside en el objetivo de la integración propiamente dicho, aunque evidentemente su contenido concreto ha de someterse a discusión, cuanto en la perspectiva adoptada, es decir, en la suposición de que esta compleja y gigantesca Europa de las diferencias puede salir adelante sin estimación democrática alguna, y en la creencia de que la europeización es posible aun sin la participación democrática de quienes están directamente concernidos en ella. Como las contradicciones y los conflictos que impulsan el proceso de europeización nunca han sido resueltos directa y abiertamente, por ejemplo, mediante un referéndum europeo, las ilustradas élites europeas han tenido que servirse de las astucias tecnocráticas de la impotencia. En el caso de la ampliación hacia los países de la Unión Europea oriental (Andreas, 2020).

## LA EUROPA COSMOPOLITA

El déficit democrático de Europa no es un problema nuevo, sino uno más de los defectos de construcción de la Comunidad Europea, y hasta quizá dicho defecto fue aceptado como tal por sus constructores, como Jean Monnet (Featherstone, 1994). Sin embargo, entretanto esto se ha convertido en una de las mayores dificultades con las que tropieza el proyecto político europeo. Como ha mostrado la discusión sobre Europa de los últimos diez años, los argumentos más convincentes contra el avance de la integración europea pueden extraerse precisamente de los déficits democráticos de la UE (véanse Grimm, 1993; Offe, 2000; Beck, 2006; Scharpf, 1992, 1999). Al igual que la posición neoliberal, la tecnocrática también puede acabar en el atolladero de la concepción nacional.

## LA ILUSIÓN EURO CÉNTRICA

La cuarta posición que hemos de discutir también es fundamentalmente proeuropea, es más, es incluso la posición europea por excelencia. Si quisiéramos adscribirla a unas personas determinadas, seguramente deberíamos mencionar a destacadas figuras de la política europea de los años ochenta y noventa, como Jacques Delors y Etienne Graf Davignon. Así pues, la posición que hemos de discutir es nada menos que la posición que ha tutelado la política europea durante los últimos veinte años. El problema de esta posición radicó en su eurocentrismo, es decir, en el hecho de haberse encauzado esencialmente hacia el interior. La cara externa de Europa, su responsabilidad y su papel en un mundo abierto y lleno de peligros quedó oculta o, lo que todavía es más problemático, fue dramatizada e instrumentalizada para beneficiar la integración política frente al peso de los Estados nacionales. En este sentido, en la década de 1970 se habló del «desafío americano» (ServanSchreiber, 1968) con el propósito de volver a poner en marcha el motor de la integración europea, y en la década de 1980 se advirtió contra el «desafío japonés y americano» (Seitz, 1990), al que Europa tenía que hacer frente unida. Dicho concisamente: la exageración del peligro exterior debía unir a Europa en el interior. Con todo, el principal error de esta posición fue y es creer en la posibilidad de crear Europa como una unidad homogénea desde el punto de vista cultural y autárquica desde el punto de vista económico, como una unidad notoriamente determinada del resto del mundo y capaz de competir (exitosamente) con él. Fuera de ella se temió que el Mercado Común pudiese trasmutar a Europa en una «fortaleza». No deja de ser irónico que fuese precisamente este pensamiento eurocéntrico el que contribuyó esencialmente a acelerar la globalización, pues tuvo como consecuencia un rapidísimo crecimiento de la inversión directa americana y japonesa en Europa (véase Rodriguez Pose, 2002, pág. 23).

Además de cometer el error de desconocer las interdependencias económicas, culturales y políticas de un mundo globalizado, esta posición eurocéntrica se basa en una doble equivocación. Quien piense que es posible separar manifiestamente Estados Unidos y Europa, concibe territorialmente, por lo tanto, falsamente, la Unión Europea. De acuerdo con esta contención, Europa es una comunidad de países delimitada geográficamente y separada de Estados Unidos por el océano Atlántico. A esta equivocación se suma una falsa autoconcepción europea de Europa, según la cual los países miembros de la UE constituirían la verdadera esencia de la Unión.

Aquí se identifica incorrectamente Europa con la forma contractual de la UE, mientras que lo que ha hecho posible la UE es indispensablemente la superposición y la parcial fusión de Estados Unidos y Europa, la alianza transatlántica y la comunidad de valores, esto es, la síntesis Estados Unidos-Europa, que simboliza la libertad, los derechos humanos y la democracia. El nacimiento de la Europa pacífica posterior Segunda Guerra Mundial, su «integración», también ha sido y es posible gracias a la presencia norteamericana en el continente (véase Katzenstein, 2004). Ser europeo significa, pues, pertenecer a la vez a espacios de poder y círculos de identidad que se superponen y compiten entre sí. Se es ciudadano de la OTAN» (y de este modo también, transitoriamente ciudadano norteamericano), ciudadano de un país, ciudadano de un municipio y sobre todo ciudadano europeo.

Esta fusión histórica de la comunidad atlántica, de UE y OTAN se pone de manifiesto especialmente en el momento histórico en el que ésta corre el peligro de desaparecer. Es muy dudoso que Europa pueda ser solamente europea, que pueda ocuparse únicamente de sí misma. Sólo una Europa cosmopolita, y esto significa cien una Europa transatlántica que busque y encuentre su lugar en un mundo amenazado y que no confunda una política común de equilibrio frente a Estados Unidos con una política contra Estados Unidos, puede también gozar de estabilidad interna (véase Weidenfeld, 1996).

Rifkin identifica bien la problemática central de la integración europea: «La cuestión siempre ha sido: ¿ganarnos realmente más de lo que perdemos con el sacrificio de parte de la soberanía nacional a cambio de una mayor seguridad y nuevas oportunidades? En cada encrucijada de los setenta años de evolución de la Unión, las naciones y los pueblos de Europa han aprobado, por estrecho margen, la propuesta de reescribir el contrato político para conceder más autoridad a la Unión, renunciando en el proceso a una parte cada vez más importante de su soberanía nacional.» (p. 260). Los votos negativos de Francia y los Países Bajos, a mediados de. 2005, reflejando un difuso malestar social y sobre todo un fuerte distanciamiento entre gobernantes y pueblos, han mostrado con claridad que este proceso puede producir cuestionamientos radicales sobre el rumbo de la integración y sus impactos sociales, reales o percibidos como tales.


## EL MILAGRO EUROPEO

Es un gran tema el de este apartado: ¿Por qué comenzaron en Europa el crecimiento y el desarrollo económicos? ¿Por qué avanzo más que otras culturas? Después de todo, hubiera sido más probable que se hubieran producido en otras partes del mundo. Así pues, el apartado se ocupa de la forma en que se inició el cambio tecnológico, el cambio estructural y el crecimiento de la renta antes del siglo XX cuando el crecimiento ya está consolidado, es decir, de un conjunto de temas situados en el corazón de la historia económica.

Con un panorama tan amplio como éste, que incluye la experiencia de un continente que mantuvo tres cuartas partes de la población mundial a lo largo de varios siglos deberíamos estar dispuestos a considerar todo tipo de explicaciones. A este nivel, no existe una teoría completamente satisfactoria e incontestable. La ciencia de la historia social sigue siendo inmadura.

Hemos de admitir que, al reseñar el Milagro Europeo, un enfoque comparativo no garantiza que seamos capaces de saber exactamente «cuál fue el perdigón que mato al pájaro». La única forma de conseguirlo sería aceptando una teoría que ya hubiera decidido de antemano cual es la variable clave.

Qué, dónde y cuándo

Típicamente, los estudios históricos del crecimiento buscan identificar la forma en que se inició el incremento en la renta per cápita real media -es decir, las causas del alza en la tendencia del producto nacional bruto dividido por la población. Este enfoque tiende a apuntar directamente hacia supuestos cambios en las rentas y elimina el contexto de un cambio anterior favorable.

Los primeros cambios económicos habrán de referirse a unidades geográficas diferentes y variables. Son pocas las sociedades que, con interioridad al siglo XVIII, siquiera hicieran un censo de población. Ello significa que habrá que descubrir y combinar una miscelánea de indicadores indirectos del cambio económico.

El crecimiento de la renta (ingresos) para las sociedades europeas en su conjunto (o para sus miembros «tipo») puede haber comenzado bastante pronto en la historia. «Un fracaso en el mantenimiento del crecimiento económico significa la pobreza continua, la enfermedad, la miseria, la degradación y la esclavitud en trabajos que destruyen el espíritu para incontables millones de la población mundial» (Beckerman, 1974:3). Un estadístico al que se le reprochaba el que la suya fuera una disciplina desalmada, respondió que las estadísticas sociales son como lágrimas petrificadas. La historia a gran escala cobra sentido, y no es tan inhumana como puede parecer a primera vista.

Al llegar Europa al siglo XVIII, la oferta de más y mejores bienes públicos se había convertido en una característica casi determinante de los gobiernos europeos. Las más significativas fueron las acciones que aquí clasificaremos como control de las catástrofes. Entre éstas se incluían la imposición de cuarentenas para frenar la difusión de enfermedades epidémicas entre los seres humanos, el establecimiento de *cordons sanitaires* para impedir los desplazamientos del ganado infectado, el pago de compensaciones a los granjeros por el sacrificio de rebaños infectados y la aparición de medidas de redistribución de los excedentes de cereal hacia distritos en donde los elevados precios amenazaban con producir hambrunas. En las sociedades pobres y vulnerables los beneficios obtenidos por medidas administrativas de este tipo fueron notables.

El pago de compensaciones por el sacrificio de bestias que habían estado en contacto con animales enfermos nos sugiere un cuadro completamente diferente del que habitualmente se describe de la administración y de la vida campesina del siglo XVIII.

Europa llegó a aventajar a Asia y al resto del mundo en su gama de políticas para prevenir o combatir las catástrofes. Los bienes públicos se definen como aquellos de cuya utilización nadie puede ser excluido. Como resultado de este principio de no exclusión, el nivel y el alcance sin precedentes de las medidas tomadas por los gobiernos europeos mejoraron notablemente el nivel de bienestar de la población. Las implicaciones que esto tiene para el nivel de vida de los pobres en Europa han sido prácticamente pasadas por alto con toda intención en la literatura histórica.

El desarrollo implica cambios en la estructura económica a causa del reducido empleo en la agricultura. Este se produjo, al principio, con la aparición de la manufactura a tiempo parcial en las granjas y en las casas de los agricultores, lo que suponía una forma oculta de cambio estructural. Este sector «proto- industrial» creó bienes para la venta y, recíprocamente, entre los agricultores que se especializaron en el cultivo de alimentos para los trabajadores de las haciendas, se creó el mercado que absorbería los bienes.

Otros aspectos iniciales incluían inversiones en las construcciones de carreteras, puentes y puertos y en la navegación por ríos y canales, que permitían una amplia distribución de mercancías a granel por toda Europa. Con anterioridad, el transporte de cargamentos a cualquier escala había estado generalmente confinado a la cuenca mediterránea, a ciertas vías fluviales chinas, al Mar del Japón y (más como esperanza que como realidad) al «Mediterráneo indonesio». Lo que sucedió y distinguió a Europa fue la prominente aparición del comercial multilateral a granel, a través de distancias bastante largas, de productos básicos y no simplemente de artículos suntuarios que siempre habían dominado el comercio a larga distancia.

La integración de los mercados europeos de productos básicos fue bastante temprana, pero, aunque ello era necesario, resultaba claramente insuficiente para que de ahí derivara un crecimiento significativo. Hacía ya tiempo que China había integrado sus mercados sin conseguir un incremento sostenido en la renta per cápita. El mundo islámico aceptó un sistema monetario único. El sistema bancario de la India Mogol fue capaz de hacer frente a las letras de cambio con las que los propios Marathos que organizaban revueltas contra el imperio Mogol podían ser sobornados durante algún tiempo. Sin embargo, estas sofisticadas prácticas no fueron suficientes, por sí mismas, para producir un gran crecimiento.

El cambio más fundamental puede haber consistido, de todos modos, en la aparición de los mercados, pero no tanto los mercados de bienes como los de la tierra y el trabajo. Lo que Europa consiguió, además de los mercados de productos básicos, fue la formación de mercados de factores bastante eficientes, capaces de negociar con la tierra y el trabajo. Ello requirió una disolución de las rigideces políticas y culturales, y por tanto cambios más profundos y peligrosos en la sociedad que la mera aceptación de un comercio de bienes extensivo. El comercio laboral fuera de los mercados persistió típicamente con posterioridad al de los bienes (Posner 1981:181). Parece ser, sin embargo, que también tiene que ver con consideraciones de la apropiación del producto -es decir, con las relaciones de poder.

La triada de preguntas, qué, dónde y cuándo suele ser respondida con la irreflexiva suposición de que lo que realmente importó en la historia económica fue la «revolución industrial» que se originó y se difundió desde Gran Bretaña a finales del siglo XVIII, conjuntamente con la difusión del imperialismo, considerado como un fenómeno exclusivamente occidental y, por añadidura, estrictamente negativo. «Al principio de todas las cosas, existió Inglaterra. Y la alegría se desvaneció del mundo» (Berliner 1966: 159). En una estructura compleja y sistémica la Revolución Industrial fue importante, pero no determinante para el crecimiento económico de Europa.

En el extremo opuesto se hallan los «defensores de un mundo único». Parecen una extensión, casi una reductio *ad-absurdez*, de la escuela del sistema mundial de Immanuel Wallerstein y sus seguidores. El planteamiento original del sistema mundial era eurocéntrico. Se consideraba que el sistema era conducido por un núcleo económico de países explotadores de la Europa noroccidental. La línea de pensamiento de los defensores de un mundo único se hallan perdidos de rumbo, ya que éstos sostienen que todas las economías premodernas tardías sufrieron el efecto expansivo del comercio con Europa, y que fue esto, en lugar de las consideraciones internas, lo que determinó que el destino del mundo no europeo parezca sombrío.

Mao Tse-tung hizo una vez la observación de que es posible aplicar calor a una piedra o a un huevo, pero el hecho de que de éste surja un polluelo y nada de aquélla, se debe en realidad a sus estructuras internas. Lo mismo ocurrió con las economías no europeas cuando el comercio y la violencia europea les alcanzó. Respondieron de acuerdo con su propia organización y circunstancias, y no simplemente según el grado de violencia con que Europa se abalanzó sobre ellas.

En todo caso, el periodo anterior a 1800 estuvo libre de influencias europeas poderosas sobre la mayor parte del Oriente Medio y Asia, en particular China. La suposición común de que el destino de las economías del Tercer Mundo fue siempre más miserable a causa de los imperialistas occidentales es, en todo caso, injustificada. Lloyd Reynolds (1983; 1985) ha reunido pruebas considerables que indican que muchas de estas economías ya estaban creciendo en el mundo imperialista de finales del siglo XIX.

Los defensores de un mundo único tienden a evitar el esfuerzo de cuantificación que podría decidir la cuestión. Su planteamiento, en sí mismo, no es nuevo. El geopolítico Halford Mackinder fue acusado de ignorar la experiencia de los «pueblos sin historia» que ocuparon las tierras (casi) descubiertas por Colón.

Europa estaba vinculada entre sí tanto económica como políticamente. Se puede llegar a una mejor comprensión de la economía global del sistema de estados si se la compara y contrasta con las otras grandes economías de la época, organizadas por así decirlo en imperios políticos, situados en Asia o, en todo caso, en Asia y en Oriente Medio. Fue el imperialismo de las estepas el que estableció la diferencia, al ahogar con su abrazo egoísta la agricultura tradicional y los incipientes sectores comerciales de los inicios del Oriente Medio islámico «moderno», la India y China.

Los puntos de despegue, las fechas en que Europa adelantó con paso decidido a China en el campo científico, fueron calculados hace tiempo por Needham (1967). Su respuesta es que, en la mayoría de los aspectos, excepto en el militar, Europa se encontraba ya a la cabeza, como muy tarde, en el siglo XV.

Un libro de texto sobre la revolución industrial, ampliamente utilizado, llega incluso a afirmar que hasta mediados del siglo XVIII la economía británica se encontraba «relativamente estancada» (Deane 1979:18). Bairoch y sus colaboradores también indican que la separación entre las rentas no comenzó a ampliarse hasta después de 1750 (Bairoch y Levy-Leboyer 1981).

Así pues, existen escuelas de pensamiento a favor de épocas tempranas o tardías, existen incongruencias geográficas y diferencias sobre cuál es el punto en que se debe centrar la investigación económica. Los programas de estudios tienen a estar dominados por la escuela «tardía».

La escuela «temprana» o bien considera el ascenso europeo como un despliegue de las posibilidades latentes única y enteramente dentro de Europa, o bien la antepone al telón de fondo de otras sociedades. Estos eruditos sí reconocen al menos una actividad temprana en Europa. «La comprensión del creciente distanciamiento subsiguiente en la actuación económica relativa debe buscarse en el periodo en que se originó tal distanciamiento, y que fue anterior al año 1500 d.C.», se ha dicho en una recensión del Milagro Europeo (Crotty 1983:194). En esta línea, North y Thomas (1973:157) proclaman que «la revolución industrial no fue la fuente del crecimiento económico moderno. Este [es decir, el crecimiento] fue el resultado de un incremento de la tasa privada de rendimiento al desarrollarse nuevas técnicas y ser aplicadas al proceso productivo».

La síntesis más convincente realizada por un economista quizás pueda ser la de Kuznets (1964:21). El opina que los países europeos en su fase preindustrial, que queda delimitada con anterioridad al descenso de la mano de obra agrícola por debajo del 60 por ciento del total, disfrutaban de una renta per cápita varias veces superior a la de la mayoría de los países menos desarrollados en la década de los 60 del pasado siglo.

Quizá habría sido de esperar que las opiniones de Kuznets, expresadas hace más de sesenta años, hubieran tenido un gran impacto sobre los programas de investigación; y aunque no pocas veces se ha aparentado estar de acuerdo con ellas, la investigación que han inspirado ha sido escasa y su difusión aún menor, con excepción del periodo que se inicia con la «revolución industrial» del siglo XVIII.

Controles

Así pues, tendremos que buscar las comparaciones o los contrastes obvios con la naciente Europa entre las otras grandes sociedades del prolongado periodo moderno iniciales situadas en Asia. Para este propósito, el término «Asia» no es más que un término convencional, especialmente por cuanto también incluye a veces al Cercano Oriente y al Oriente Medio. Nada en estas líneas dará a entender que exista una pauta de comportamiento «asiático» universal o inmutable. «Asia» será aquí entendida como una mera expresión geográfica del territorio donde habitaban (y aún sigue siendo así) las otras grandes poblaciones organizadas durante el prolongado periodo moderno inicial de la historia de Europa.

El imperio chino suele necesitar un tratamiento diferenciado. En todo caso, cada imperio individual se asienta sobre una sociedad indígena diferente. Cada uno tuvo su propio marco ecológico, aunque cabe discernir un mayor riesgo de catástrofes en el entorno «asiático» que en el europeo.

La forma política asiática tradicional, el imperio, producía un incentivo escaso, e incluso desincentivaba, para que grupos importantes se comprometieran en la inversión productiva. El grupo social más amplio, el campesinado, tenía unas rentas bajas un escaso excedente. Los campesinos no obtenían ninguna compensación por los impuestos Los comerciantes individuales podían llegar a ser influyentes mediante el soborno, pero los emperadores nunca necesitaron depender de su dinero. Los reyes europeos sí lo necesitaron, pero los mercaderes no ganaron influencias como clase.

Los énfasis europeos

Verdaderamente, la interpretación podría transformarse en un razonamiento del efecto combinado y sinergético del entorno, el mercado y el estado.

Tenemos, en primer lugar, el entorno. Este se subdivide en tres aspectos: el lugar, su emplazamiento y el perfil de desastres. De entre las características relativas al lugar, los recursos naturales no son de gran ayuda para explicar el cambio. Los recursos son función de la tecnología disponible y carecen de sentido económico hasta que no se haya inventado una tecnología que los emplee. Los indios norteamericanos conocían el petróleo, pero carecían de la idea o de los medios para su utilización. En el caso europeo, el aspecto más significativo de los recursos naturales fue probablemente la forma en que estaban distribuidos a lo largo de un continente geológica y climáticamente variado, ya que ello supuso un aliciente para el comercio.

Las características relativas al lugar también incluyen el clima. John Anderson ha demostrado que los cambios progresivos en las medias climáticas a largo plazo fueron compensados mediante ajustes económicos y que, probablemente, parte de los efectos climáticos adversos fueron el resultado de otros acontecimientos, tales como  el descenso de la población tras la Peste Negra (Anderson 1981). A lo más que él o yo hemos llegado en la atribución de importantes consecuencias económicas a cambios en las variables meteorológicas (no climáticas) o a cualquier otro elemento cambiante del entorno físico o biológico ha sido en lo relativo a los fenómenos catastróficos (Anderson y Jones 1983).

El entorno cultural de Europa era único en un sentido profundo. La acumulación de capital también puede haberse visto favorecida, aunque lentamente, por una predilección manifiesta de las catástrofes hacia la destrucción del trabajo y no del capital. En Europa se produjeron epidemias que fueron peores que los terremotos. La eficacia del capital se vio incrementada, por añadidura, a musa de una persistente tendencia a originar el cambio tecnológico.

Se podría plantear, a primera vista, que la aceleración del crecimiento europeo fue el efecto de la existencia de economías que podían hacer un buen uso de tales descubrimientos.

Las naciones-estado que maduraron alrededor de las mejores

zonas nucleares en Europa fueron consolidadas por la fuerza de atracción de la justicia real y por el poder centralizador de la artillería real. El desmenuzar este conjunto de condiciones no nos hará encontrar una «máquina del crecimiento». El modelo, y no un simple cambio mágico, fue lo que «derribó al pájaro». Un entorno relativamente estable y, sobre todo, los límites impuestos a la arbitrariedad por una arena política competitiva parecen haber sido las condiciones principales de crecimiento y desarrollo.

En resumen, fueron el estado de derecho, el respeto a las garantías de los individuos, la innovación y el comercio lo que produjo el milagro europeo.

## MAS ALLÁ DE EUROPA

> Todo examen objetivo de los últimos 10,000 años de la historia humana revelaría durante casi toda ella, los europeos septentrionales fueron una raza bárbara superior, que vivía en la miseria y la ignorancia, y cuyas innovaciones culturales fueron escasas.
>
> Peter Farb

Las comparaciones, o los contrastes, con otras civilizaciones son necesarias para una valoración del progreso europeo. De no proceder así, las conjeturas entresacadas de la literatura histórica europea carecerían de todo control. Sería posible someterlas a un examen de coherencia interna y cotejarlas con los datos de que disponemos, dado que no existe una teoría global generalmente aceptada del cambio económico a muy largo plazo, las variables explicativas carecerían del control adecuado. Cuando ya no se pueden aplicar ceteris paribus, el método reparativo nos ofrece la única posibilidad de comprobar la validez nuestros criterios.

Si en nuestra búsqueda de continentes y culturas con una experiencia similar a la europea nos dirigimos a África en primer lugar, veremos que el nivel general de desarrollo y el tamaño y la edad de la población estaban muy por detrás de Europa en el periodo histórico. La fascinación de África es sui generis, No tuvo grades influencias directas sobre otros continentes, salvo quizás como fuente de esclavos. Ciertamente, no todo fue barbarie.

En lo que respecta a las Américas, vemos que también ellas sufrieron escasez de población, así como el aislamiento con respecte al conjunto de ideas euroasiáticas. La agricultura, y los estados Azteca e Inca, no surgieron y mantuvieron a poblaciones de unos cuantos millones hasta la época de Colón. Si bien se había inventado la rueda, su utilización se vio confinada a los juguetes y a la fabricación de alfarería. Se han encontrado perros de juguete con ruedas, pero no carruajes tirados por perros, que quizás habrían sido substitutos más viables del transporte a caballo de lo que se cree (piénsese en su no despreciable utilización en Europa en el siglo XIX). Como resultado de ello, el Nuevo Mundo pasó a ocupar un  puesto bastante rezagado en los procesos de recogida, transporte, molienda y manufactura para los que tan útiles resultan las poleas, las levas y otros artefactos parecidos; todos ellos basados en la rueda   La pobreza de recursos animales del Nuevo Mundo explica, según Harris  (1978:39), el ritmo diferencial de desarrollo en virtud  del cual «Colón» «descubrió» América y Powhatan no «descubrió» Europa, ni «Cortés conquistó a Moctezuma y no a la inversa».

Jacobs (1958) resalta el hecho de que Japón y la Europa occidental, sin una herencia cultural común, tienen importantes herencias sociales comunes, mientras que Japón y China, a pesar de toda su herencia cultural común, carecen de ellas. El libro de Jacobs presenta un contraste punto por punto de los valores japoneses y los chinos, y una comparación entre los valores de Japón y de la Europa occidental. En realidad, Japón fue, en ciertos aspectos, tan «europeo» como si hubiera sido remolcado y anclado al lado de la isla de Wight.

Los «controles» adecuados para la experiencia europea son China, India y el islam. Aquí son posibles dos tipos de investigaciones.  En primer lugar, Europa, China y la India fueron las grandes y populosas culturas del mundo, y podemos considerar a Europa como un miembro desviado. En el siglo XV, China tenía entre 100 y 130 millones de habitantes, la India entre 100 y 120 millones y Europa entre 70 y 75 millones. En conjunto poseían aproximadamente el 80 por ciento de la población mundial en el año 1500 y aproximadamente el 85 por ciento en el año 1800. Mackinder (1962:83) compara la población total de las costas europeas de las asiáticas monzónicas y, recalculando sus cifras de acuerdo a una de las modernas estimaciones de McEvedy y Jones (1978; cf. McEvedy 1972:8), vemos que las zonas costeras poseían el 75 por ciento de la población de todo el mundo en el año 1400 y el 82 por ciento en el año 1800 (y, por cierto, todavía el 65 por ciento en 1975)

En segundo lugar, tanto China como la India y el Imperio otomano fueron despotismos militares impuestos, y es posible observar la forma en que ese hecho político influyó en sus perspectivas de desarrollo. Europa, en este caso, es el miembro desviado en el mundo de los sistemas más poderosos.

Tal y como Kiernan (1965:20) lo ha expresado, «todos los hombres son iguales, pero sólo un igualitarismo espúreo puede reducir el papel desempeñado por todas las regiones de la tierra en su gran avance histórico a un único y mismo nivel».

El inmenso éxito relativo de Europa, que es justamente lo que deseamos comprender, carece de implicaciones despectivas con respecto a las capacidades individuales (o «raciales») de los no europeos. Europa tomó cosas de Asia; algunos logros concretos de Asia fueron espectaculares y en ocasiones se produjeron cuando Europa no era más que una frontera en el bosque. La verdadera diferencia parece radicar en el hecho de que los no europeos trabajaron bajo severos impedimentos.

Tanto el Imperio otomano en el Cercano Oriente, como el Imperio mogol en la India y el Imperio manchú en China fueron despotismos militares que se originaron con invasiones. Sin embargo, las similitudes entre las culturas asiática, excluidas las políticas, fueron escasas.

Las diferencias religiosas son asimismo notables, visten diversos tipos de budistas, hindúes, confucianos y musulmanes y sólo la torpe certeza de la mente europea sería capaz de situar la pobreza asiática a las puertas de la religión asiática (¿y no a la inversa?). Es como si se pudiera atribuir el crecimiento de Europa a preceptos cristianos de amor, caridad y humildad que, en realidad, han censurado las acciones de los verdaderos forjadores del destino de Europa.

En las filosofías de estos países es muy posible que la noción de un consenso en la interpretación de la naturaleza haya parecido absurda (Ziman, 1968:22).

La mayor parte del creciente comercio exterior estaba relacionado con los artículos suntuarios, entre ellos los ornamentales o los productos de la caza en las junglas, supuestamente afrodisíacos.

En ocasiones, fue éste un comercio con países lejanos. Roma adquirió artículos suntuarios provenientes de la India y compitió con China por las especias de Indonesia; los productos manufacturados enviados a cambio fueron principalmente ornamentos. El posterior comercio asiático se basó en productos artesanos chinos o indios, la seda, el algodón, la porcelana y un largo catálogo de artículos menores. Simkin (1968:255), que elaboró una relación de los mismos, añade la observación de que «sería, pues, erróneo considerar que el comercio asiático sólo constaba de artículos de lujo». Admite el predominio de los artículos suntuarios en el tráfico a largas distancias, el cual abastecía a los ricos con una variedad de productos del mundo natural: desde plumas de martín pescador, pasando por piedras preciosas, hasta drogas que ninguna farmacopea moderna poseería. Afirma, no obstante, que las necesidades de la gente común también generaron comercio, pero los ejemplos que da son joyas que las mujeres indias lucían o atesoraban, plantas aromáticas, drogas y especias con las que ocultar las limitaciones de la dieta. Muchos de estos artículos eran poco más que cachivaches biológicos y el potencial de crecimiento de un mercado de este tipo era escaso. Los bienes de pequeño tamaño sólo requerían barcos pequeños. Con excepción del tributo de arroz chino y de algunos que otros artículos con los que se comerciaba estrictamente dentro de China, apenas existieron cargamentos que estimularan la construcción de barcos, de muelles y de almacenes. Faltaban los impulsos desatados en Europa por los grandes cargamentos de vino, sal, lana, bacalao, madera, metales ferrosos y grano.

Existió una cierta urbanización en el Asia tradicional, pero ésta no consiguió producir la modernización. Durante dos mil años con interioridad al 1800 a.C., entre un tercio y la mitad del 4 por ciento de la población mundial que vivía en ciudades con más de 10.000 habitantes eran chinos. «La historia urbana premoderna mundial ha sido principalmente un fenómeno chino» (Stover y Stover, 1976:86). Dentro de Asia, tan sólo en China, a orillas de los grandes ríos navegables, existieron numerosas ciudades cuyas historias fueran tan antiguas como las de Europa y cuyas funciones mercantiles y portuarias fueran asimismo comparables.

No existió apoyo a las mejoras urbanas. Hanoi, por ejemplo, en el Siglo XVII, si bien se cree que alojaba a un millón de personas en los días de mercado, siguió siendo una ciudad de chozas de paja y callejones llenos de barro, gobernada por unos mandarines absolutamente rapaces.

«Ni el crecimiento de la población ni la importación de metales preciosos», según la opinión de Weber (1927:353-354), «provocaron el capitalismo occidental. Las condiciones externas para el desarrollo del capitalismo revisten, principalmente, un carácter geográfico». Wesson (1978:111) coincidía con esta opinión cuando afirmó recientemente que: «la causa primaria parece ser la geografía».

El concepto de una frontera definida es un concepto extranjero traído a Asia desde la Europa de las naciones-estado. La noción indígena era la de zonas fronterizas ocupadas por poblaciones tribales subdesarrolladas y que ninguno de los reinos o imperios vecinos administraba realmente.

Tal y como Lord Macarthey, el primer embajador de China, lo describía, «cada vez que un hombre incapaz se hace cargo de la cubierta, es mejor despedirse de la disciplina y de la seguridad del barco» (Dawson, 1972:344; véase también 275). El Imperio chino consiguió superar este periodo sin perder su unidad, pero otros sistemas asiáticos sucumbieron a la guerra fratricida. Las guerras, entendidas como *levées en masse*, provocaron grandes devastaciones. Así, se produjeron fases de expansión y orden en alternancia con fases de abandono de la magnitud del colapso de la zona agrícola seca de Sri Lanka convertida en regadío, y la ruina de su capital, Anuradhapura, o de la decadencia de la agricultura de regadío en el país Khmer que rodea Angkor Wat.

Es comprensible que a unas economías sometidas a la omnipresente amenaza de la confiscación, la guerra y los desastres naturales les resultara difícil estimular los avances tecnológicos siquiera para ajustarse al crecimiento demográfico producido por los intervalos de paz. Tenemos que distinguir tres tipos de movimiento histórico. En primer lugar, aquellas fluctuaciones a las que acabamos de referirnos cuando la pseudo estabilidad de los gobernantes fuertes se alternaba con periodos de derroche, opresión y desorden. De acuerdo con Simkin (1968:258-259). China comenzó a replegarse en sí misma, renunciando a la exploración marítima y, poco después, al conjunto de su comercio marítimo. Tanto la India mogol, como Indonesia y Birmania se hallaban en un proceso de división, o pronto se dividirían, para formar estados más débiles. El tambaleante Imperio Khmer estaba siendo destruido por los invasores Thais. De acuerdo con Venkatachar (en Iyer 1965:38- 39), tanto los hindúes como los chinos estaban abandonando el océano. Las restantes sociedades asiáticas, más pequeñas, comenzaron a refugiarse en sus conchas.

Cierto es que no todas las autoridades están de acuerdo con esta deprimente descripción. Van Leur (citado por Frank 1978:138-139) subraya el gran número de países asiáticos que aún estaban intactos al llegar el siglo XVIII y no habían sido perturbados por la penetración europea.

Si bien existen signos de progreso en ciertos aspectos, la impresión global de Asia en los anales de su época precolonial es la de unas sociedades deslizándose hacia el caos, de otras en proceso de introversión, de una creciente. debilidad política, de fluctuaciones sin desarrollo y de una nube en el horizonte, aún no mayor que la mano de un hombre, de una eventual superpoblación (cf. también Straver 1970:105).

## Referencias al apartado

Anderson, J. L. (1981). «Climatic Change in European Economic History», Research in Economic History, 6, 1-34.

Bairoch, Paul, y Levy-Leboyer, Maurice, eds. (1981). Disparities in Economic Development since the Industrial Revolution. Nueva York: St. Martin's Press.

Beckerman, Wilfred (1974). In Defense of Economic Growth. Londres: Jonathan Cape.

Berliner, Joseph (1966). «The Economics of Overtaking and Surpassing», en Industrialization in Two Systems, ed. Henry Rosovsky. Nueva York: John Wiley and Sons.

Cloud, Frederick D. (1906). Hangchow: The «City of Heaven». No aparece indicado ni el lugar ni el editor.

Crotty, Raymond (1983). Review of The European Miracle. Irish Journal of Agricultural Economics, 9, 193-195.

Deane, Phyllis (1979). The First Industrial Revolution. Cambridge: Cambridge University Press, segunda edición.

Hajnal, J. (1965). «European Marriage  Patterns in Perspective», en Population in History, eds. David Glass y D. E. Eversley. Londres; Edward Arnold.

Issawi, Charles (1980). «Europe, The Middle East and the Shift in Power: Reflections on a Theme by Marshall Hodgson», Comparative Studies in Society and History, 22, 487-504.

Jones, E. L. (1985). «Disasters and Economic Differentiation across Eurasia: A Reply», journal of Economic History, 45, 675-82.

Kuznets, Simón (1964). «Underdeveloped Countries and the Pre-Industrial Phase in the Advanced Countries». En Two Worlds of Change: Readings in Economic Development, ed. Otto Feinstein. Garden City, Nueva York: Doubleday/Anchor Books.

Maddisond, Angus (1982). Phases of Capitalist Development. Oxford: Oxford University Press.

Needham, Joseph (1967). «The Roles of Europe and China in the Evolution     of Ecumenical Science. The Advancement of Science, 24, 83-98.

North, D. C. y Thomas, R. P. (1973). The Rise of the Western World: A new Economic History. Cambridge: Cambridge University Press.

O'Brien, Patrick (1982). «European Economic Development: The  Contribution of the Periphery», Economic History Review, 2 ser. 35, 1-18.

Parker, W. H. (1982). Mackinder: Geography as an Aid to Statecraft. Oxford: Clarendon Press.

Posner, Richard A. (1981). The Economics of Justice. Cambridge, Mass.: Harvard University Press.

Post, John D. (1977). The East Great Subsistence Crisis in the Western World. Baltimore: The Johns Hopkins University Press.

Pryor, Frederic L. (1985). «Climatic Fluctuations as a Cause of the Differential Economic Growth of the Orient and Occident: A Comment», Journal of Economic History, 45, 667-73.

Reynolds, Lloyd (1983). «The Spread of Economic Growth to the Third World», Journal of Economic Literature, 21, 941-80.

Reynolds, Lloyd (1985). Economic Growth in the Third World, 1850-1980. New Haven, Conn: Yale University Press.

Van Leur, J. C. (1955). Indonesian Trade and Society: Essays in Asian Social and Economic History. La Haya: W. van Hoeve.

Wallace, Alfred Russel (1962 ed.). The Malay Archipelago. Nueva York: Dover Publications.

# 3 PROCESOS DE INTEGRACIÓN ECONÓMICA

Con el propósito de explicar la enorme complejidad de la tarea de integración, trataremos de ejemplificar las alternativas existentes de integración y sus etapas para ubicar a la Unión Europea, no sólo en la historia, sino en su etapa actual.

Las instituciones que propician la integración son elementos propios de la superestructura del sistema, pero los efectos económicos de estos procesos afectan directamente a las relaciones entre países, es decir a la estructura sistémica. Así los procesos de integración se están configurando como un paso intermedio entre la pervivencia de los Estados-nación y la globalización en el mundo actual.

En el contexto de la Organización Mundial del Comercio (OMC), los acuerdos comerciales regionales (ACR) tienen un significado más general, porque pueden estar suscritos por países que no pertenecen a la misma región geográfica.

Al hablar de acuerdos de integración económica nos referimos a procesos en los que varios países, por lo general geográficamente próximos, se comprometen a eliminar barreras económicas entre sí, lo que implica que puede tratarse de acuerdos complejos que van más allá de la liberalización comercial.

Las relaciones económicas entre los países se han basado, tradicionalmente, sobre dos principios teóricos muy diferentes. El primero de ellos es el librecambismo (*free trade*), enunciado por primera vez en la Inglaterra del siglo XVII por Charles Davenat, quien sostenía que el comercio es por naturaleza libre («*trade is in its nature free»*) y que el Estado no debe hacer nada por interferir en el mismo. Posteriormente, en el siglo XVIII, el economista escocés Adam Smith fundamentaría este postulado sobre dos argumentos que han formado el *leit motiv* de todos los librecambistas de los siglos XIX y XX: el comercio permite ampliar el mercado cuya estrechez es, de acuerdo Smith, el principal obstáculo para la aplicación del principio de la división del trabajo y, por tanto, del desarrollo de la productividad; y el comercio permite la exportación del producto «excedente» que de otra manera no tendría demanda.

El segundo principio es el proteccionismo, enunciado por primera vez por el economista alemán Friedrich List (1789-1846), cuyo pensamiento central es que el libre comercio sirve a las economías más desarrolladas para dominar a las menos desarrolladas ya que es necesario habilitar cuantos remedios sean necesarios para «proteger» el nacimiento y desarrollo de la propia industria.

Una oleada de procesos de integración comienza a mediados de la década de los ochenta y aún no ha terminado. En esta fase, que se ha venido a denominar nuevo regionalismo, se asiste a una revitalización de la integración económica que viene marcada por: a) la profundización de la integración europea con la consecución de la unión económica y monetaria y la ampliación a 28 países miembros; b) la contundente apuesta de Estados Unidos por los acuerdos de libre comercio rompiendo su tradicional resistencia a los mismos, siendo el más importante el Tratado de Libre Comercio de América del Norte (NAFTA hasta que la nueva denominación, esté entre en vigencia, TEMEC, Tratado Económico de México Estados Unidos y Canadá); c) la conversión de Asia hacia los acuerdos de integración regionales como refleja el avance de la Asociación de Naciones del Sudeste Asiático (ASEAN) y el proceso ASEAN + 3 con China, Japón y Corea del Sur; d) el impulso de los acuerdos de integración entre países en desarrollo, como es el caso del Mercado Común del Cono Sur (MERCOSUR) y, finalmente, e) el aumento de acuerdos entre países desarrollados y países en desarrollo, especialmente por parte de Estados Unidos y la UE(Pinder, 1999).

En todo proceso de integración con el fin de que «el mercado funcione con suficiente armonía y se promuevan objetivos más amplios de política económica». «Los diferentes tipos de fronteras económicas que separan los mercados, así como los compromisos asumidos por los países involucrados, dan lugar a diferentes formas o fases de integración» (Beck, 2016).

## TIPOS DE INTEGRACIÓN.

Existen dos grandes razones para que se dé el proceso de integración:

I. Las Económicas, estas se asocian a las utilidades del libre juego del mercado, e incluyen tanto las ventajas de la libertad de comercio como la más eficiente asignación de recursos entre los países implicados y la búsqueda de la maximización conjunta de bienestar al adoptar medidas micro o macroeconómicas, internacionalizando así las externalidades y conflictos que podrían provocar medidas unilaterales.
Ejemplos: los Acuerdos de Libre Comercio, la Unión Aduanera, el Mercado Común.
II. Las Políticas, se refieren esencialmente al aumento de cohesión que proporcionan unos mayores vínculos económicos o a la convivencia de formar unidades políticas amplias capaces de hacerse escuchar en el concierto internacional, el ejemplo es la Unión Económica y Monetaria.

Así mismo, la integración tiene lugar en forma parcial, es decir, implicando a un número de países normalmente reducido. Esto puede llevar a un proceso de regionalización, que significa la integración de países de un mismo ámbito geográfico. Ejemplificando con la CE y el TLCAN (NAFTA o T-EMEC).

Existen cinco formas de integración:

1. ZONA DE LIBRE COMERCIO (ZLC): está encaminada a eliminar todas las restricciones de comercio entre los países que se asocian. Esta primera fase es la más pura desde el punto de vista de la creación de un mercado mundial, y por ende es la más aceptada por los ortodoxos del libre comercio global. La forma más elemental de integración la constituyen los Acuerdos Comerciales Preferenciales, que suponen la concesión por parte de un país de determinadas ventajas comerciales a ciertos productos procedentes de otro país o grupo de países. Normalmente tienen carácter asimétrico,

es decir, no exigen reciprocidad y son habituales entre países con diferentes grados de desarrollo. La siguiente etapa en un proceso de integración es la Zona de Libre Comercio (ZLC) en la que un grupo de países suprimen los obstáculos comerciales existentes entre sí, pero cada uno mantiene su propio régimen comercial frente a terceros países. Son áreas formadas por dos o más países que de forma inmediata o progresiva suprimen las trabas aduaneras y comerciales entre sí, pero manteniendo cada uno frente a terceros su propio arancel de aduanas y su propio régimen de comercio.

El mejor ejemplo de zona de libre comercio en sentido estricto fue la EFTA (European Free Trade Organization) formada en 1960 por el Reino Unido, Suiza, Austria, Portugal y los países nórdicos. Hoy lo es el Tratado de Libre Comercio de América del Norte (TLCAN- NAFTA, T-MEC). Existe un inconveniente asociado a las ZLC: los productos de importación podrán entrar en el área a través del miembro con aranceles más bajos frente al exterior para después circular libremente entre los países del área. Este problema puede evitarse con la imposición de reglas de origen estableciendo un requisito mínimo de contenido nacional, garantizando así que la liberalización solo beneficia a los productos originarios de otros países miembros.

La ZLC no necesita ninguna otra legislación entre los contratantes que la elaboración de reglas de origen para discriminar posibles intrusiones en el espacio común de mercancías externas no permitidas. Es la forma más pura de la integración, desde la posición de *second best*, ya que significa una verdadera liberalización comercial, mientras que las UA tienen dos efectos contrarios: uno liberador, originado por la eliminación de los aranceles entre los asociados, y otro proteccionista, derivado del establecimiento de un arancel común (AEC). Por tanto, desde una posición de *second best*, su efecto total puede ser más o menos proteccionista que la situación original en función del AEC (Samuelson, 2019).


2.   UNIÓN ADUANERA: consiste en crear una ZLC y además establecer un Arancel Externo Común (AEC) entre los asociados. Esta forma de integración es liberalizadora y a la vez protectora. Precisamente, el AEC es el primer obstáculo serio al que se enfrenta cualquier proceso de integración que, además, requiere una mayor cesión de soberanía. Constituye un escalón más avanzado de

integración de dos o más economías nacionales. La unión aduanera supone la supresión inmediata o gradual de barreras arancelarias y comerciales a la circulación de mercancías entre los estados miembros.

Además, la unión aduanera aplica un arancel aduanero común (Tarifa Exterior Común) frente a los terceros países, que es la diferencia de las zonas de librecambio donde frente al exterior permanecen los distintos aranceles nacionales de los estados miembros. La formación de una Unión Aduanera supone que un grupo de países eliminan los obstáculos comerciales entre ellos y establecen barreras exteriores comunes frente al resto del mundo. Cuando una unión aduanera elimina las barreras, no solo a los movimientos de mercancías sino también de factores de producción, se transforma en un Mercado Común (MC) caracterizado, por tanto, por la libre circulación de mercancías, servicios, capitales y personas (Hicks, 1978).

3. MERCADO COMÚN (MC). Significa ampliar el ámbito de integración al mercado de capitales y de la fuerza de trabajo. Culmina la integración de los mercados. Aplicar esta forma de integración significa que las mercancías, los capitales y los trabadores circulan libremente en el nuevo espacio económico. Se entiende como un mercado común en el que se procede a la coordinación de políticas económicas y al establecimiento de políticas comunes destinadas a favorecer el desarrollo regional y reducir las disparidades internas. Combinan la supresión de restricciones al movimiento de mercancías y factores de producción (trabajo y capital) con un cierto grado de armonización de las políticas económicas nacionales. El objetivo es eliminar la disparidad resultante de los efectos de dichas  políticas. La unión económica total se consigue con la unificación de las políticas monetaria, fiscal, de rentas y la creación de una moneda única. También existirá una autoridad supranacional cuyas decisiones serán obligatorias para todos los estados miembros (Giddens, 2007).

Ventajas de las integraciones económicas.

Desde la óptica empresarial, las más evidentes son:
• Obtención de economías de escala mediante una mayor eficiencia basada en la dimensión adecuada del proceso        de

producción con costes unitarios más bajos.

• Apertura de nuevos mercados, no hay que olvidar que la ampliación del mercado resultante abre nuevas posibilidades a la empresa, pero también una intensificación de la competencia.

• Posibilidad de desarrollar actividades de forma conjunta entre empresas de varios países. Sirva como ejemplo las nuevas posibilidades que surgen para desarrollar nuevas actividades en el campo tecnológico e industrial.

4.   LA UNIÓN MONETARIA (UM), Y ECONÓMICA (UE). Arranca del MC e implica aplicar desde la simple coordinación de las políticas económicas de los países hasta su unificación.   Es la culminación de la integración económica v exige la pérdida de soberanía económica de los Estados-nación, que la ceden a una entidad económica supranacional. Por su parte, se refiere a una unión económica que cumple tres requisitos: a) las monedas son convertibles, b) los tipos de cambio son irrevocablemente fijos y c) los capitales circulan libremente.  La creación de una moneda única no es imprescindible, pero permite aprovechar al máximo las ventajas de una unión monetaria.

La creación del Euro y de la Unión Monetaria Europea aparecen «como la coronación del proceso de integración europea que se desarrolla desde la Segunda Guerra Mundial». «[...] cada vez da más sensación de que Europa está abandonando la senda fundacional de la integración comunitaria o supranacional para sustituirla por la cooperación intergubernamental» (Andreas, 2020).

5.   INTEGRACIÓN TOTAL (IT). Surge de la unión económica y abarca los aspectos no económicos que dan entidad a un Estado supranacional, Los Estados-nacionales pierden prácticamente, todas sus funciones, ya que existe una autoridad más amplia que los aglutina.

Procesos de integración en Europa

Es el proceso de integración que ha alcanzado mayores grados de cohesión, superando el objetivo de crear un mercado común, para llegar a una Unión Económica y Monetaria y en transición tras la aprobación de la Constitución Europea por los estados miembros en el 2005, a una unión política.

Algunos datos clave. La Unión Europea con 28 (hasta el 2020) países miembros cubre una amplia franja del Territorio europeo. En 2017 con la incorporación de dos nuevos países alcanzó una población de unos 500 millones de habitantes.

La Unión Europea siempre ha promovido el comercio, no solo a través de la eliminación de barreras al comercio entre los países de la UE, sino que también ha animado a otros países a entablar relaciones comerciales con la UE.

Existe otra propuesta de evaluar el proceso de integración. Es la posibilidad de elegir un arancel exterior común, esto es, impuestos a todos los países no miembros del mercado común, de tal forma que el resultado final sea para mejorar a los países integrados sin perjudicar a los no integrados (Pinder, 1999).

Hablar de un mercado único en donde las reglas del juego cambian para todos los actores: empresas, consumidores, sindicatos, poderes públicos, etc. Así como también dotar al mercado de una dimensión triple en las áreas comercial-económica-política, es decir, a parte de movilidad comercial se estará viviendo una movilidad de todos o algunos de los factores de la producción, en especial la libertad de inversiones directas o establecimiento de empresas; los países pueden adoptar políticas industriales, tecnológicas, de competencia con repercusiones internacionales; así como adoptar políticas monetarias y fiscales con efectos internos y externos (Beck, 2016).

# 4 EL LARGO CAMINO DE LA INTEGRACIÓN EUROPEA

La etapa que culminó en el Tratado de la Unión Europea (TUE) no se inició con el propósito declarado de llegar a tan ambiciosa meta. Una vez ratificada el Acta Única, lo cual constituyó un trámite formal en la mayor parte de los casos en los respectivos parlamentos, el problema más angustioso era resolver la situación de quiebra técnica de la Comunidad, decisión que se adoptó en la Cumbre extraordinaria de Bruselas de febrero de 1988, en la que se decidieron las bases de la Reforma de la PAC y las perspectivas financieras hasta la consecución del mercado interior. En el Consejo de Hannóver de junio del mismo año se decidió empezar la preparación de la UEM, con la creación del Comité de expertos presidido por Delors, del que formaban parte los gobernadores de los bancos centrales más algunos expertos designados exprofeso. En el Consejo de Madrid de junio de 1989 se decidió dar el paso de constituir la UEM. La línea estratégica de la Comisión y del Consejo Europeo era, pues, continuar ganando pequeños pasos para poder proceder a la Unión Política a mediados de los noventa.

## EL EMPUJÓN DE LA HISTORIA

Pero la Historia forzó y cambió los pacientes planes de los estrategas fundantes; 1989 marca una línea divisoria al precipitar los acontecimientos allende un telón de acero roído en sus cimientos. A la indomable rebeldía polaca y el paciente desmarque húngaro se unió la política de perestroika y glásnost de Gorbachov. El deshielo encontró un resquicio para precipitar a ciudadanos de la entonces República Democrática alemana hacia el entonces paraíso occidental a través de Hungría, y a principios de noviembre cayó el muro. Con ello se inició un proceso de efecto dominó en el que la reivindicación de los valores de la democracia parlamentaria por los pueblos del centro y del este de Europa suponía la superación de la división ideológica del continente y, por primera vez en la historia, la adscripción de todos los países europeos al mismo código de valores, código que se había de consagrar en Carta de París tan sólo un año después.

## LA GESTACIÓN DEL TUE

Por eso es tan importante la inclinación de Alemania en el proceso de unidad europeo, y tan estéril la actitud de mantenerla en libertad vigilada, bajo la eterna sospecha de un posible abandono del hogar común. Un repaso histórico demuestra que todos los pueblos europeos que han tenido voluntad hegemónica han cometido barbaridades por riguroso turno, y que el problema fundamental de Alemania es que ha sido la última en intentar aventura. Esta incardinación de la unidad alemana con la unidad europea es fundamental porque, como señala Habermas, «que los alemanes pertenezcan a la Europa Occidental tan sólo se ha hecho evidente en las décadas posteriores a la Segunda Guerra Mundial», y no por el equivocado temor de una huida hacia el Este, sino por una concepción - zentrum: esa ideología del centro, profundamente arraigada desde el romanticismo hasta Heidegger, es la que Adorno ha calificado como «corriente anticivilizatoria y antioccidental de fondo de la tradición alemana»

Esta vertiginosa aceleración de la Historia hizo saltar la estrategia de avance paso a paso, que partía de la realización del Mercado Interior para engranar con la Unión Económica y Monetaria y coronar con la Unión Política.

La Cumbre de Estrasburgo fue la primera ocasión para exponer las tesis que estaban madurando en el recién constituido Parlamento, a partir de la confluencia entre el impulso interno y los vertiginosos cambios políticos en Europa, que mostraba la necesidad de avanzar en la Unión Europea, entendida no sólo como Unión Económica y Monetaria sino también como Unión Política. A partir de esta tesis fundamental se formuló un decálogo que desde la época de Moisés es la mejor manera de exponer un programa: conseguir participar activamente en el proceso de reforma constitucional, con la propuesta de la «Conferencia Interinstitucional Preparatoria» (CIP) y la reunión con los Parlamentos Nacionales; la convocatoria de la Conferencia Intergubernamental en otoño del 90; la lista reducida de las cuestiones clave para el Parlamento (iniciativa legislativa, codecisión e investidura de la Comisión, además de la publicidad de los debates legislativos en el Consejo), para poner las bases federales; el otorgamiento del poder de ratificación de la reforma al PE; los acuerdos de participación para las nacientes democracias y la fecha año 2000 como límite para la Unión Europea.

El Acta Única fue el resultado de la negociación entre los Gobiernos. Sin embargo, las ideas valiosas hacen su camino, y buena prueba de ello es que el Tratado de la Unión elaborado por el PE, conocido también como Spinelli por haber sido este tenaz federalista italiano su máximo impulsor, figuraba entre la documentación de muchos de los miembros de las CIP.

En la cumbre de Dublín de marzo de 1990 se planteó como primera cuestión urgente la incardinación comunitaria de la unidad alemana, su carácter de desafío para el futuro de la CE, la OTAN y el Pacto de Varsovia; y a partir de la iniciativa Kohl-Mitterrand, que afirmaba la necesidad de la Unión Política, centrada en tres temas fundamentales (legitimidad institucional, eficacia y política exterior y de seguridad), se puso fecha al anuncio de dos iniciativas fundamentales: la cita para la primera CIP el 17 de mayo en Estrasburgo, y el anuncio de la autoconvocatoria con los Parlamentos Nacionales para el otoño en Roma.

En el debate público se mezclaron todo tipo de argumentos, especialmente en Gran Bretaña y Francia. A menudo se planteaba el rechazo frontal en nombre de la otra Europa que, como Dulcinea, resultaba inalcanzable y de rostro desconocido...

También fue una crítica usual afirmar que fue un Tratado concebido durante la prosperidad y que se había quedado obsoleto frente a la crisis. ¡Pobres lazos los que no resisten en momentos de dificultad! Precisamente, el comienzo de la Unión Europea fue hijo del infortunio y la devastación, no de la abundancia.

Rifkin se pregunta con razón «para qué sirve el sueño europeo?», si los europeos mismos dejan de reproducirse y si, por otro lado, la inmigración masiva de regiones cercanas, principalmente de África del Norte y de Turquía, ahora de Siria vista como posible para compensar la falta de niños, se ve frenada por las reticencias de los europeos al respecto. Sin embargo, conviene tal vez diferenciar aquí entre situaciones no siempre idénticas y relativizar las visiones demasiado apocalípticas: si los antiguos países prolíficos como Italia y España están hoy entre los primeros en cuanto a mayor retroceso demográfico, no sucede lo mismo en otros países como los nórdicos.

Aquí tal vez convenía relativizar ciertas previsiones apocalípticas y diferenciar entre los países: si los que eran hace pocas décadas conocidos por ser prolíficos, como Italia y España, están hoy en la vanguardia de esa Europa que envejece rápidamente, y si el declive demográfico es aún más acentuado en los países del antiguo bloque soviético, no pasa lo mismo en otros países como los escandinavos; esto muestra que la fuerte disminución de la natalidad no es ninguna fatalidad absoluta y que intervenciones de la política que dan mayor seguridad y confianza en el futuro a la gente, pueden muy bien ayudar a revertir el fenómeno.

Por razones pragmáticas y metodológicas, la teoría de la modernización reflexiva se sirve de la distinción entre Primera y Segunda Modernidad sin ideologizarla. Aquí no podemos desarrollar los presupuestos teóricos de esta distinción en toda su complejidad, ni por supuesto mostrar sus múltiples aplicaciones. Estas van desde la ciencia y la técnica hasta el Estado y la política en su dimensión nacional y transnacional, pasando por las desigualdades sociales, la migración y la demografía, los estilos de vida y las formas biográficas, la organización del trabajo, las interdependencias de capitales y las por más empresariales.

Aquí nos limitaremos a presentar aquellos elementos teóricos que constituyen un instrumental analítico y político útil para dilucidar la imprecisión del proceso de europeización, su dinámica y sus consecuencias. Y en lugar de exponer tales elementos de forma abstracta, los presentaremos de tal modo que resulte visible su aplicación inmediata a la sociedad europea, a la política europea y a la investigación sobre Europa.

En términos generales, podemos decir que la teoría de la modernización reflexiva consta de tres componentes: el teorema de la sociedad del riesgo, el teorema de la individualización forzada y el teorema de la globalización multidimensional.

Estos tres teoremas completan una misma línea argumentativa y se refuerzan mutuamente: «sociedad del riesgo», «individualización» y «globalización» son entendidas como formas radicalizadas de una dinámica de modernización que, en la transición al siglo XXI, en el momento en el que la modernización se mira a sí misma, disuelve la fórmula de la modernidad simple.

Dicho de otro modo: hay dos clases de conceptos duales. Están los conceptos duales excluyentes (lógica del «o esto o eso») y los no excluyentes (lógica del «no sólo sino también»), es decir, aquellos que se excluyen mutuamente (como nacional/internacional) y los que no se excluyen uno al otro (como hombre y ciudadano, europeo y francés, europeo y cristiano europeo y musulmán, etc.). En la lógica del «no sólo sino también», los conceptos se complementan y se entrelazan, pero en estos conceptos no desaparece toda diferencia, como pretende la lógica del «o esto eso», sino que en ellos pueden y hasta deben distinguirse polos específicos. Pero son precisamente estos polos específicos y no excluyentes los que constituyen, para decirlo de forma algo anticuada, el rasgo esencial de Europa: la europeidad sólo puede pensarse y experimentarse como *civitas permista* que presupone, reconoce y supera al mismo tiempo la aparente necesidad del «o esto o eso» nacional. El orden europeo jamás podrá enfrentarse polarmente al mundo nacional. La polisemia del dualismo europeo, la distinción entre Europa y sus sociedades nacionales, Europa del Norte y Europa del Este, entre la vieja y la nueva Europa, sirve para comprender y reconocer sus tensiones, desenmascarando la irrealidad de la ontología de lo nacional (Pinder, 1999).

Desde esa modernidad así entendida se da paso a la integración europea que no se construyó en un día, su pasado es remoto, se inicia en el año 1948 con la creación de la Organización Europea de Cooperación Económica (OECE) que se configuró como una institución cuya finalidad era la coordinación del Plan Marshall destinado a la reconstrucción de los países de Europa Occidental devastados por la guerra.

Aunque la OECE no fue un organismo de integración propiamente dicho, es relevante su creación porque por primera vez y de forma decidida, los países europeos se vinculan bajo las bases de un organismo internacional para fomentar la cooperación mutua. En el mismo año se crea la primera unión aduanera del continente y del mundo, bajo las siglas BENELUX, inicial (en inglés) de los tres países integrantes (Bélgica, Holanda y Luxemburgo).

La fecha oficial del arranque del proceso de integración es en 1950 con la firma del tratado, aunque fue en 1952 cuando oficialmente se crea la CECA (Comunidad Europea del Carbón y del Acero), a través del Tratado de Paris, para coordinar la siderurgia centroeuropea, fuente de serios conflictos en el período de entre guerras y base para el crecimiento industrial en la reconstrucción de la devastada Europa.

Doce años después de la finalización de la Segunda Guerra Mundial y bajo el influjo de los procesos anteriores, los países europeos derrotados en la contienda, Alemania e Italia firman el tratado de Roma (1957) junto a Bélgica, Luxemburgo, Holanda y Francia, lo que supone la creación de la Comunidad Económica Europea (CEE) y la Agencia Europea de la Energía Atómica (EURATOM): las dos instituciones, junto con la CECA recibirán el nombre genérico de Comunidades Europeas.

Este corto caminar en el tiempo, pero inmenso en lo que se refiere al aumento de las relaciones entre los países europeos, es el inicio de la mayor aventura de integración en el mundo, sin precedentes en la historia, sí exceptuamos los procesos de unificación de los Estados nacionales durante el siglo pasado. Es la construcción de la más grande de las utopías jamás concebida.

En 1973 se produce la primera incorporación de nuevos miembros (Reino Unido, Irlanda y Dinamarca) a las Comunidades Europeas; en 1981 ingresa Grecia; en 1986, España y Portugal, y en 1995, Suecia, Finlandia y Austria. Para que no haya confusión, hasta esta época se llamará Comunidad Económica Europea y a partir del Tratado de Maastricht, su nombre será Unión Europea.

La finalidad de este mercado común, según el propio tratado, era conseguir el desarrollo armónico del conjunto de actividades económicas, para garantizar un crecimiento y una expansión equilibrada de las economías europeas, a fin de evitar una nueva guerra entre sus países. Además, tenía por objeto proseguir el aumento del nivel de vida de los europeos y consolidar las democracias. Sin embargo, aun siendo estos los objetivos escritos y difundidos, lo más relevante desde el punto de vista de la integración era que lo que se perseguía era aproximar las economías de todos los países. A través de los fondos regionales se canalizan recursos hacia las regiones más pobres o marginadas para elevar el nivel de bienestar y acercarlo a la media europea (McCormick, 2020).

Casi simultáneamente, y a instancias del Reino Unido, se creó la Zona de Libre Comercio Europea (EFTA), a través del Convenio de Estocolmo de 1959, constituyéndose posteriormente en el Espacio Económico Europeo (EEE), que en la actualidad lo conforman los países de la Unión Europea junto con Suiza, Noruega y Liechtenstein.

El Tratado de Roma significó la creación de un mercado común, lo que supuso liberalizar el comercio de mercancías y, además, el establecimiento de la libertad de movimientos de trabajadores y de capitales.

La libre movilidad de trabajadores no empieza a llevarse a cabo hasta 1968. Sin embargo, desde un principio se observó que existían numerosos problemas para que fuera efectiva. Entre los obstáculos a salvar destacan los derivados de la pluriculturalidad europea, que genera como factor claramente limitativo el problema idiomático, problemas culturales e históricos, así como las diferencias saláriales y los diferentes regímenes de seguridad social.

Respecto a la libre circulación de capitales, diferentes problemas de origen interno y externo a la CEE pospusieron su aplicación. La limitación principal vino determinada por la crisis económica mundial de 1975, especialmente con la ruptura del orden económico internacional establecido en Bretton Woods, que significó una cierta paralización en todo el Proceso integrador. Sin embargo, esta limitación externa supuso a su vez un resolutivo para crear un Sistema Monetario Europeo a partir de 1979 que garantizase un sistema de cambios europeo más estable y redujese la incertidumbre cambiaria.

El límite más importante para llevar a cabo la libre movilidad de capitales tiene su origen en el propio Tratado de Roma. La razón fundamental radica en que el tratado de 1957 únicamente aspiraba a establecer un mercado común, y en la práctica ha revelado que el pretender la libre movilidad de capitales obliga necesariamente a armonizar en gran medida la Política monetaria de los países, lo que supone ampliar la integración hasta una unión económica, no prevista en el Tratado de Roma. Esta situación, que coincidió en el tiempo con la crisis económica mundial, paralizó y debilitó profundamente todas las instituciones de la CEE (Pinder, John y Usherwood, 2018).

La superación de la crisis institucional empieza durante 1985, coincidiendo con la recuperación económica mundial. Es decir, el propio contexto económico internacional revitalizará a las Comunidades europeas.

La medida más importante que oxigena el panorama comunitario europeo es la entrada en vigor, durante 1987, del Acta Única, gestada por la Comisión Delors (presidente de la comisión en ese momento), que comprende 300 medidas legislativas que tuvieron como principal objetivo consolidar el mercado único a partir del 1 de enero de 1993.

Este Acta Única fue de vital importancia, ya que significaba por vez primera modificar el Tratado de Roma de 1957, con el objetivo de revitalizar el espíritu comunitario de sus miembros y permitir instrumentalizar la libre movilidad de capitales. Lo más relevante del Informe Delors es que por primera vez se plantea la voluntad de reforzar la integración económica mediante la instauración de la unión económica. Ello desembocó en 1991 en la aprobación de un nuevo tratado (el Tratado de Maastricht) que supuso la sustitución del Tratado de Roma. Es decir, el Tratado de Maastricht, por una parte, significó la ratificación por parte de los países miembros del Informe Delors y, por otra, significó elevar los anhelos integracionistas hasta el establecimiento de una unión económica y monetaria. A partir de la aprobación del Tratado de Maastricht, las comunidades europeas pasan a denominarse Unión Europea (UE).

El Informe Delors establece tres fases para alcanzar este nuevo Objetivo:

• Primera fase: el 1 de enero de 1993 finaliza el período por el cual el mercado Único Europeo se completa.

• Segunda fase: Se establece un período transitorio que finalizó en 1997 y debió cumplir dos objetivos. aprender a tomar decisiones colectivas y adaptar las economías nacionales a una necesaria convergencia económica. La convergencia económica supuso el establecimiento de unos criterios que debieron cumplir los países para acceder a la fase siguiente. Estos criterios son cinco y se refieren a: los niveles de inflación, a las finanzas públicas (déficit y endeudamiento público), tipo de cambio y tipo de interés.

• Tercera fase: En 1997 se inició un examen de convergencia económica de cada una de las economías europeas. Se creó el Sistema de Bancos Centrales para edificar el futuro Banco Central europeo. En 1999 los países que superaron las condiciones de convergencia sustituirán sus monedas nacionales por una moneda única denominada ECU y serán miembros de pleno derecho de la unión económica.

La UE, además de establecer el camino hacia la unión económica y monetaria, supone, entre otras cosas, el establecimiento de un plan de cohesión económica (aportaciones positivas al presupuesto comunitario para los países europeos ricos y negativas para los pobres). Además, es importante destacar que, por primera vez, se plantea la integración política con el fin de dar atribuciones legislativas al Parlamento Europeo (Pinder, 1999).

Las instituciones más importantes de la UE son las siguientes: Consejo de Ministros (órgano legislativo), Consejo de Europa (reúne cada 6 meses a los jefes de Estado y de Gobierno de los países miembros, define las directrices y decide las cuestiones más importantes), la Comisión Europea (órgano ejecutivo, del cual depende toda la burocracia y demás instituciones comunitarias), Parlamento Europeo (órgano consultivo), el Tribunal de Justicia y el Comité Económico y Social.

El establecimiento de un mercado común, a priori, no significa armonizar las políticas económicas ya que éstas significan un paso más en el proceso de integración. Efectivamente, la armonización de las políticas microeconómicas configura la etapa superior de una Unión económica, sin embargo, la experiencia ha enseñado que la mera articulación de mercancías obliga a coordinar diferentes Políticas microeconómicas, como, por ejemplo, la política de competencia, la referida al transporte, etc. Una de las políticas sectoriales más representativa es la política agrícola común (PAC).

En 1969 se pone en funcionamiento el reglamento agrícola común con el objetivo de resolver los problemas en este sector, derivados básicamente de la propia competencia entre los países europeos agrícolas y las propias características del sector agrícola. De esta manera, la finalidad de la PAC era garantizar el aumento de la productividad agrícola, dignificar el nivel de vida de los agricultores en relación con otros sectores, estabilizar los precios agrícolas intraeuropeos y, garantizar la provisión de productos agrarios a precios razonables para el consumidor. Se establece como meta que las áreas rurales cuenten con los servicios y niveles de bienestar equivalente al de las áreas urbanas para desincentivar la migración hacia las ciudades.

El mecanismo para lograr estos objetivos fue suprimir las restricciones a la importación de alimentos con el resto del mundo y, lo que es más importante, fijar unos precios intraeuropeos muy elevados. En principio, parece que el resultado era fomentar las importaciones, pero en la realidad se ha configurado como una política muy agresiva de subvenciones a los agricultores para garantizar los precios altos. Esta política de subvenciones se realiza a través del FEOGA (Fondo Europeo de Organización y Garantía Agraria) que absorbe el 60 por ciento del presupuesto total comunitario. Los resultados de la PAC dibujan un panorama muy contradictorio y conflictivo con el resto del mundo (malestar que se manifiesta claramente en el seno del GATT y después en la OMC) (Andreas, 2020).

La población activa agrícola ha disminuido, lo que supone un gran aumento de la productividad física en el campo, sin embargo, la idea de estabilizar el mercado ha degenerado hacia un instrumento de garantía de precios, lo más lejos de la libre competencia y con unos precios políticos muy costosos para las arcas comunitarias. Además, este sistema de subvenciones ha generado un grave problema de excedentes agrícolas. Sin embargo, lo que sí ha conseguido es garantizar una renta a los agricultores equivalente al salario medio industrial.

Otro aspecto importante es la política regional, que está encaminada a reducir las diferencias en el nivel de desarrollo relativo de las regiones europeas. Su reglamento se aprueba en 1975, creándose el FEDER (Fondo Europeo de Desarrollo Regional). Los principios del FEDER se basan en la concesión de ayudas para fomentar las inversiones y mejorar las infraestructuras de las regiones más desfavorecidas mediante programas comunitarios planificados por la Comisión y programas nacionales gestionados por los propios miembros. Entre las diferentes ayudas deben distinguirse aquellas que son de desarrollo estructural encaminadas a reducir la pobreza y las ayudas a las regiones en declive para fomentar las reconversiones económicas. La importancia de esta política ha ido en aumento y queda reflejada en su presupuesto, que representa el 9 por ciento del presupuesto total comunitario.

Las relaciones exteriores de la UE distinguen entre tres tipos diferentes de países: los Estados miembros, los países asociados que a su vez se dividen entre países de asociación comunitaria (representan un tipo de asociación global) y asociación bilateral (tienen esta condición Turquía, Malta Chipre) y los países terceros o resto del mundo. Los países de asociación comunitaria son, en general, las excolonias europeas, a las cuales cada país de la Unión debe de extender las medidas preferenciales por las que se benefician al resto de los Estados miembros. Son países y territorios de ultramar o también denominados países ACP (África, Caribe, Pacifico). En la práctica, estos países se relacionan con la Unión a partir de los llamados Acuerdos de Lo, en los que se establecen regímenes de intercambio comercial, y el denominado sistema ESTABEX para garantizar la estabilización de los precios de exportación de las mercancías de estos países para asegurar sus ingresos. Esta política de estabilización de precios se gestiona a través del FED (Fondo Europeo de Desarrollo).

## LA UNIÓN EUROPEA. Historia y perspectivas

### La historia de los Tratados de Roma

Cuando el Rey de los belgas, el  Presidente de la República Federal de Alemania, el Presidente de la República Francesa, el Presidente de la República de Italia, la Gran Duquesa de Luxemburgo y la Reina de los Países Bajos se deciden a crear la Comunidad Económica Europea, declaran, entre otras cosas, que lo hacen, por una parte, «a fin de asegurar, mediante una acción en común, el progreso económico y social de sus países, eliminar las barreras que dividen Europa» y, por otra, «en defensa de la paz y la libertad, invitando a los otros pueblos de Europa a que participen de este ideal y a que se unan a este esfuerzo». El tratado de constitución de la Comunidad fue firmado, por los plenipotenciarios de las seis altas partes contratantes, en Roma, el 25 de marzo del año 1957.

El año 1973, Dinamarca, Irlanda y el Reino Unido de Gran Bretaña se unen al Tratado, dando así paso a la Europa de los Nueve, ampliada a diez con la admisión de Grecia, en 1981, a doce, con la incorporación de España y Portugal, en1986 y a quince con el ingreso de Austria, Finlandia y Suecia en 1995. Finalmente se integrarán 13 países más (Andreas, 2020).

El preámbulo del Tratado de Roma pone de manifiesto que se firmó, sobre todo, con el deseo de evitar que Europa, que acababa de salir de la guerra, se viese abocada a un nuevo conflicto armado. En septiembre de 1946, recién terminada la Segunda Guerra Mundial, Winston Churchill en un discurso pronunciado en la Universidad de Zúrich, había hecho un llamamiento a favor de una «especie de Estados Unidos de Europa» y en mayo de 1947, bajo su impulso, se creó el movimiento «Europa Unida» que, si bien era contrario al establecimiento de órganos supranacionales, estaba a favor de la cooperación intergubernamental. Esta preocupación de Churchill era totalmente explicable. En aquellos años reinaba por todas partes una sensación de angustia, como consecuencia de la difícil relación entre los dos bloques, con el diálogo Este-Oeste prácticamente roto o regulado por la fuerza; era la época del puente aéreo americano de Berlín. Este era el clima cuando, en 1950, Jean Monnet –el hombre que sin duda ha jugado el papel primordial entre quienes concibieron la idea de la unificación de Europa- tuvo la corazonada de inspirar lo que después se denominará Plan Schuman, y que era ni más ni menos que la búsqueda del camino que, conducente hacia la Comunidad Europea, habría de asegurar la paz, partiendo de la resolución de un problema económico, y más concretamente todavía, de un problema de primeras materias: el carbón y el acero.

Era esta la riqueza conjunta que, inscrita en unas cuencas geográficas artificialmente cortadas por fronteras históricas, compartían, de forma desigual pero complementaria, Francia y Alemania. El carbón y el acero, por aquel entonces, eran la clave del poder económico; y eso explica que los dos países no se sintieran seguros si no poseían en propiedad todos los recursos, es decir, todo el territorio. La rivalidad conducía a la guerra, capaz, tan sólo, de resolver el problema por un tiempo; el tiempo necesario para preparar la revancha (McCormick, 2020).

La propuesta de poner el carbón y el acero bajo una alta autoridad europea, presentada por Robert Schuman, Ministro de Asuntos Exteriores de Francia, fue bien acogida por la República Federal de Alemania, Italia y los tres países del Benelux, creado, en 1948, como convenio aduanero entre Bélgica, Holanda y Luxemburgo.

Inglaterra rechazó la invitación como ya lo había hecho cuando Monnet, quien no paraba de buscar pretextos económicos para obtener resultados políticos, había sugerido, informalmente, un acuerdo de intercambio de carbón inglés por carne francesa, quizás porque Gran Bretaña era plenamente consciente de que incluso un mero acuerdo comercial, pero patente ante el mundo, podía comprometer a la única gran potencia europea que, por aquel entonces, era capaz de asumir una responsabilidad política de gran alcance. De hecho, la propuesta Schuman era bien clara: «Mediante la puesta en común de producciones de base y la creación de una nueva alta autoridad, esta propuesta (...) establecerá las primeras bases concretas de una federación europea indispensable para preservar la paz» (Pinder, 1999).

El día 18 de abril de 1951, los seis países mencionados firmaron en París, con la solemnidad de rigor, el Tratado de Constitución de la Comunidad Europea del Carbón y del Acero (CECA).

Ratificada por los Parlamentos respectivos, comienza a funcionar en julio de1952, con sede en Luxemburgo, convirtiéndose en el primer paso hacia las Comunidades Europeas. No tuvo tanta suerte la propuesta de «crear, para la defensa común, un ejército europeo vinculado a las instituciones políticas de una Europa unida» que René Pleven, presidente del Consejo de Ministros de Francia, había presentado en el otoño de 1950.

Si bien los mismos plenipotenciarios que, un año antes, habían rubricado el Tratado de la CECA, firmaron el Tratado sobre la Comunidad Europea de Defensa (CED), también en París, el 27 de mayo de 1952, en presencia de los representantes de los Estados Unidos y de Inglaterra, la Asamblea Nacional de Francia, precisamente el país de donde había emanado la propuesta rechazó la ratificación, en agosto de 1954.

En cambio, sí prosperó el intento de poner la energía atómica bajo control europeo, y el 25 de marzo de 1957 se firma, el tratado constitutivo de la Comunidad Europea de la Energía Atómica (Euratom), con sede, también, en Bruselas. De esta manera, quedaron establecidos los tres pilares básicos de la construcción europea: CECA, CEE y CEEA. Por convenio de aquel mismo 25 de marzo, y con el fin de evitar la multiplicidad de misiones análogas, se unifican la Asamblea o Parlamento, el Tribunal de Justicia y el Comité Económico y Social. Años más tarde, y en virtud del Tratado del 8 de abril de 1965, conocido como tratado de fusión, quedan también unificados el Consejo y la Comisión de las tres Comunidades

(McCormick, 2020). En virtud de la decisión del Consejo del 20 de septiembre de 1976 –una vez incorporadas Inglaterra, Irlanda y Dinamarca-, por la que se establecía la elección de los representantes al Parlamento Europeo por sufragio universal directo, se alcanzó un hito-superado, diez años después, por el Acta Única que puede servirnos de punto de mira de la tarea, nada fácil, llevada a cabo a lo largo de los primeros veinte años largos transcurridos desde que, al acabar la Segunda Guerra Mundial, se diera comienzo a las tentativas de unir los países de Europa (Pinder, 1999).

Un rápido repaso a estos veinte años pone de manifiesto dos cosas importantes: la primera, que los padres del Mercado Común, Robert Schuman y Konrad Adenauer, además de Jean Monnet, no abrigaban intenciones económicas sino políticas, aun cuando eran plenamente conscientes de que tan sólo a partir de hechos económicos podrían alcanzarse resultados políticos. Jean Monnet, por ejemplo, al vender la idea de la Comunidad del Carbón y del Acero decía que «la propuesta francesa es, en su inspiración, esencialmente política. Tiene, incluso, un aspecto que podríamos denominar moral». Y el eco de estas palabras se hizo sentir al otro lado de la frontera, cuando, al defender el Tratado frente al Bundestag, Adenauer, el 13 de junio de 1950 afirmaba en Alemania «Quiero declarar expresamente que este proyecto reviste, en primer lugar, una importancia política y no económica» (Pinder, John y Usherwood, 2018).

La segunda cosa que nítidamente se hace notar a lo largo de estos primeros veinte años de gestación de la Unión Europea es que la idea que los protagonistas tenían sobre lo que había de ser la Unión no era, en absoluto, coincidente y, además las convicciones respectivas no fueron siempre firmes; en ocasiones, resultaron terriblemente tambaleantes. Resulta paradigmático en este sentido el caso de Adenauer y su relación con Charles de Gaulle, gran amigo suyo desde la primera vez que se encontraron en 1958, y consignatario del Tratado germano-francés de enero de 1963. El Canciller alemán Konrad Adenauer, aquel gran patriota, hombre de profunda fe cristiana y ferviente europeísta que pensaba que había que construir Europa desde la primacía de la espiritualidad sobre el materialismo, era un decidido partidario de los Estados Unidos de Europa. François Seydoux, que en su condición de director de asuntos europeos del Quay D'Orsay, le debía de conocer bien, dice que, para Adenauer, vinculado a la Europa imaginada por Jean Monnet y Robert Schuman, la integración era casi un dogma. A pesar de ello, desde el verano de 1960, Adenauer se pasa a la banda del General De Gaulle que defendió siempre una Europa confederal de Estados soberanos; junto al general, recorre el canciller un camino sin salida que, de hecho, le aboca a la dimisión, porque los otros cuatro –para los que la noción de una Europa supranacional, con renuncia total o parcial de la soberanía de los Estados, estaba, con razón o sin ella, firmemente arraigada –se opusieron a unas propuestas que, entre otras cosas, excluían la presencia de Inglaterra. En resumen, existían dos visiones, una de ellas pretendía formar una gran nación con estados confederados, Europa, la otra era formar una unión de estados federalizados con órganos supranacionales (Pinder, John y Usherwood, 2018). Al final, triunfó esta última.

## El Acta Única de 1986

El segundo hito destacado en el camino hacia la Unión Europea es el Acta Única Europea, formalizada, tras la incorporación de España y Portugal, los días 17 y 18 de febrero de 1986, año en el que, por primera vez, ante el edificio Berlaymont, sede de la Comunidad en Bruselas, fue izada, a los sones del himno europeo, la bandera azul con 12 estrellas de oro, adoptada en 1955 como emblema de Europa. El Acta Única fue firmada por los representantes designados por los Jefes de Estado de los doce países miembros, con objeto-dice el preámbulo- de «continuar la obra comenzada y transformar el conjunto de las relaciones entre sus Estados en una Unión Europea, de conformidad con la Declaración solemne de Stuttgart, del 19 de junio de 1983». El segundo párrafo del Preámbulo declara que la Unión que se quiere construir se ha de basar, por una parte, en las Comunidades ya existentes, y de la otra, en la cooperación europea de los Estados firmantes en materia de política exterior, que es lo que en el texto del Acta se denomina «cooperación política europea». El Acta Única de 1986 modificó, en lo que era necesario, los tres tratados constitutivos de las Comunidades Europeas y dejó configurado el Consejo Europeo de Jefes de Estado o de Gobierno, quienes, asistidos por los Ministros de Asuntos Exteriores respectivos y por un miembro de la Comisión, generalmente el Presidente, han de reunirse al menos dos veces al año, teniendo en cuenta que la Presidencia del Consejo es asumida, en forma rotativa, por los Estados miembros, por períodos semestrales, tomando posesión el 1 de enero y el 1 de julio de cada año (Pinder, 1999).

Pero el aspecto más significativo, a mi entender, del Acta Única de 1986, y, en todo caso, exponente de la voluntad de avanzar hacia las metas evitando los estancamientos, fue la modificación del Artículo 149 del Tratado de Roma sobre la CEE, en el sentido de facilitar, con las debidas cautelas, la adopción de acuerdos por mayoría cualificada. De conformidad con esta modificación, a partir de entonces, una gran parte de las decisiones que afectan a la creación del Mercado Único Europeo –que el Acta Única establecía para el 31 de diciembre de 1992, se toman sin necesidad de que se alcance la unanimidad. El instrumento normativo para el logro, en 1993, de este Mercado Único fue el Libro Blanco titulado «La consecución del mercado interior» presentado por la Comisión y aprobada por el Consejo Europeo de Milán en junio de 1985.

Los principios inspiradores de las Comunidades Europeas, al menos teóricamente hablando, son de raigambre liberal. El Tratado de Roma, en efecto, contemplaba ya las «cuatro libertades» reiteradas y más claramente definidas en el Acta Única Europea de 1967, que agregó al Tratado de la CEE un artículo en el que se lee: «El mercado interior implicará un área sin fronteras interiores, en el que la libre  circulación de mercancías, personas, servicios y capitales esté garantizada de acuerdo con las disposiciones del presente Tratado». Quedaba, pues, claro que el futuro habría de asentarse sobre el libre mercado. Las dos reglas que, emanando de las cuatro libertades citadas, han de operar en el mercado único son la libertad de establecimiento que destierra la discrecionalidad administrativa en cuanto al otorgamiento del permiso de acceso a las profesiones; y la libertad de competencia que asimismo elimina la discriminación por parte de los gobiernos, entre las personas -físicas o jurídicas, nacionales o extranjeras- ya establecidas (Pinder, 1999).

Sin embargo, la realidad no siempre ha estado de acuerdo con esta declaración de principios. Es cierto que en lo que se refiere a la libre circulación de personas, ya en 1985, Bélgica, Alemania, Francia, Luxemburgo y Holanda adoptan el llamado, por el lugar de su firma, Acuerdo de Schengen (Luxemburgo), sobre la eliminación de controles fronterizos; acuerdo al que se han ido adhiriendo los otros países.

## LOS OBJETIVOS DE LA UNIÓN

Resulta sin duda más útil entrar en el examen del contenido del Tratado que quedarse en la adhesión o la descalificación global. En el campo político, es fundamental la introducción de un título I en el que se contiene el frontispicio del templo. «Las altas partes contratantes constituyen entre sí una Unión Europea»; «el presente Tratado constituye una nueva etapa en el proceso creador de una unión cada vez más estrecha entre los pueblos de Europa, en la cual las decisiones serán tomadas de la forma más próxima posible a los ciudadanos» (art. A). En este punto no se retuvo finalmente la mención a la «vocación federal» de la Unión, ante la cerrada oposición británica, y se mantuvo la expresión «una unión cada vez más estrecha entre los pueblos europeos» del Tratado de Roma.

A continuación, se afirma que «la Unión tendrá los siguientes objetivos:

— promover un progreso económico y social equilibrado y sostenible, principalmente mediante la creación de un espacio sin fronteras interiores, el fortalecimiento de la cohesión económica y social y el establecimiento de una unión económica y monetaria que implicará, en su momento, una moneda única, conforme a las disposiciones del presente Tratado (el Tratado de Ámsterdam ha añadido: "La promoción de un alto nivel de empleo");

— afirmar su identidad en el ámbito internacional, en particular mediante la realización de una política exterior y de seguridad común que incluirá, en el futuro, la definición de una política de defensa común que podría conducir, en su momento, a una defensa común;

— reforzar la protección de los derechos e intereses de los nacionales de sus Estados miembros, mediante la creación de una ciudadanía de la Unión;

— desarrollar una cooperación estrecha en el ámbito de la justicia y de los asuntos de interior;

— mantener íntegramente el acervo comunitario y desarrollarlo».

La consecuencia de los objetivos de la Unión debe hacerse en el respeto del principio de subsidiariedad (art. B).

«La Unión tendrá un marco institucional único» (art. C), en el que el Consejo Europeo dará a la Unión los impulsos necesarios para su desarrollo y definirá sus orientaciones políticas generales» (Art. D). La inclusión del Consejo Europeo como instancia suprema comunitaria, Directorio colectivo que domina el conjunto, es el hecho más relevante en el campo institucional. En relación con los principios políticos fundamentales:

1. La Unión respetará la identidad nacional de sus Estados miembros, cuyos sistemas de gobierno se basarán en los principios democráticos. En Ámsterdam se proclaman explícitamente los principios básicos generales de la Unión: libertad, democracia, respeto de los derechos humanos, libertades fundamentales y el Estado de Derecho, estableciéndose las medidas a adoptar en caso de infracción por un Estado miembro de dichos principios.

2. La Unión respetará los derechos fundamentales tal y como se garantizan en el Convenio Europeo para la protección de los Derechos humanos y de las Libertades fundamentales firmado en Roma el 4 de noviembre de 1950, y tal como resultan de las tradiciones constitucionales comunes a los Estados miembros como principios generales del Derecho comunitario (art. F) (en Ámsterdam se incluye una declaración al Acta final sobre la abolición de la pena de muerte).

En esencia, estos artículos dan el paso decisivo de configurar la Comunidad como una Unión, basada en la ciudadanía. Dicha Unión se apoya sobre tres pilares: además del comunitario, se introduce la PESC como una política con base intergubernamental y posible desarrollo común, y se propone la cooperación intergubernamental en justicia e interior, bajo un marco institucional único.

La decisión del Gobierno laborista británico de adherirse a la Carta Social ha permitido añadir un nuevo párrafo al preámbulo del TUE. Igualmente se ha introducido el art. 6 A sobre la no discriminación por motivos de sexo, raza, religión, edad, minusvalías o tendencias sexuales; se completa el art. 2 en materia de igualdad entre sexos, así como el art. 213 sobre protección de los individuos respecto del tratamiento y libre circulación de los datos personales.

Cronología de la incorporación de países a la Unión Europea.

Sus seis fundadores son Alemania, Bélgica, Francia, Italia, Luxemburgo y los Países Bajos. También en 1957 se firma el Tratado de Roma, por el que se constituye la Comunidad Económica Europea (CEE) o mercado común.

El 1 de enero de 1973 Dinamarca, Irlanda y el Reino Unido entran a formar parte de la Unión Europea, con lo que el número de Estados miembros aumenta a nueve.

En 1981 Grecia pasa a ser el décimo miembro de la UE, y, cinco años más tarde, se suman España y Portugal. En 1986 se firma el Acta Única Europea, tratado que constituye la base de un amplio programa de seis años, destinado a eliminar las trabas a la libre circulación de mercancías a través de las fronteras de la UE, y que da origen, por ello, al mercado único.

En 1995 ingresan en la UE tres países más, Austria, Finlandia y Suecia. Los acuerdos firmados en Schengen, pequeña localidad de Luxemburgo, permiten gradualmente al ciudadano viajar sin tener que presentar el pasaporte en las fronteras.

Las divisiones políticas entre la Europa del este y del oeste se dan por zanjadas definitivamente cuando en 2004 diez nuevos países ingresan en la UE, seguidos de otros dos en 2007. El 1 de julio de 2013 se incorpora el último país a la UE que alcanza la cifra de 28.

Listado de países por fecha de incorporación a la Unión Europea.

Por año de entrada
01/01/1958  Alemania, Bélgica, Francia, Italia, Luxemburgo y Países Bajos.

01/01/1973  Dinamarca, Irlanda, Reino Unido.

01/01/1981  Grecia.

01/01/1986  España y Portugal.

01/01/1995  Austria, Finlandia y Suecia.

01/05/2004  R. Checa, Chipre, Eslovaquia, Eslovenia, Estonia, Hungría, Letonia, Lituania, Malta y Polonia.

01/01/2007  Bulgaria, Rumanía.

01/07/2013  Croacia.
01/01/2021 Salida de Reino Unido

Brexit: Por el momento, el Reino Unido sigue siendo miembro de pleno derecho de la Unión Europea, con todos los derechos y obligaciones correspondientes hasta que se dé la extinción de sus compromisos con la Unión europea.

## LAS INSTITUCIONES COMUNITARIAS

El sistema institucional vigente en la Unión Europea se caracteriza porque los estados participantes aceptan distintas delegaciones de soberanía en favor de órganos independientes que representan a los intereses nacionales y al interés comunitario. La Comunidad Europea se caracteriza por un sistema institucional original, que la distingue de las organizaciones internacionales clásicas. los Estados que han suscrito los Tratados de París y de Roma aceptan distintas delegaciones de soberanía en favor de órganos independientes que representan al mismo tiempo los intereses nacionales y al interés comunitario, y que están vinculados entre sí por relaciones de complementariedad de las que se deriva el proceso decisorio.

El Consejo de Ministros es la principal institución decisorio de la Comunidad Europea. El Consejo de Ministros reúne a los ministros de los Doce países según la materia inscrita en el orden del día: Asuntos Exteriores, Agricultura, Industria, Transportes, Medio Ambiente, etc.

El consejo de ministros reúne a ministros de cada país en cada sector y es la principal institución decisoria de la comunidad, dispone de una Secretaría General establecida en Bruselas y cada país ejerce la presidencia durante seis meses por rotación.  Este consejo aprueba actos jurídicos, dispone de poder casi legislativo; en coordinación con el parlamento  europeo, ejerce el poder presupuestario y aprueba los acuerdos internacionales previamente negociados por la comisión. Las decisiones del Consejo las prepara al Comité de Representantes Permanentes de los Estados miembros («Coreper»), asistido por unos comités compuestos de funcionarios de los ministerios nacionales. El Consejo dispone asimismo de una secretaría general, que prepara y ejecuta las decisiones (Pinder, 1999).

Con arreglo al artículo 145 del Tratado de la CEE, el Consejo garantiza la coordinación de las políticas económicas generales de los Estados miembros. Pero el campo de acción de sus actividades se ha ido ampliando a medida que la Comunidad ha ampliado sus atribuciones. El Consejo, que representa principalmente a los Estados miembros, aprueba los actos jurídicos, es decir, los reglamentos, las directivas y las decisiones. El Consejo dispone de un poder casi legislativo, que comparte, en determinados campos que se precisan en el Acta única y el Tratado sobre la Unión Política, con el Parlamento Europeo. El Consejo ejerce asimismo con el Parlamento el poder presupuestario y aprueba los acuerdos internacionales previamente negociados por la Comisión.

El artículo 148 del Tratado CEE introduce una distinción entre las decisiones adoptadas, según se adopten por mayoría simple, por mayoría cualificada (cincuenta y cuatro votos de setenta y seis) o por unanimidad.

Para las decisiones por mayoría cualificada (cincuenta y cuatro votos), los votos se atribuyen de acuerdo con la siguiente ponderación: Alemania, Francia, Italia y Reino Unido, diez votos; España, ocho votos; Bélgica, Grecia, Países Bajos y Portugal, cinco votos; Dinamarca e Irlanda, tres votos; Luxemburgo dos votos.

La mayoría de las decisiones deben adoptarse por mayoría cualificada, reservándose la unanimidad para asuntos tan esenciales como la adhesión de un nuevo Estado, la modificación de los Tratados o la puesta en marcha de una nueva política común.

El Consejo Europeo nació de la práctica, iniciada en 1974, de reunir regularmente a los jefes de Estado o de Gobierno de la Comunidad Europea con sus ministros de Asuntos Exteriores y el presidente y un vicepresidente de la Comisión. Dicha práctica quedó institucionalizada por el Acta única europea en 1987. Desde entonces, el Consejo Europeo se reúne al menos dos veces por año y cuenta, como miembro de pleno derecho, al presidente de la Comisión. En principio se trataba de dar un carácter regular a las cumbres que habían sido convocadas, a partir de 1961, por iniciativa de un Estado miembro (Pinder, John y Usherwood, 2018).

El Parlamento Europeo es el órgano de expresión democrática y de control político de las Comunidades Europeas, que participa también en el proceso legislativo.

El Parlamento Europeo está integrado por 518 diputados elegidos por votación cada cinco años, es el órgano de expresión democrática y de control político de las comunidades europeas, sesiona en Estrasburgo y su Secretaría General se ubica en Luxemburgo. Con el Consejo ejerce la función legislativa y presupuestaria e influye en las políticas comunitarias y es el órgano de control democrático de la comunidad debido a que tiene poder para derribar a la comisión aprobando una moción de censura. El presidente del consejo en Ejercicio informa al parlamento de los resultados obtenidos.

Elegido por sufragio universal desde junio de 1989, el Parlamento Europeo cuenta actualmente con ochenta y un diputados procedentes de cada uno de los cuatro países más poblados (Alemania, Francia, Italia y Reino Unido), sesenta de España, veinticinco de los Países Bajos, veinticuatro de Bélgica, Grecia y Portugal, dieciséis de Dinamarca, quince de Irlanda y seis de Luxemburgo. Además, desde la unificación alemana, participan en los trabajos dieciocho observadores de los nuevos Länder orientales de Alemania.

El Parlamento celebra sus sesiones plenarias en Estrasburgo. Sus diecinueve comisiones, que preparan los trabajos de las sesiones plenarias, así como los grupos políticos, se reúnen la mayoría de las veces en Bruselas. Su secretaría general está instalada en Luxemburgo.

El Parlamento ejerce juntamente con el Consejo una función legislativa, dado que participa en la elaboración de las directivas y reglamentos comunitarios, pronunciándose sobre las propuestas de la Comisión europea, a la que se invita a modificar dichas propuestas de acuerdo con la posición del Parlamento.

Los acuerdos de Maastricht han reforzado el papel legislativo del Parlamento, al otorgarle un poder de codecisión con el Consejo en algunos sectores concretos, tales como la libre circulación de los trabajadores, el mercado interior, la educación, la investigación, el medio ambiente, las redes transeuropeas, la salud, la cultura y los consumidores. En aplicación de dicho poder, el Parlamento puede rechazar, por mayoría absoluta de sus miembros y en caso de que fracase el procedimiento de conciliación la posición común aprobada por el Consejo y poner fin al procedimiento.

Finalmente, al Acta única, por la que se reforman los Tratados europeos, somete la celebración de acuerdos internacionales de asociación y de cooperación, así como cualquier nueva ampliación de la Comunidad, a la ratificación («el dictamen conforme») del Parlamento. Dicho dictamen conforme se amplió en Maastricht la ley electoral uniforme y a la ciudadanía europea (Pinder, John y Usherwood, 2018).

El Parlamento comparte también con el Consejo el poder presupuestario al aprobar el presupuesto de la Comunidad. El Parlamento tiene también la posibilidad de rechazarlo tal como ha ocurrido ya en dos ocasiones. En tal caso, debe volver a empezarse todo el procedimiento presupuestario.

Finalmente, el Parlamento es el órgano de control democrático de la Comunidad, dado que dispone del poder de derribar a la Comisión aprobando una moción de censura por mayoría de dos tercios (si bien nunca lo ha hecho). El Parlamento se pronuncia sobre el programa de la Comisión y le remite sus observaciones. El Parlamento controla la buena marcha de las políticas comunitarias, basándose sobre todo en los informes del Tribunal de Cuentas. Asimismo, controla la gestión cotidiana de las políticas, en particular planteando preguntas orales y escritas a la Comisión y al Consejo.

Los ministros de Asuntos Exteriores, responsables de la cooperación política de los Doce, responden también a las preguntas de los diputados, a los que rinden cuentas de sus actividades y del curso que se da a las resoluciones aprobadas por el Parlamento en los sectores de las relaciones internacionales y de los derechos humanos.

Finalmente, el presidente en ejercicio del Consejo Europeo informa al Parlamento de los resultados conseguidos por dicho órgano. En enero de 1992 fue elegido presidente del Parlamento el demócrata cristiano alemán Egon Kiepsch.

La Comisión de las Comunidades Europeas es uno de los órganos clave del sistema institucional comunitario. Está integrada por 17 miembros, goza de independencia en el ejercicio de sus atribuciones, encarna el interés comunitario, ejecuta las decisiones tomadas por el consejo, dispone de poder para la gestión de políticas comunes.

El Tribunal de justicia de las Comunidades Europeas instalado en Luxemburgo, está compuesto por trece jueces asistidos por seis abogados generales. Unos y otros son nombrados de común acuerdo por los Estados miembros por un período de seis años y su independencia está garantizada.

# 5 MAASTRICHT, EL TRATADO FUNDANTE

La fase más importante, y que tomó tiempo y esfuerzo para armonizar toda la estructura jurídica e institucional de los países firmantes, fue el tratado de «Maastricht», que marca, de hecho, el nacimiento de la Unión europea, donde la adopción de una moneda única para la Comunidad Europea es, con mucho, el elemento más espectacular y ambicioso del Tratado, firmado el 7 de febrero de 1992. Ello lo es porque al tener una integración económica se facilita la integración política y la uniformización de las leyes nacionales a las de la estructura paranacional.

Se puede considerar esta perspectiva de dos maneras: como una expresión de continuidad, del proceso de la integración europea, o como un paso gigantesco hacia adelante para que el continente europeo se acerque mucho más al sueño y a la utopía imaginada por Jean Monet y Robert Schuman, a una entidad política: los Estados Unidos de Europa. La continuidad está subrayada por el hecho de que las transferencias parciales y pragmáticas de soberanía nacional a las instituciones comunes han constituido la esencia de la Comunidad desde sus orígenes, y de la unión europea en este período. La continuidad se denota, también, en el hecho de que el debate sobre la conveniencia de la unión monetaria entre los países de la Comunidad continuo desde los primeros años del decenio de 1960.

La defensa y la moneda suelen ser vistas como los atributos fundamentales de la soberanía nacional. El hecho de que ahora la moneda se considere admisible para la transferencia de soberanía altera el alcance de la Comunidad Europea en tal medida que bien merece el calificativo de ser un paso gigantesco hacia adelante. No es de extrañarse que el camino a la unión económica y monetaria haya estado estrechamente vinculado con el progreso hacia la unión política.

Aunque el Tratado de Maastricht no establece una vinculación clara e inequívoca entre la unión monetaria y la unión política, se reconoce, en general, que desencadena un nuevo proceso dinámico que, junto con otras conmociones geopolíticas, requerirá una evolución más amplia de la dimensión política de la Comunidad Europea.

Aquí se describe la planeación de la unión económica y monetaria desde un punto de vista institucional. El apartado pretende considerar la razón económica fundamental en la raíz de la iniciativa o su propósito.

El apartado se divide en tres partes. En primer lugar, recuerda las diversas medidas que, con el transcurso del tiempo, llevaron a un mayor hincapié en la cooperación monetaria en el seno de la Comunidad; al conjugarse gradualmente los elementos de identidad monetaria, la unión económica y monetaria surge ahora como un resultado lógico del actual estado de cosas.

En segundo lugar, resume las características básicas del plan maestro incorporado en el Tratado de Maastricht para manejar tanto la unión económica como la unión monetaria, una vez establecida, y para pasar de ésta a aquélla. Por último, subraya algunos problemas institucionales que caracterizan esta tarea e ilustran su sabor específico, así como algunas cuestiones de particular importancia para su buen éxito.

El camino a Maastricht

El Tratado de Maastricht modifica el Tratado de Roma de tal manera que proporciona la base constitucional para administrar la unión económica y monetaria cabal, una vez que se haya alcanzado la tercera y última fase del proceso dinámico que llevará a ese objetivo.

Es importante destacar que el Tratado de Maastricht, que lleva el título de «Tratado de la Unión Europea» incluye además importantes innovaciones como resultado de la labor de la Conferencia Intergubernamental sobre la Unión Política. En este apartado no examinaremos estas innovaciones, aunque la relación entre la unión económica y monetaria, por una parte, y la unión política por otra, serán tratadas someramente en otro apartado que examinará los retos de toda esta empresa.

Una división entre los miembros de la Comunidad

El Tratado de Maastricht estipula diferentes conjuntos de derechos y obligaciones para los estados miembros, si bien preserva una estructura única de propósito, derecho e instituciones. Cabe concebir que el paso de la segunda a la última fase podría entrañar una distinción entre tres categorías de estados miembros; aquellos que participan en la última fase de la unión económica y monetaria porque han pasado con éxito la prueba de desempeño que este paso implica y aquellos que no han pasado la prueba y, por ende, se consideran incapaces de unirse al primer paso hacia la fase final; estos reciben el nombre de «estados miembros con una derogación» porque se les concede una derogación formal y temporal con respecto a su compromiso de pasar a la última fase. Estos estados miembros se unirán a los participantes una vez que hayan pasado la prueba de desempeño. Dinamarca podría ser incluida en esta categoría si, a pesar de su capacidad económica, no puede entrar en la última fase a causa del resultado del referendo prescrito por la Constitución antes de adoptar la moneda única.

En lo que se refiere a las decisiones del Consejo que sólo son pertinentes a los estados miembros participantes, los derechos de voto de otros miembros del Consejo quedan suspendidos simplemente. El Tratado, incluyendo el protocolo especial sobre el Reino Unido, contiene la lista de decisiones del Consejo a las cuales se aplicará esta suspensión. Cabe señalar que la disposición sobre coordinación de la política económica no está incluida en esta categoría.

La redacción y aprobación del Tratado son, en cierto modo, la simulación por escrito y por ley de una empresa que, al terminar el siglo, debe empezar a materializarse en esencia, políticas, gestión y ajuste al mundo de la vida real. Sólo entonces aparecerá el verdadero rostro de la nueva constitución de Europa.

Es probable que al mismo tiempo aparezcan nuevas necesidades. Los retos de hacer que las relaciones institucionales conceptuales funcionen en la práctica probablemente revelarán puntos positivos sobre los que apoyarse y puntos negativos que exigirán remedio.

El Tratado de Maastricht no proporciona un nuevo equilibrio estático, sino que abre la perspectiva de más evolución en el marco constitucional de la Comunidad.

La Comunidad no será lo único que se vea afectado. Se requerirán nuevas ideas para adaptar el panorama de la cooperación monetaria en todo el mundo a las fronteras variables.

## EUROPA A PARTIR DE 1989

Es innegable que Europa y la Unión europea tuvieron un cambio significativo después de la caída del Muro de Berlín y la desintegración de la URSS. ¿Podemos tomar 1989 como un parteaguas en la historia del viejo continente?

¿En qué punto se puede considerar un período histórico? ¿Cuándo se deja el presente y se convierte en Historia? se pregunta Ther (2016). Cuando estamos vivos y los actores relevantes han muerto, responde. Elige 1989 como fecha para analizar el último tramo de la construcción europea por dos razones, han muerto Reagan, Friedman y Thatcher, actores fundamentales del cambio de modelo económico al neoliberalismo en la década de los 80s, modelo que sobrevivió hasta nuestros días, y el inicio del desmoronamiento del imperio ruso.

Además, murieron también, Václav Havel, Jirí Dienstbier, Bronislaw Deremek y Tadeusz Mazowiecki grandes activistas promotores del cabio social y de la democracia. M. Gorbachev está pasando los ochenta años y otros grandes reformistas comunistas están muertos. Aquellos que llenaron las calles de Varsovia, Budapest, Kiev y Berlin están en el otoño de sus vidas. Entonces, para efectos históricos, 1989 marca un antes y un después para Europa.

También, en 1989 con la ampliación de la Unión Europea para incluir a varias democracias poscomunistas, el sueño de la «vuelta a Europa» que tenían los centroeuropeos estaba convirtiéndose en realidad. Los Estados miembros habían acordado un tratado constitucional, al que se referían vagamente como la «Constitución europea». El proyecto sin antecedentes de una unión monetaria de Europa parecía refutar la profundo desconfianza que muchos habían expresado anteriormente. Era increíble viajar sin restricciones de una punta a la otra del continente, sin controles fronterizos dentro de la zona cada vez más amplia formada por los Estados que adherían al Acuerdo de Schengen y con una única moneda en el bolsillo para usar en toda la eurozona.

Aunque es un concepto cargado de ideología el neoliberalismo estaba en su auge pleno, se convertía en el modelo hegemónico y parecía que haría desaparecer de la historia el viejo nacionalismo

Madrid, Varsovia, Atenas, Lisboa y Dublín parecían bañados por la luz del sol que entraba por las ventanas por primera vez abiertas de antiguos y oscuros palacios. La periferia de Europa convergía, en apariencia, con el núcleo histórico del continente: Alemania, los países del Benelux, Francia y el norte de Italia. Jóvenes españoles, griegos, polacos y portugueses hablaban con entusiasmo de las nuevas oportunidades que les ofrecía «Europa». Incluso Gran Bretaña, célebremente euroescéptica, abrazaba su futuro europeo bajo el gobierno del primer ministro Tony Blair. Y luego se produjo la Revolución Naranja en Ucrania, explícitamente proeuropea. Mientras observaba a la gente manifestarse pacíficamente en Kiev y agitar la bandera europea, con las estrellas amarillas sobre el fondo azul, podía tararear el himno europeo, la melodía de Beethoven para el Himno a la alegría.

En Estados Unidos el cambio postcomunista es nombrado transición en lugar de transformación. Los dos términos acentúan algunas diferencias, el término transición en español utilizado por Juan Linz y otros politólogos describe al establecimiento de la democracia después de una dictadura. Mientras que el término transformación se utiliza para describir procesos mediante los cuales las economías centrales se convierten en economías de mercado esenciales para lograr la democracia.

La historia era muy diferente en enero de 2019, cualquiera habría muerto al instante por el shock. Porque ahora, hasta donde alcanza la vista, todo es crisis y desintegración: la eurozona es crónicamente disfuncional, la soleada Atenas está sumida en la miseria, los jóvenes españoles con doctorados se ven obligados a trabajar como meseros en Londres o Berlín, los hijos de los portugueses buscan trabajo en

Brasil o Angola y la periferia de Europa se está alejando del núcleo. No hay Constitución europea, ya que en 2005 fue rechazada en sendos referendos en Francia y los Países Bajos. La gloriosa libertad de movimiento para los jóvenes polacos y otros europeos del centro y del Este contribuyó en gran medida a los resultados de un referéndum impactante votado por Gran Bretaña, en favor de abandonar completamente la Unión Europea.

Los cambios ocurridos en 1989 y las lecciones sobre el autoritarismo no han sido percibidas por todos. Un joven héroe liberal de 1989, Viktor Orbán, es hoy un populista nacionalista que conduce a Hungría hacia el autoritarismo y que alaba de forma explícita el ejemplo «iliberal» de la China de Xi Jinping y la Rusia de Vladímir Putin. Se reimpusieron los controles fronterizos entre los países del espacio Schengen (desde luego, solo «temporalmente»), en respuesta a la marea de refugiados de Siria, Irak y Afganistán, regiones en las que la autodenominada «política exterior europea» probó ser poco más que cháchara. Y para coronar el conjunto, un valiente intento de completar la Revolución Naranja en Ucrania fue recompensado con la anexión unilateral y por la fuerza de Crimea por parte de Rusia, y con la intervención violenta que aún continúa en el este de Ucrania, acciones que evocan la Europa de 1939 antes que la de 1989. La gloria ha sido desterrada de la casa europea.

Es cierto que el colapso del comunismo en el bloque del este tomó de sorpresa al mundo. Pocos analistas previeron el hecho de que con la Glasnost y la Perestroika el cambio social sería irreversible. El estancamiento económico soviético requería estas reformas, aunque el precio a pagar fuera muy alto. Dos destacados economistas, Robert Heilbroner y Milton Friedman escribieron sobre el fracaso del socialismo y en 1989 concluyeron que la lucha ideológica había terminado, que el socialismo había muerto, el capitalismo fue el vencedor.

Sin embargo, el giro dramático de la luz a la oscuridad plantea cuestiones interesantes sobre la periodización histórica y el modo en que los historiadores se ven influidos por la época en que escriben. Una de las mejores obras históricas sobre la Europa del siglo XX, La Europa negra de Mark Mazower, publicada por primera vez en 1998, es una particularidad parcial, ya que fue escrita de forma consciente contra el liberalismo triunfalista de la década de 1990. Pero incluso Mazower concluía que «en comparación con otras épocas históricas y otras partes del mundo, hoy los habitantes del continente [Europa] disfrutan de una notable combinación de libertad individual, solidaridad social y paz».

No ha pasado el tiempo suficiente para considerar que esos hechos históricos han madurado lo suficiente como para considerarlos incontrovertibles. Pocos historiadores podrían haber sido más escépticos que Tony Judt frente a los clichés autocomplacientes del europeísmo liberal. Él los diseccionó y cuestionó en una serie de conferencias publicadas originalmente en 1996 bajo el nombre de ¿Una gran ilusión? Aun así, Judt también cerraba el último capítulo de su magistral historia de Europa desde 1945, Postguerra, publicado en ese momento de aparente triunfo en 2005, con estas palabras claramente optimistas: «Pocos lo habrían podido predecir 60 años atrás, pero todavía es posible que el siglo XXI pertenezca a Europa».

Esa madurez conduce a diversas posiciones ya que siempre existieron dudas sobre la periodización sugerida en el título de Judt, que implicaba que el periodo de «posguerra» se extendía desde 1945 hasta 2005. Los procesos de cada época tienen causas y consecuencias a plazos más largos que lo que indica cualquier límite temporal tajante, pero para muchos parece más adecuado fechar el periodo de posguerra desde 1945 hasta 1989, o como mucho hasta 1991, cuando colapsó la Unión Soviética.

La etapa de la historia europea posterior a la caída del Muro de Berlín en 1989 podría ser denominada, brevemente, como «posmuro». Pero entonces enfrentamos otra pregunta: ¿seguimos todavía en ese periodo? ¿O la era posmuro terminó durante el inimaginado sueño mortal de una pandemia, en algún momento entre mediados de 2020 y el piso actual? Los límites temporales siempre son polémicos, pero parece plausible sostener que la crisis financiera de 2008-2009, que empezó en Estados Unidos, pero se extendió con rapidez a Europa, inició un nuevo periodo caracterizado por tres crisis más amplias: la del capitalismo, la de la democracia y la del proyecto de integración europea para terminar con la crisis del Covid-19.

Siempre hay continuidades a través de esas fisuras, y una de ellas es el ascenso pacífico e ininterrumpido de Alemania. Luego de recibir de manera inesperada en 1989-1990, con su rápida y pacífica unificación tras la caída del Muro de Berlín, lo que Fritz Stern llamó memorablemente una «segunda oportunidad», Alemania la aprovechó hasta ahora muy bien. Sin duda habría sido una gran satisfacción para Stern, cronista incomparable del florecimiento intelectual alemán a principios del siglo XX, ver que a principios del siglo XXI la fortaleza política y económica alemana se ve acompañada por cierta restauración de su potencia intelectual. Algunos de los análisis más incisivos sobre Europa y sus descontentos vienen hoy de académicos alemanes.

Como hemos dio antes, por su parte, Philipp Ther historiador alemán afirma que intenta una continuación de Postguerra de Judt «en términos temporales y más enfocado en la historia social y económica», esta no es una historia de Europa en su conjunto. Hay solo una referencia en el índice a François Mitterrand y ninguna a Giulio Andreotti. Es una historia de la Europa central y del Este poscomunista, con muchas referencias a Alemania y un largo capítulo comparativo sobre el sur de Europa.

A diferencia del libro de Judt, tiene una tesis conductora central que lo capta mejor: El nuevo orden en el Viejo Continente. Una historia de la Europa neoliberal. El núcleo del libro es un argumento sobre lo que las políticas «neoliberales» hicieron con las sociedades de la Europa poscomunista.

A pesar de su densidad, el libro de Ther está amenizado por anécdotas y observaciones personales, empezando por su primer viaje «al Este» en 1977, cuando tenía diez años. Incluye capítulos estimulantes sobre lo que llama la «cotransformación» de Alemania occidental y oriental, y sobre el momento de esplendor de las capitales como Varsovia, en un franco contraste con las regiones más pobres del país, conocidas en Polonia como «Polonia b». Algo inusual para un académico alemán, puede a veces ser un poco descuidado, cuando llega a conclusiones de gran alcance sobre la base de apenas una o dos fuentes (2018:1-16).

No obstante, su tesis central merece ser considerada con seriedad. Arguye que un «tren neoliberal», que pusieron en marcha la Gran Bretaña de Margaret Thatcher y los Estados Unidos de Ronald Reagan, comenzó a «recorrer Europa en 1989». Ther (77-102) asevera que utiliza el término neoliberalismo «como un término neutral, analítico» y distingue correctamente entre su historia intelectual y las circunstancias políticas y sociales específicas de su implementación. Su resumen de los principales pilares de la ideología neoliberal no parece ser del todo neutral: una fe ciega en el mercado como árbitro en casi todos los asuntos humanos, una dependencia irracional de la racionalidad de los participantes del mercado, desdén por el Estado tal como se expresa en el mito del *big government* y aplicación uniforme de las recetas económicas del Consenso de Washington. Ambos decían que el hada madrina (el estado) que estaba presente desde la cuna hasta el sepelio había muerto. Era mejor, en su concepción, que el mercado resolviera de forma más eficaz los problemas de una sociedad y dejar la injerencia del estado en temas que el mercado no podía resolver. El problema es el estado, el mercado es la solución.

Esas políticas y sus características transcendentales, en la forma en que se aplicó en Europa del Este, fueron la liberalización, la desregulación y la privatización, y que sus consecuencias en términos de desmembramiento social y crecimiento de la desigualdad fueron muy perjudiciales.

Se deben consignar muchas reservas frente a esta crítica del impacto del neoliberalismo en la Europa poscomunista. En primer lugar, como señala cuidadosamente el propio Ther, lo único peor que experimentar una transformación neoliberal en la economía fue no experimentar una transformación neoliberal. Basta con observar el pobre desempeño de Ucrania, Rusia y Rumania (ídem 32-48). En 1989, Polonia tenía aproximadamente el mismo PIB per cápita que Ucrania; un cuarto de siglo más tarde, el PIB per cápita de Polonia era aproximadamente el triple que el de Ucrania. Lo que es todavía más revelador: Ther afirma que el PIB per cápita de Polonia alcanzaba aproximadamente el 10% del de la Alemania recientemente unificada en 1991, pero apenas 20 años después llegaba a 53%. El mercado había hecho su tarea.

En segundo lugar, su uso del término «neoliberalismo» corre el riesgo de sobredimensionar el aspecto ideológico. Sí, hubo «thatcheristas del Este», como Václav Klaus, el padrino de la transformación económica de la República Checa, y Klaus era más thatcherista que Thatcher. Pero no fue un movimiento ideológico de masas como el comunismo o el fascismo en los años 20 y 30, conducido por líderes que creían apasionada y dogmáticamente en su ismo. La mayoría de los que adoptaron estas políticas «neoliberales» luego de 1989 lo hicieron por pragmatismo, por falta de cualquier alternativa creíble.

Ese fue el caso de Tadeusz Mazowiecki, quien ocupó el cargo de primer ministro de Polonia inmediatamente después del comunismo y en el pasado había sido algo parecido a un socialista cristiano. Y recordando a Bronislaw Geremek, uno de los principales asesores de Solidaridad y luego ministro de Asuntos Exteriores de Polonia, cuando explicaba su apoyo a la «terapia de shock» neoliberal con una metáfora. Fíjese, decía, la economía planificada nacionalizada es como un enorme búnker de concreto, por lo que se necesita una topadora gigante para derrumbarla. Les habría encantado que el punto de llegada hubiera sido una versión socialdemócrata del capitalismo a la escandinava. Pero primero tenían que construir ese capitalismo a partir de las ruinas del búnker comunista.

Es cierto que las condiciones económicas y sociales de los países del este que abrazaron el mercado mejoraron, aunque también creció la desigualdad.

Y esto nos lleva a una reserva final. Está muy bien que Ther se explaye irónicamente sobre Thatcher y su eslogantina («There Is No Alternative», no hay alternativa) y que señale, con mucho humor, que alternativlos (la versión alemana de tina) resultó elegida como la palabra alemana más fea de 2010. Pero ¿cuál era exactamente la alternativa? ¿De qué otra forma se podría haber creado una economía de mercado? Los historiadores no están en absoluto obligados a hacer historia contrafactual, pero hacerla puede muchas veces enriquecer su trabajo.

Pero si se pueden hacer las comparaciones entre países con economía de mercado contra las de economía centralmente planificada. Estos últimos salen perdiendo en esa comparación.

Una vez dicho esto, Ther señala algo muy importante. Las elites posdisidentes y reformistas, incluyendo a aquellas que provenían de la izquierda democrática, llegaron muy lejos en su opción por una transformación económica (neo)liberal radical. Ther menciona el ejemplo del veterano disidente polaco Jacek Kuron. Podría haber añadido que en sus últimos años Kuron se arrepintió amargamente de su franco apoyo (mientras era ministro del gobierno de Mazowiecki) a un liberalismo económico que tuvo consecuencias sociales tan dolorosas, sin mencionar las que tuvo para muchos de los trabajadores que habían sido la columna vertebral de Solidaridad. Adam Michnik, editor en jefe del influyente diario Gazeta Wyborcza durante los últimos 25 años, fue el autor de la célebre frase «Mi corazón está a la izquierda, pero mi billetera, a la derecha».

Ese es el precio por pagar. La receta neoliberal desplaza a aquellos con menos cualificaciones laborales. De ellos se debería ocupar el estado, ya que, si no lo hace, ocurre ese desastre que Ther describe.

Al menos la intelligentsia urbana y liberal de Polonia, Hungría, Rumanía y la misma Rusia podrían haber buscado un mejor discurso público para demostrar que se preocupaban por aquellos que estaban pagando el costo humano de la transición. Podría haber hecho más para ayudar a los trabajadores que habían perdido sus empleos en las grandes empresas estatales a encontrar nuevos empleos que valieran la pena y, cuando lo permitiera el presupuesto, podrían haber intentado una política social más activa.

Y es que ese «corazón a la izquierda» fue apenas visible para los millones de polacos, húngaros, rumanos de los pueblos pequeños y las regiones más pobres de esos países, que se sintieron abandonados y dejados al margen por la topadora del liberalismo económico. Es importante agregar que también fueron alienados por el liberalismo social en temas tales como el aborto, el género y la orientación sexual que llegó con la apertura a Europa occidental.

Obviamente, muchas de esas promesas son imposibles de cumplir al mismo tiempo. Ther plantea que el sur de Europa puede estar suplantando a Europa del Este en los mapas mentales de algunos europeos occidentales y tomando su lugar como el Otro imaginario subdesarrollado. Apunta al acrónimo pigs (en inglés, cerdos), acuñado para cuatro países del sur de Europa golpeados por la crisis y la deuda: Portugal, Italia, Grecia y España. (El insulto era originalmente piigs, hasta que Irlanda, la segunda i, logró recomponerse por las suyas). Pero el capítulo de Ther (112-144) sobre el sur de Europa se parece a un Rey Lear sin el rey, ya que analiza solo al pasar lo que en rigor está en el corazón mismo de la tragedia de esta zona de Europa: las profundas fallas en el diseño de la eurozona y los remedios inadecuados que ofrecieron los países acreedores del norte de Europa, es decir, sobre todo Alemania.

Aunque los análisis después de la pandemia están por venir para arrojar luz sobre las realidades este oeste, si hay algunos que se hicieron recientemente que abordan la problemática.

Este es un tema que comparten los libros Europe Entrapped [Europa en la trampa], de Claus Offe (Polity, Malden, 2016); y Cómo la moneda común amenaza el futuro de Europa, de Joseph Stiglitz (Taurus, Madrid, 2016; Norton, 2018) por mencionar solo a dos. Pese a originarse en perspectivas ideológicas y nacionales muy diferentes, todos están de acuerdo en que fue un gran error crear la eurozona con su tamaño y diseño actuales: una moneda común sin un tesoro común y que encadena entre sí a 19 economías bien diversas. Diseñado para impulsar la unidad europea, el euro, la «panacea para nadie», divide en realidad a Europa. Revivió un terrible rencor entre Grecia y Alemania y causó un resentimiento generalizado tanto en el sur como en el norte. Si las políticas actuales continúan, lo mejor que se puede esperar es que el sur de Europa tenga que renguear dentro de la eurozona durante los próximos años, con bajo crecimiento, elevado desempleo y una cultura de desesperanza adquirida.

El euro suponía la posibilidad de unir a Europa y promover la prosperidad; de hecho, derivado de la crisis financiera de 2008, ha hecho lo contrario. Para salvar el proyecto de Europa el euro debería abandonarse en las pequeñas economías y aquellas con problemas económicos agudos.

Estos autores proponen diferentes soluciones. Con una magnífica claridad cartesiana, Heisbourg escribe: «Ya que el euro actualmente existente es la causa del problema, la solución tiene que ser abolirlo tranquilamente y de común acuerdo». Es una solución racional, pero ¿es posible? Offe discrepa y afirma que el euro «es un error, pero deshacerse de él sería un error aún más grande». Stiglitz y Sinn ofrecen un menú de reformas más o menos radicales, que no tenemos el espacio ni para evaluarlo.

Sin embargo, un camino para la solución pasa claramente por que la Alemania de Angela Merkel y Wolfgang Schäuble deje de considerar la economía como una rama de la teología. Offe observa con agudeza que la palabra alemana para presupuesto es Haushalt, literalmente, «gastos domésticos», que evoca el proverbial trabajo doméstico bien administrado por el ama de casa de Suabia, mientras que la palabra alemana para deuda, Schuld, también significa «culpa». La prensa alemana —señala— se refiere a los pi(i)gs como «pecadores fiscales». Parafraseando la Biblia: «da paga del pecado es la deuda». Esta enfermedad crónica de la eurozona alimentó el populismo de izquierda y de derecha, en el sur y en el norte. El partido populista alemán Alternativa para Alemania (afd, por sus siglas en alemán), por ejemplo, comenzó como un partido antieuro para luego ganar un público mucho mayor como partido antiinmigración, luego de la masiva llegada de refugiados del año pasado. Y ni siquiera comencé a analizar la crisis de los refugiados, que todavía sacude a la sociedad alemana; la crisis del «Brexit»; la crisis de Ucrania; el desafío frontal que plantea la Rusia de Putin tanto para la seguridad como para las democracias europeas; la crisis terrorista (Francia, uno de los principales objetivos del terrorismo islámico, está todavía en estado de emergencia); la crisis demográfica y la inseguridad que acosa a muchos de los jóvenes del continente, a los que se conoce ahora como el «precariado». Todos son aspectos diferentes, pero que se refuerzan mutuamente, de una crisis existencial general que amenaza el proyecto de unidad europea post-1945 en su conjunto. Y todos alimentan la metástasis de la política populista.

El 4 de diciembre de 2016, Austria decidió no elegir presidente a un populista de derecha, Norbert Hofer, quien igualmente obtuvo 46% de los votos. Ese mismo día, en medio de discusiones sobre el trumpismo, Italia votó por el «no» en un referéndum sobre reformas constitucionales propuestas por Matteo Renzi, primer ministro con aspiraciones de reformador.

Usamos la palabra «populista» en varias oportunidades sin habernos tomado el tiempo para definirla. Pero ¿no es simplemente un término vago y multiuso para aplicar a todos los partidos, movimientos y candidatos presidenciales que no nos gustan? ¿Qué es el populismo? Esa es la pregunta que intenta responder en ¿What is Populism? [¿Qué es el populismo?], un libro breve y excelente, Jan-Werner Müller, un académico alemán que actualmente es profesor en Princeton. Müller recuerda una charla que dio una vez Richard Hofstadter llamada «Todos hablan sobre el populismo, pero nadie lo puede definir»; sin embargo, presenta el mejor intento que conocemos de darle al término un significado contemporáneo y coherente.

Los populistas hablan en nombre del «pueblo» y proclaman que su legitimidad directa emanada «del pueblo» está por encima de todas las demás fuentes de autoridad política legítima, sea el tribunal constitucional, el jefe del Estado, el Parlamento o el gobierno local o estadual. La frase de Trump «Yo soy su voz» es una típica declaración populista. Pero también lo es la respuesta del primer ministro turco a las acusaciones de la UE, de que su gobierno había cruzado una línea roja con sus restricciones a la libertad de los medios: «El pueblo es el que traza las líneas rojas». También es populista el titular de primera plana del Daily Mail que denunciaba como «enemigos del pueblo» a tres jueces de la Corte Suprema británica que dictaminaron que el Parlamento tenía que aprobar el «Brexit».

Müller rechaza el concepto de «democracia iliberal», porque sostiene que este le permite a gente como Viktor Orbán proclamar que Hungría es simplemente otro tipo de democracia, auténticamente democrática de un modo diferente. Lo que ha hecho Orbán, por ejemplo, en su control de los medios, socava la democracia. Sin embargo, creo que necesitamos un término para describir lo que ocurre cuando un gobierno que surge de elecciones libres y justas destruye los cimientos de una democracia liberal sin todavía erigir una abierta dictadura, algo que quizá no tenga siquiera intención de hacer. Palabras como «neoliberalismo», «globalización» y «populismo» son aproximaciones imperfectas a fenómenos que tienen significativas variaciones nacionales, regionales y culturales. «Régimen híbrido» suena demasiado inespecífico, así que a menos que o hasta tanto alguien encuentre un término mejor, seguiré utilizando «democracia iliberal».

Si la era posmuro va desde 1989 hasta 2021, ¿en qué época nos encontramos ahora? Con casi total seguridad, no lo sabremos por una década o por tres. Quienes creemos en la libertad y el liberalismo tenemos que luchar contra los ejércitos del populismo. El punto de partida para combatir con éxito es entender exactamente qué consecuencias y de cuáles aspectos del liberalismo económico y social de la era postmuro y postpandemia (y de los procesos relacionados, como el veloz cambio tecnológico) alienaron a tanta gente que ahora vota por populistas, quienes a su vez amenazan las bases del liberalismo político en sus países y en el exterior. Y cuando se llegue a un diagnóstico certero, los liberales de izquierda y de derecha tienen que acordar políticas y un discurso accesible y movilizador en lo emotivo para que esas políticas puedan recuperar a los votantes desilusionados. Del resultado de esa lucha dependerán el carácter y la denominación que en el futuro se le dé a nuestra época, hoy sin nombre.


## LA INTEGRACIÓN ECONÓMICA: EL EURO

Dos visiones contrapuestas sobre el euro

Stiglitz indica en varios momentos de su libro (2018), que existen estrechas semejanzas entre los programas que el FMI (a veces con el Banco Mundial) impuso a los países en vías de desarrollo, así como a los mercados emergentes, y los que se les han obligado a aceptar a Grecia y los demás países afectados por la Gran Recesión. También explica el hecho de que sean tan parecidos los motivos por los que estos programas siguen siendo decepcionantes, aparte de la inmensa oposición pública suscitada allí donde se han impuesto (xxxiii).

"Hoy el mundo está plagado de nuevas iniciativas pensadas para aprovechar la globalización en beneficio de unos pocos. Estos acuerdos comerciales entre las dos orillas del Atlántico y el Pacífico, el Acuerdo Transatlántico de Comercio e Inversiones y el Acuerdo Transpacífico de Cooperación Económica (TTIP y TPP, respectivamente), se forjan una vez más a puerta cerrada, en reuniones de dirigentes políticos que ponen los intereses del mundo empresarial sobre la mesa" xxxiii). Los acuerdos ponen de manifiesto un deseo persistente de integración económica que no está en sintonía con la integración política. Una de sus disposiciones más polémicas permitiría a las empresas amenazar con querellarse contra los Estados cuando los beneficios previstos resulten perjudicados por cualquier nueva normativa, algo que ningún Gobierno admitiría dentro de sus fronteras. El derecho a regular —y a actualizar las reglas en función de los cambios de circunstancias— es un aspecto fundamental del ejercicio del gobierno.

Sin embargo, el proyecto de la eurozona era diferente de estos otros ejemplos en un sentido crucial: se basaba en un intento serio de avanzar hacia la integración política. Los nuevos acuerdos comerciales no parten de ningún deseo de contar con unos criterios reguladores armonizados, establecidos por un Parlamento que represente a los ciudadanos de toda la zona comercial. Lo que buscan las empresas es sencillamente interrumpir la regulación o, mejor todavía, revocarla.

Pero el diseño del «proyecto de moneda única» estaba tan influido por la ideología y los intereses que fracasó no solo en su aspiración económica -generar prosperidad-, sino también en su ambición de unir más a los países desde el punto de vista político.

Por eso, aunque su libro se ocupa de la importantísima cuestión del euro, su objetivo es más amplio: demostrar que incluso las mejores intenciones a la hora de avanzar hacia la integración económica pueden ser contraproducentes si lo que fija las prioridades es una serie de doctrinas económicas cuestionables, inspiradas más en la ideología y los intereses que en los hechos y la ciencia económica.

Un motivo fundamental por el que la globalización a menudo no ha beneficiado a mucha gente, ni en los países desarrollados ni en los menos desarrollados, es que la globalización económica ha ido más rápida que la política; y lo mismo ha sucedido con el euro.

Otro tema es el relacionado con sus investigaciones más recientes sobre las desigualdades(xxxv). Los economistas, y a veces los políticos, se obsesionan con los promedios, los cálculos sobre el PIB o el PIB per cápita. Pero el PIB puede estar subiendo y, aun así, la mayoría de los ciudadanos encontrarse en peor situación. Es lo que ha ocurrido en Estados Unidos durante el último tercio de siglo, y es una tendencia que se ve cada vez más en todas partes. Los economistas solían alegar que no importaba cómo se repartieran los frutos de la economía; eso podía interesarle a un politólogo o a un sociólogo, pero no a ellos. Robert Lucas ha llegado a decir: «De las tendencias nocivas para una economía saneada, la más seductora, y en mi opinión la más venenosa, es la de centrarse en los aspectos de la distribución» (xxxv).

Hoy sabemos que la desigualdad afecta al comportamiento económico, de modo que no podemos ni debemos dejar estas cuestiones de lado. La desigualdad influye también en el funcionamiento de nuestras democracias y nuestras sociedades. Sin embargo, creo que debemos preocuparnos por las desigualdades no solo por sus consecuencias, sino porque están en juego aspectos morales fundamentales.

El euro ha provocado un aumento de las desigualdades. Un argumento importante de Stiglitz es que el euro ha ahondado la brecha, ha hecho que los países más débiles lo sean más aún y que los más fuertes se hayan reforzado: por ejemplo, el PIB alemán ha pasado de ser 10,4 veces el de Grecia en 2007 a 15 en 2015. Pero la brecha ha aumentado también las desigualdades dentro de los países de la eurozona, especialmente en los que han sufrido la crisis. Y ha ocurrido incluso en aquellos que estaban consiguiendo reducir las desigualdades antes de la creación del euro.

No debe extrañar a nadie: un alto índice de paro perjudica a los que están más abajo y hace que bajen los salarios, y los recortes de los Gobiernos por las políticas de austeridad tienen consecuencias muy negativas para las personas de rentas medias y bajas que necesitan la ayuda de los programas públicos. Este es otro aspecto transversal de nuestra época: el programa económico neoliberal puede no haber elevado las tasas medias de crecimiento, pero sin duda ha logrado aumentar las desigualdades. Y el caso del euro permite un estudio detallado de cómo ha sucedido.

El euro fue fundado con tres objetivos: que uniría a Europa un poco más, lo que era el siguiente paso en la integración de Europa; que la integración económica conduciría a un rápido crecimiento económico; y que esta gran integración económica traerá como consecuencia una mayor integración política que aseguraría la paz (Stiglitz, 2018:34).

Sin embargo, desde que se empezó a hablar de la posibilidad de alguna suerte de unión monetaria en Europa, allá por la década de los 60, surgieron dos visiones muy distintas acerca del proceso de unificación monetaria europea, que hoy se proyectan sobre cómo perciben unos y otros el futuro del euro.

Una de las visiones podría calificarse como de escéptica. Es la que mantienen los economistas estadounidenses. Éstos consideran a la unión monetaria europea como un experimento, explica Joseph Stiglitz. Un experimento cuyos resultados, a tenor de lo que ha sucedido con la crisis del euro y sus secuelas, no son buenos.

Una visión acerca del euro, que podría calificarse de determinista, es la visión europea. Joaquín Almunia, excomisario europeo de Asuntos Económicos y Monetarios, explica al respecto que el euro no fue una idea improvisada. Por el contrario, se remonta a bastantes años atrás porque los líderes europeos entendieron que, para avanzar en la integración europea, había que hacerlo en la integración monetaria. Hay elementos fundamentales que respaldan esta visión. Por ejemplo, el Libro Blanco de Delors identificó la existencia de múltiples monedas con diferentes tipos de cambio como un obstáculo fundamental para completar el mercado único, porque los movimientos cambiarios afectan al comercio entre los países de la Unión Europea, a los movimientos de capitales, a la capacidad de financiación de las empresas. Además, las devaluaciones y revaluaciones de las monedas crean problemas entre los dirigentes de los países precisamente por esos efectos que tienen sobre el comercio y los capitales.

Almunia también amplía la visión acerca de lo que es y lo que significa el euro. La unión monetaria europea no es un mero experimento económico y monetario, como dice Stiglitz, sino un hecho político de primera magnitud que deriva de la caída del muro de Berlín y de la posterior reunificación alemana. Con el euro se trataba de reducir el poder financiero de Alemania sobre el resto de la Unión Europea, un poder que sería aún mayor tras la reunificación. Pero también se trataba de avanzar en el proceso de integración europeo, que es, ante todo, un proceso político, aunque se haya iniciado por el ámbito económico.

Stiglitz, que milita en el bando de los economistas estadounidenses, profundiza en las críticas que realiza este grupo, sobre todo su corriente izquierdista. Para él no es muy normal que las economías estén estancadas durante ocho años, como sucedió en la zona euro. La causa de ese prolongado estancamiento, en su opinión, reside en la rigidez de las políticas y los mecanismos de ajuste que impuso la moneda única y en las debilidades del diseño institucional de la misma, lo que calificó como un fallo sistémico. En este sentido, considera un gran error que el Banco Central Europeo tenga como único objetivo la estabilidad de precios, a diferencia de la Reserva Federal estadounidense, que también debe prestar atención a la situación del crecimiento económico y del empleo. Por ello critica la política monetaria del BCE durante la crisis.

Aun así, Stiglitz no duda en vincular al euro con el auge del populismo en la Unión Europea, a causa de la dureza de la crisis provocada por la propia unión monetaria. Eso puede ser cierto en algunos países, pero, como dice Almunia, el euro no explica el auge del populismo en el Reino Unido, que no pertenece a la moneda única, o en Estados Unidos, donde las razones son otras.

El euro fue el gran éxito de la Unión europea para disminuir la turbulencia externa y para acercar a los países a un modelo de bienestar uniformizado. Hoy el euro es una gran amenaza para el éxito del proyecto europeo. La eurozona se ha movido de crisis en crisis derivadas de la volatilidad y la inestabilidad de las monedas en el mundo. De ello, argumentaremos al final del capítulo.

Mientras, vayamos a la historia. El euro desempeña un papel central en el sistema monetario europeo (SME), que entró en vigor en 1979.

Son cuatro las funciones del euro dentro del mecanismo de cambio:

- Es el punto de referencia para fijar los tipos centrales a partir de los cuales se calculan las fluctuaciones permitidas.
- Constituye también el punto de referencia de un sistema de alerta destinado a motivar a los Estados miembros a adoptar las medidas económicas pertinentes antes de llegar al límite de las oscilaciones permitidas (2.25 o 6 por ciento)
- El euro es la unidad de cuenta para los pagos entre bancos centrales, así como para el pago de las compras y ventas efectuadas para sostener el tipo de cambio. El euro oficial se creó mediante deposito del 20 por ciento de las reservas en oro y dólares de los Estados miembros en el Fondo Europeo de Cooperación Monetaria (FECOM), desde el cual se centralizan los pagos.

A este euro utilizado por los bancos centrales en el SME se le reserva el nombre de euro oficial y se habla de circuito oficial del euro por oposición al euro privado.

# 6 LA EUROPA DE LOS CIUDADANOS

De conformidad con el artículo 3 del Tratado de la Unión Europea, los objetivos de la Unión son, entre otros, promover el bienestar de sus pueblos y obrar en pro del desarrollo sostenible de Europa basado en un crecimiento económico equilibrado y en la estabilidad de los precios, en una economía social de mercado altamente competitiva, tendiente al pleno empleo y al progreso social, y en un nivel elevado de protección y mejora de la calidad del medio ambiente. La Unión debe combatir la exclusión social y la discriminación y fomentar la justicia y la protección sociales, la igualdad entre mujeres y hombres, la solidaridad entre las generaciones y la protección de los derechos del niño.

Los pilares sociales de la Unión

¿Europa de los pueblos o Europa de los mercaderes? La construcción comunitaria nació de una visión política, la de los padres fundadores deseosos ante todo de crear unas condiciones que hicieran imposible el retorno a las guerras intestinas que habían ensangrentado el continente. Pero, en aras de la eficacia y a fin de establecer las bases de un edificio sólido, los promotores de la Comunidad decidieron emprender la pragmática vía de las solidaridades concretas. Así nació una Europa que algunos califican de tecnocrática y burocrática porque recurre a los expertos, a los economistas o a los funcionarios y tiene grandes organismos legislativos y ejecutivos. Pero el objetivo inicial no hubiera visto nunca la luz si no lo hubiera apoyado constantemente la voluntad política de las instituciones comunitarias.

En este período, se han alcanzado la mayoría de los objetivos establecidos en los Tratados: el espacio europeo está libre de las restricciones aduaneras, fiscales y reglamentarias que frenaban la actividad de los hombres y la circulación de los capitales y los servicios. Todo el mundo goza, en su vida cotidiana, sin ser siempre consciente de ello de las ventajas que representa la realización del gran mercado: acceso al consumo de productos variados, una competencia que limita el alza de los precios, una política que protege a los consumidores y el medio ambiente, unas normas armonizadas y que tienden a alinearse con los criterios más exigentes. Asimismo, los habitantes de las regiones periféricas se benefician de los fondos estructurales (Fondo Europeo de Desarrollo Regional, programas integrados mediterráneos, etc.), Los agricultores han sido quienes más se han beneficiado de los mecanismos de apoyo a los precios que ha mantenido durante veinte años el FEOGA (Fondo Europeo de Orientación y de Garantía Agraria). El actual malestar agrario procede precisamente del hecho de que se está replanteando una política víctima de su propio éxito y que debe hacer frente a un costoso exceso de producción estructural y a la presión de la competencia internacional.

Pero el europeo no es solamente un consumidor o un actor de la vida económica y social. Es ya un ciudadano de la Unión. Para un ciudadano de un Estado miembro que busca empleo en la Unión europea, no se admite restricción alguna y vinculada a la nacionalidad. Asimismo, el artículo 51 del Tratado de la CEE garantiza el acceso a las prestaciones sociales y a la formación profesional, las ventajas fiscales y sociales. Las profesiones liberales han sido objeto de una reglamentación que armoniza, a través de distintas directivas, las condiciones de acceso a las actividades reglamentadas.

Este engorroso trabajo de aproximación de las disposiciones legislativas ha dado lugar al reconocimiento mutuo de los diplomas de médicos, enfermeras, veterinarios, farmacéuticos, arquitectos, corredores de seguros, etc. Pero todavía quedaban tantas actividades sujetas a normativas nacionales diferentes por lo que se establece un sistema de reconocimiento mutuo de los diplomas de enseñanza superior.

Dicho texto se aplica a todas las formaciones universitarias de una duración de por lo menos tres años y se basa en el principio de la mutua confianza en la validez de los sistemas de enseñanza y de formación. El primer derecho del ciudadano europeo consiste pues en poder circular, trabajar y residir en la Comunidad. Tres directivas de junio de 1990 amplían el derecho de residencia a los estudiantes, a los jubilados y a las personas que no ejercen actividad alguna, y el Tratado de Maastricht, firmado el 7 de febrero de 1992, confiere un carácter solemne a ese derecho en el capítulo que dedica a la ciudadanía.

La Europa de los ciudadanos prefigura a la Europa política en una fase de su realización que todavía está por definir. ¿Cuáles son los valores y las ambiciones colectivas que están dispuestos a compartir los pueblos en una Unión Europea que, al final de la próxima fase de ampliación, hará que el número de sus miembros sea superior a veinte de aquí a finales de siglo? El sentimiento de pertenecer a una misma colectividad, de construir el mismo destino, no puede crearse artificialmente.

La Europa de los ciudadanos acaba apenas de nacer y se basará también en la multiplicación de los símbolos de identificación común tales como el pasaporte europeo, que se encuentra en circulación desde 1985, el himno (el «Himno a la Alegría» de Beethoven) y la bandera (un círculo de doce estrellas doradas sobre fondo azul, inicialmente, luego serían 28), que en algunas alcaldías se iza ya junto a la bandera nacional. El permiso de conducir uniforme está siendo laboriosamente diseñado por los expertos nacionales. ¿Cuándo habrá equipos de adhesión de la opinión pública a la idea de juegos olímpicos europeos? ¿Cuándo se realizará el gran desafío de servicio militar o civil en unidades multinacionales?

## LA COMUNIDAD EUROPEA EN EL MUNDO

La Carta de los Derechos Fundamentales de la Unión Europea, proclamada en el Consejo Europeo de Niza el 7 de diciembre de 2000, protege y promueve una serie de principios fundamentales que son esenciales para el modelo social europeo. Las disposiciones de la Carta están dirigidas a las instituciones, órganos y organismos de la Unión, dentro del respeto del principio de subsidiariedad, así como a los Estados miembros únicamente cuando apliquen el Derecho de la Unión.

Los pilares del enfoque social de la Unión

¿Gran potencia política o agrupación económica regional? ¿Socio comercial abierto o zona de protección?  La Comunidad Europea tiene actualmente distintas imágenes en los terceros países, según haya establecido con cada uno de ellos relaciones de tipo económico, diplomático, cultural o estratégico.

La alianza política y estratégica que une a la casi totalidad de los países de la Comunidad y a Estados Unidos en el marco de la alianza Atlántica ha contribuido a relativizar el alcance de los conflictos comerciales que han tenido lugar en relación con los productos agrarios, el acero o la aeronáutica.

Las relaciones con Japón, otro importante miembro del mundo industrial avanzado, no tienen la misma dimensión política.  Los europeos intentan obtener una mayor apertura del mercado japonés, una contrapartida indispensable a la espectacular implantación de los productos japoneses en el mercado europeo.

Para los países en vías de desarrollo, la Unión europea es el mayor mercado de consumo del mundo, que no pone obstáculos al libre acceso de la mayoría de sus productos industriales o agrarios. Europa ha establecido asimismo con África unas relaciones de solidaridad cuyo origen se encuentra en los lazos históricos y en las responsabilidades que las antiguas potencias coloniales han aceptado asumir.

Por último, la otra parte del continente, finalmente liberada del sistema totalitario, intenta aproximarse lo más posible a la Europa comunitaria, y abriga la esperanza de integrarse en ella en cuanto las condiciones objetivas lo permitan.

¿Se está convirtiendo la Unión Europea, que es la primera potencia comercial del mundo, en un gigante político a medida que avanza hacia la unión?  El Tratado de Maastricht permite a los Estados miembros poner en práctica los dos principales instrumentos que garantizan el poder: la moneda y la defensa común.  Pero hace falta que los países actuales y los que se unan a ellos como consecuencia de las próximas ampliaciones, manifiesten la voluntad política suficiente para ejercer en común su soberanía en aquellos sectores que constituyen el núcleo de esta.

La vía elegida por los fundadores ha permitido progresar ya considerablemente por el camino de la identidad europea. ¿Convertirá la dimensión externa del gran mercado a la Comunidad Europea en una «fortaleza» sometida a las tentaciones proteccionistas o, por el contrario, hará de ella un «colador» abierto a todos los vientos de la competencia e incapaz de proteger a sus productores? Un espacio de consumo de cuatrocientos millones de personas que disponen de un alto nivel de rentas, y cuyas normas estarán armonizadas, convierte a la UE en un socio especialmente atractivo para los exportadores de los terceros países. La Comunidad tiene ya la capacidad de obtener que su socia respeten las reglas del juego que garantizan una sana competencia y unas condiciones equivalentes de acceso recíproco a los mercados.

La Europa comunitaria, que es ya una potencia económica, comercial y monetaria, puede convertirse en una potencia política si desarrolla todos los elementos potenciales que se contemplan en el Tratado sobre la Unión Europea firmado el 7 de febrero de 1992. la separación entre la actividad económica exterior y la actividad diplomática de la Comunidad resulta ya artificial cuando se trata de aplicarla a casos concretos. El instrumento de aplicación de las decisiones de orden político que puedan adoptar como consecuencia de un procedimiento de carácter intergubernamental debe ser un acto comunitario. En sus actuaciones en las estructuras multilaterales, la comunidad europea es fiel a su vocación inicial, que consiste en favorecer, tanto en su seno como con respecto a otros países, las agrupaciones y las acciones comunes. Con respecto a los países del sur del Mediterráneo, que, por su proximidad geográfica, por sus afinidades históricas y culturales y por los flujos migratorios existentes y potenciales, representan unos socios de importancia fundamental, la CEE ha llevado a cabo, tradicionalmente, una política de integración regional denominada «enfoque global mediterráneo». La CEE sigue con atención y apoya los esfuerzos emprendidos por los países del Magreb para constituir entre sí la Unión del Magreb Árabe (UMA).

La relación entre la Europa comunitaria y el África subsahariana es antigua ya que data de la concepción misma del Tratado de Roma en 1957, que convertía en asociados a los países y territorios de ultramar de determinados Estados miembros. El proceso de descolonización iniciado al comienzo de los años sesenta transformó dicho vínculo en una asociación de carácter diferente entre países soberanos, con arreglo al artículo 238 del Tratado de la CEE. En 1992, sesenta y nueve países de áfrica, del Caribe y del Pacífico, tienen una relación privilegiada con la CEE en virtud del IV Convenio de Lomé armado para el período comprendido entre 1990 y 2000. Dicha relación va acompañada de una dotación financiera de 12 000 millones de ecus en forma de subvenciones y préstamos bonificados que se destinan a financiar, a través del Fondo Europeo de Desarrollo (FED), programas de inversiones económicas y sociales en los países ACP. La cooperación con dichos países abarca también a los sectores industrial y agrario.

La cooperación entre la Comunidad y los países de Asia y América latina está menos estructurada. Los países en vías de desarrollo de dichas regiones gozan del sistema de preferencias generalizadas, que concede a sus exportaciones un trato preferencial y ciertas ayudas financieras. Se han firmado acuerdos-marco de cooperación entre la CEE y México, Argentina, Brasil y Uruguay, así como con los países del Pacto Andino (Bolivia, Ecuador, Colombia, Perú y Venezuela) con el objetivo de apoyar la integración económica regional. En 1980 se firmó un acuerdo del mismo tipo entre la CEE y la ANASE (Asociación de Naciones de Asia del Sudeste) y, en 1988, con el Consejo de Cooperación del Golfo.

## ¿CUÁL SERA LA ARQUITECTURA DE EUROPA ¿EN EL SIGLO XXI?

El proceso de unificación del continente, que se inició con la unión de los seis Estados fundadores de la Comunidad Europea, que se convirtieron en nueve en 1973 y en doce en 1986, no cesa de evolucionar hasta llegar a 28. Si bien los desafíos de la postguerra exigían un esfuerzo de reconciliación de los pueblos y de la reconstrucción de las economías del oeste europeo, los que se presentan a Europa medio siglo después son de una magnitud equivalente. las nuevas democracias surgidas de la descomposición del bloque comunista esperan de sus vecinos solidaridad y la consecución de un nuevo destino común. los países neutrales y escandinavos reconocen el atractivo de la Comunidad Europea y quieren unirse a ella. A principios la tercera década del siglo puede llegar a 30. Dado que la nueva Unión Europea establecida en el

Tratado de Maastricht se presenta como una empresa abierta a toda Europa, los países miembros y los países candidatos deben resolver juntos las incógnitas de una nueva ecuación: ¿Cómo ampliar la Comunidad Europea, basada en unas instituciones concebidas para un número limitado de Estados miembros, sin debilitar su mecanismo decisorio y sin diluir su personalidad política? ¿Cómo alimentar la voluntad de vivir juntos, la «affectio societatis», según la expresión de Jacques Delors, que haga que tantos pueblos de diversos orígenes y culturas deseen ejercer en común una parte de su soberanía?

Sería paradójico que, en el momento en que el método comunitario ha dado pruebas de su eficacia y ha concedido a Europa su fuerza y su homogeneidad, la Comunidad pudiera verse amenazada por la llegada de nuevos Estados miembros que no tengan la orientación democrática como ha sucedido con Turquía y Polonia. Los riesgos existen, pero no deben sobreestimarse y, evidentemente, no pueden conducir a la Comunidad a replegarse sobre sí misma. La naturaleza jurídica del acervo comunitario exige que todo país candidato haga suya la legislación existente y participe en las políticas comunes sin más excepciones que las que se negocien para los períodos de transición.

La ambiciosa perspectiva delineada en Maastricht, de una unión económica y monetaria y de una unión política con una política exterior y de seguridad común forma ya parte de dicho acerbo. Los países que, ahora o en el futuro, soliciten la adhesión a la Unión no deben albergar ninguna duda al respecto, la Unión continuará extrayendo su fuerza de la práctica cotidiana de las normas y comportamientos que la diferencian, desde su nacimiento. La Unión Europea, que constituye una entidad original a medio camino entre una estructura de cooperación intergubernamental y una federación, se basa tanto en el respeto del principio de subsidiariedad como en la organización de la actividad común. La Unión tiene por vocación agrupar, a largo plazo, al conjunto de los países democráticos del continente. Pero ese proceso será necesariamente gradual y tendrá en cuenta los diferentes niveles de desarrollo político y económico de cada país.

Sin que sea posible establecer aquí el contorno exacto de la arquitectura que se está desarrollando, retendremos la siguiente hipótesis, que tiene en cuenta las realidades de este inicio de década.

La unión de los 27 proseguirá, sobre la base de los compromisos de Maastricht, su profundización económica, monetaria y política. Los acuerdos institucionales reforzarán las «pasarelas» que unen a las instituciones, a los mecanismos comunitarios y a las políticas de cooperación diplomática.

El Parlamento Europeo ejercerá plenamente sus nuevos derechos en materia de codecisión. Los acuerdos europeos firmados con Polonia, La Repúblicas Checa y Eslava, además de Hungría se reforzaron progresivamente, a medida que dichos países accedan la economía de mercado gracias a la cooperación comunitaria.

Esta visión, necesariamente esquemática y aleatoria, de la arquitectura de Europa al comienzo del tercer milenio, presupone que los Estados miembros de la actual Comunidad acepten hacer desempeñar a ésta el papel fundamental de «motor federalista» de todo el continente y que los países que se disponen a adherirse a la Unión participen sin reserva en las ambicione políticas delineadas en Maastricht. Sólo lo conseguirán si perseveran sin añoranza alguna por el camino de la Comunidad.

## CRONOLOGIA DE LA CONSTRUCCIÓN EUROPEA

1950, 9 de mayo.

Robert Schuman, ministro francés de Asuntos Exteriores, propone, en un discurso inspirado por Jean Monnet, poner en común los recursos de carbón y de acero de Francia y de la República Federal de Alemania en una organización abierta a los demás países de Europa.

1951, 18 de abril. Los Seis firman en París el Tratado constitutivo de la Comunidad Europea del Carbón y del Acero (CECA).

1952, 27 de mayo. Firma en París del Tratado constitutivo de la Comunidad Europea de Defensa (CED).

1954, 30 de agosto. La Asamblea Nacional francesa rechaza el Tratado sobre la CED.

20 a 23 de octubre. Acuerdos de París tras la conferencia de Londres, en los que se precisan las modalidades de ampliación del Tratado de

Bruselas, que se convierte en la Unión Europea Occidental (U EO).

1955, 1 y 2 de junio. Reunidos en conferencia de Mesina, los ministros de asuntos Exteriores de los Seis deciden ampliar la integración europea a toda la economía.

1957, 25 de marzo. Firma en Roma de los Tratados constitutivos de la Comunidad Económica Europea y del Euroatom

1958, 1 de enero. Entrada en vigor de los tratados de Roma e instalación en Bruselas de las Comisiones de la CEE y del Euroatom

1960, 4 de enero. Firma del convenio de Estocolmo por el que, a iniciativa del Reino Unido, se crea la Asociación Europea de Libre Comercio.

1962, 30 de julio. Entrada en vigor de la Política Agraria Común (PAC)

1963, 14 de enero. El General De Gaulle anuncia que Francia veta la entrada del Reino Unido en la CEE.

1969, 1 y 2 de diciembre. Cumbre de La Haya. Los jefes de Estado o de Gobierno deciden pasar de la fase transitoria a la fase definitiva de la Comunidad, estableciendo las bases de los recursos de la CEE.

1972, 22 de enero. Firma en Bruselas de los Tratados de Adhesión de los nuevos miembros de la CEE (Dinamarca, Reino Unido, Irlanda y Noruega)

22 de abril. Constitución de la «serpiente monetaria»

1974, 9 y 10 de diciembre. Cumbre de París en al que se determina que el Consejo Europeo tenga reuniones periódicas y proponen la elección del Parlamento Europeo por sufragio universal.

1978, 6 y 7 de julio. Se propone la creación por parte de Francia y Alemania del Sistema Monetario europeo (SME) que comienza a funcionar el 28 de mayo.

1981, Segunda ampliación. Se incorpora Grecia.

1986, Tercera ampliación. Se acepta a España y Portugal.

1986, 1 de enero. Entrada oficial de España y Portugal en la Comunidad Europea

1990, Cuarta ampliación. Reunificación Alemana.

1991, 9 y 10 de diciembre. Consejo de Maastricht donde se acuerda acelerar la integración económica que se firma el 7 de febrero de 1992.

1995. Quinta ampliación. Se incorporan Austria, Suecia y Finlandia.

1995, Decisión de la integración económica y monetaria.

1997, Establecimiento de condiciones previas al SME.

1998, Selección de los países que participarán, a partir del primero de enero de 1999, en la tercera fase de la UME.

1999, 1o. De enero. Inicio de la tercera fase y final de la UEM.

2001, Inicio de la introducción de los billetes y monedas Euro en los países participantes.

2002, 1o. De julio. Anulación del estatuto moneda legal a billetes nacionales.

2004?
    Futuro.  Chipre, Polonia, República Checa, Hungría, Estonia, Eslovenia, Eslovaquia, Letonia, Rumania y Bulgaria.


    2000
    7 de diciembre: Tratado de Niza, tratado celebrado por el Consejo

Europeo entre los días 7 y 9 de diciembre de 2000. También se proclama la Carta de los Derechos Fundamentales de la Unión Europea.

2001

26 de febrero: Firmado del Tratado de Niza, para modificar los Tratados vigentes. Entró en vigor el 1 de febrero de 2003 tras haber sido ratificado por los 15 Estados miembros según lo previsto en sus respectivas normativas constitucionales. El proceso de ratificación se extendió hasta 2002.

2002

1 de enero: España asume la Presidencia del CUE. Entran en circulación los billetes y monedas euro en los doce países miembros de la zona euro: Alemania, Austria, Bélgica, España, Finlandia, Francia, Grecia, Irlanda, Italia, Luxemburgo, Países Bajos y Portugal.

15 de enero: El Parlamento Europeo elige presidente Pat Cox.

28 de febrero: El euro se convierte en la única moneda oficial.

2003

1 de enero: Grecia asume la Presidencia del CUE.

1 de febrero: entra en vigor el Tratado de Niza.

2004

1 de enero: Irlanda asume la Presidencia del CUE.

27 de abril: Solana se reúne con Muamar Gadafi en Bruselas.

1 de mayo: Ampliación sin precedentes: Polonia, República Checa, Chipre, Estonia, Hungría, Letonia, Lituania, Malta, la República Eslovaca y Eslovenia se hacen miembros de la UE.

10-13 de junio: Elecciones al Parlamento Europeo para su sexta legislatura hasta 2009.

29 de junio: Consejo de Jefes de Estado o de Gobierno en Bruselas. Se nombra a Solana Alto Representante para la Política Exterior y de Seguridad Común de la UE.

1 de julio: Países Bajos asumen la Presidencia del CUE.

20 de julio: El Parlamento Europeo elige presidente del mismo a Josep Borrell.

26 de octubre: El Presidente de la Comisión designado, José Manuel Durão Barroso, retira la propuesta de la nueva Comisión Europea.

29 de octubre: Los Jefes de Estado y de Gobierno y los Ministros de Asuntos Exteriores de la UE firman el Tratado por el que se establece una Constitución para Europa.

18 de noviembre: El Parlamento Europeo aprueba la nueva Comisión presentada por Durão.

16-17 de diciembre: Se reúne en Bruselas el Consejo Europeo.
2005

1 de enero: Luxemburgo asume la Presidencia del CUE.

20 de febrero: España. Los votantes aprueban vía referéndum el Tratado Constitucional.

13 de abril: El Parlamento Europeo aprueba la entrada de Rumanía y Bulgaria en la UE.

10 de mayo: 15ª Cumbre UE-Rusia en Moscú. Se discuten los «Cuatro espacios comunes»

29 de mayo: Los votantes franceses dicen NO al Tratado Constitucional.

1 de junio: Los neerlandeses dicen NO al Tratado Constitucional.

1 de julio: Reino Unido asume la Presidencia del CUE.

10 de julio: Los votantes luxemburgueses votan SÍ a la ratificación del Tratado Constitucional.

5 de septiembre: En el marco del trigésimo aniversario del establecimiento de las relaciones bilaterales, se celebra la octava cumbre anual con China.

15-16 de diciembre: Se reúne en Bruselas el Consejo Europeo y logra un acuerdo sobre el presupuesto comunitario para el periodo 2007-2013. También se otorga a la Antigua República Yugoslava de Macedonia (Macedonia del Norte desde 2019) el estatus de candidata a la adhesión en la UE.
2006

1 de enero: Austria asume la Presidencia del CUE.

El 16 de junio de 2006 los jefes de Estado y de Gobierno de los Veinticinco aprobaron la propuesta de la Comisión Europea de la entrada de Eslovenia en el Euro para el 1 de enero de 2007.

1 de julio: Finlandia asume la Presidencia del CUE.
2007

1 de enero: Alemania asume la Presidencia del CUE. Bulgaria y Rumania se adhieren a la Unión Europea. En Eslovenia deja su moneda tólar para entrar en la zona euro como moneda oficial. Lituania es rechazada para entrar en la zona euro.

16 de enero: Bulgaria y Rumanía votan por primera vez en el PE, que tiene 785 eurodiputados.

23 de junio: fracasada la adoptación del Tratado Constitucional, se

reemplaza por el Tratado de Lisboa, que es finalmente adoptado. Dicho Tratado también vuelve vinculante la Carta de los Derechos Fundamentales de la Unión Europea.

1 de julio: Portugal asume la Presidencia del CUE.

2008

1 de enero: Chipre y Malta entran en la zona euro y adquieren éste como moneda oficial.

1 de enero: Eslovenia asume la Presidencia del CUE.

1 de julio: Francia asume la Presidencia del CUE.

2009

1 de enero: Eslovaquia adopta el euro como moneda oficial.

1 de enero: La República Checa asume la Presidencia del CUE.

7 de mayo: Inauguración de la Asociación Oriental en Praga.

1 de julio: Suecia asume la Presidencia del CUE.

1 de diciembre: Entra en vigor el Tratado de Lisboa.

Años 2010

2010

1 de enero: Se inicia la presidencia de Herman Van Rompuy en el Consejo Europeo.

1 de enero: España asume la Presidencia del CUE.

9 de febrero: El Parlamento Europeo aprueba la segunda Comisión Barroso.

1 de julio: Bélgica asume la Presidencia del CUE.

1 de diciembre: Comienza a funcionar el Servicio Europeo de Acción Exterior.

2011, 1 de enero. Estonia adopta el euro como moneda oficial.

22 de enero     . La mayoría de los croatas se pronuncia a favor de la adhesión a la UE en referéndum.

1 de abril Entra en vigor la Iniciativa Ciudadana Europea.

Desde el 1 de abril de 2012 la Iniciativa Ciudadana Europea permite a los ciudadanos europeos proponer legislación directamente a las instituciones europeas siempre que consigan más de un millón de firmas en al menos siete Estados.2

10 de diciembre   La Unión Europea recibe el Premio Nobel de la Paz.   El premio fue otorgado por unanimidad de todos los miembros del jurado, «por su contribución durante seis décadas al avance de la paz y la reconciliación, la democracia, y los derechos

humanos en Europa».

2013

Enero, 1. Irlanda asume la Presidencia semestral rotatoria del Consejo de la UE. Estabilidad, crecimiento y empleo son sus tres grandes prioridades.

1

Entra en vigor el Tratado de Estabilidad, Coordinación y Gobernanza en la Unión Económica y Monetaria (más conocido como Pacto Presupuestario). Su objetivo es reforzar la disciplina presupuestaria en la zona del euro a través de la regla de equilibrio presupuestario y un mecanismo de corrección.

Junio
27-28
Los dirigentes de la UE, reunidos en el Consejo Europeo de Bruselas, aprueban un plan global para combatir el desempleo juvenil. También deciden iniciar con Serbia las negociaciones de adhesión y confirman que Letonia adoptará el euro en 2014.

Julio
1
Croacia se convierte en el país número 28 de la UE, que pasa a tener ahora 24 lenguas oficiales.

El croata Neven Mimica ocupa el puesto de comisario de la Comisión Europea responsable de la política de consumidores.

Lituania asume la Presidencia semestral rotatoria del Consejo de la UE.

Diciembre 19. Por primera vez, el Consejo Europeo celebra un debate exhaustivo sobre la política común de seguridad y defensa, que contribuirá a aumentar la seguridad de los ciudadanos europeos y a mantener la paz y la estabilidad en la UE y en otros lugares del mundo. El Consejo Europeo acuerda también en principio las normas de actuación ante los bancos con dificultades dentro de la futura unión bancaria.

2014, enero 1. Letonia adopta el euro y pasa a ser el decimoctavo país de la eurozona.

Noviembre, 4.

Entra en vigor el Mecanismo Único de Supervisión de los bancos. El Banco Central Europeo asume la función de controlar, junto con las autoridades nacionales, que los bancos de la zona del euro actúen de manera segura y fiable. Forma parte de la denominada «unión bancaria» cuyo fin es prevenir que vuelva a producirse una situación de fragilidad del sistema bancario como la que precipitó la crisis económica en 2008. En esta ocasión, el Banco Central publica una prueba de resistencia con un análisis detallado de la solidez de los 130 bancos más grandes.

2015, enero, 1

Lituania adopta el euro y pasa a ser el decimonoveno país de la eurozona.

2016, junio 2

Los ciudadanos del Reino Unido votan en referéndum a favor de abandonar la Unión Europea (52% - 48%). El artículo 50 del Tratado de la Unión Europea establece los procedimientos que deben seguirse cuando un Estado miembro decide abandonar la Unión Europea. El Reino Unido seguirá siendo Estado miembro de la UE hasta que concluyan las negociaciones sobre las condiciones de su salida.

2017, febrero 15.

El Parlamento Europeo vota a favor del Acuerdo Económico y Comercial Global (AECG) entre la UE y Canadá y concluye así el proceso de ratificación a nivel de la UE de este acuerdo, que entrará en vigor cuando lo ratifiquen también Canadá y los parlamentos de los Estados miembros.

2018, febrero 28

La Comisión Europea publica el proyecto de acuerdo de entre la Unión Europea y el Reino Unido.

2019 enero, 1

Rumanía asume por primera vez la Presidencia semestral rotatoria del Consejo de la Unión Europea.

El euro cumple 20 años. Hoy en día es utilizado por más de 340 millones de ciudadanos en 19 países de la UE y es la segunda moneda más importante del mundo.

La Unión Europea acoge con satisfacción la notificación formal por parte de la República de Macedonia del Norte de su nueva denominación tras la entrada en vigor del acuerdo de Prespa, calificándola de «paso histórico». Macedonia del Norte es a la adhesión a la UE desde diciembre de 2005.

Enero 2021, ocurre la salida de Reino Unido.

# 7 LOS ASPECTOS COMERCIALES

Este apartado es un puente entre la discusión general de las posibilidades de gobernabilidad económica derivada de la globalización y la consideración de los puntos políticos más amplios que siguen a los procesos de integración.

El papel de la Unión Europea en el mundo es central porque está individualizada y al mismo tiempo es uno de los más bloques comerciales, políticos, sociales y culturales desarrollados y con las más complejas estructuras de los grandes bloques comerciales. La evolución de la Unión Europea (UE), su capacidad para la acción común coordinada por sus estados miembros determinará en grado considerable la fortaleza o debilidad del gobierno de la economía mundial.

Como hemos visto, los bloques comerciales representan un nivel intermedio vital entre los mecanismos generales de gobernabilidad institucionalizada para la economía mundial como un todo, tal como la World Trade Organization (WTO-OMC), y las políticas económicas de los estados nacionales.

La terna de la UE, Japón y los países del TLCAN (T-MEC) actualmente dominan la economía mundial, y es probable que deba rendir cuentas de una acción mayoritaria en el mundo que produce el rendimiento monetario y el comercio mundial desde hace mucho. Esta terna podría, por tanto, efectivamente controlar la dirección de la economía mundial si eligiera para actuar en el concierto mundial en forma coordinada. Libremente organizados, los bloques comerciales con mínimos intereses mutuamente compatibles conducirán inevitablemente (todavía vitalmente necesarios) a problemas de gobernabilidad, remendando las instituciones mundiales existentes y comprometiéndose con periódicas medidas de prevención de las crisis.

El gobierno fuerte de la economía mundial impulsaría hacia metas ambiciosas (como el promotor del empleo en los países avanzados y para levantar el rendimiento y los ingresos en el mundo en desarrollo) requiere una política altamente coordinada por parte de los países miembros del trío. Sí ellos abrazan estas metas ambiciosas e idean los mecanismos de gobernabilidad para cumplirlos, entonces ellos podrían imponer una nueva hegemonía tripartita sobre el mundo.

Las condiciones precedentes para tal coordinación son que las tres partes de componente de la terna permanezcan con relaciones ásperas con uno y otro desde la Segunda Guerra Mundial, para encontrar una doctrina común de gobierno, cada bloque debe desarrollar la consistencia interna para lo cual necesita de acciones externas.

De hecho, existe un grado importante de asimetría entre los tres de componentes del tercio. La UE es el proyecto más ambicioso de gobernabilidad económica multinacional en el mundo moderno, pero está todavía un poco lejos de completarse. Aunque el proceso hasta inicio del tercer milenio ha sido exitoso. Este proceso tiene problemas importantes de articulación interna y percepciones diferentes de su futura evolución, lo que restringe actualmente su capacidad para concertar acciones externas.

El problema de la UE está en reconciliar intereses divergentes dentro de sí misma y para radicar el curso de desarrollo de sus instituciones propias.


## EL DESEMPEÑO ECONÓMICO REGIONAL DIVERGENTE

Las dimensiones políticas más amplias de la regulación del nuevo espacio económico único europeo y de la llana política económica y social de Europa - también levanta serias preguntas acerca de ambas necesidades de tales programas comunes y la dificultad de que lo logren dentro de las instituciones existentes. ¿Cómo, por ejemplo, puede tener la Europa un «mercado solitario» a menos que también tenga no solamente las reglas para asegurar libertad de mercado como también los mecanismos efectivos para compensar algunos de los efectos regionales de ese mercado de trabajo? Tal mercado tiene el peligro que ponen las firmas y los mercados capitales más allá del control nacional efectivo, y así les permite imponer costos sociales y para evitar pagar por ellos. La mayoría de los políticos europeos no son felices con este liberalismo económico y suscritos al cristianismo demócrata o a principios democráticos sociales. Ellos apuntan a la medida más alta de liberalización de mercado uniforme con un largo camino de eficiencia social.

Los problemas comienzan en el lugar donde los programas de armonización regional involucran mayor gasto, por ejemplo, sobre normas comunes de protección ambiental o beneficios sociales compatibles. No todas las naciones y regiones pueden afrontar y cumplir con conceptos de emergencia de primera línea en un ambiente saludable, y menos pueden tener una simple labor de mercado, si no hay beneficios sociales, comunes básicos.

Un programa social más ambicioso implicaría una redistribución seria de los ingresos dentro de la UE, para atraer económicamente a Estados y regiones más débiles, con normas más altas sin una asfixiante carga fiscal. El enfoque de la Unión actualmente, por el contrario, es diluir estándares comunes por debajo del mínimo.

Las mismas dificultades sucederán en otras áreas de política: en particular habrá gran resistencia a una política regional en Europa que busque mejorar la eficiencia de las regiones más débiles otorgando inversiones substanciales en infraestructura y abastecimiento crucial, en factores como la educación y la capacitación. Las políticas para promover la revitalización económica son esencial en terrenos políticos estrechos que finalmente benefician demasiado a las regiones más ricas. El éxito generalizado y el crecimiento necesitan mantener una base de demanda efectiva para mantener una extensiva creciente y un sector productivo e industrial avanzado.

La idea de una Europa de «Línea» donde el capital se puede ganar con la explotación de zonas de bajo salario. Es finalmente una derrota. Pues tales zonas también serán de baja demanda a las áreas periféricas limitando así el alcance y competitividad del núcleo de regiones de Primera línea restringiendo el crecimiento de sus mercados. Además, ninguna región europea puede competir en este aspecto con la extensa depresión de la tercera línea que han abierto los países de Europa Oriental.

El camino a la armonización regional y la homogeneización

social tiene sentido a largo plazo y desde la perspectiva de la Unión entera.

El problema es que los Estados y regiones más ricas, como los grupos sociales en un país, no gastaran en la redistribución fiscal y armonización social si pueden evitarlo. Europa necesita desafiar su propia versión de la cultura de satisfacción si es siempre a desarrollar una zona económica totalmente integrada. Si no entonces las diferencias en el desempeño económico real entre el centro y la periferia comenzaran a conducir al desmoronamiento.


## LAS RELACIONES EXTERIORES DE LA UNION EUROPEA

A lo largo de los años, la Unión Europea ha establecido relaciones duraderas con todas las naciones del mundo que anhelan contribuir al equilibrio y la paz mundial.

Siguiendo la dinámica de la integración europea de mercado único, la Unión pretende reforzar su dimensión política mediante un proyecto paralelo de unión, uno de cuyos objetivos es precisamente unificar la política exterior de los estados miembros.

En 1989, el presidente de la comisión Jacques Delors, presentó una innovadora propuesta de relaciones de la Comunidad basaba en la idea de un Espacio Económico Europeo, cuyo objetivo era llegar a un acuerdo global entre la Unión y todos los países de la EFTA que ampliara en lo posible los principios y políticas del mercado único al conjunto del EEE.

Los hechos ocurridos en 1989 en los países de la Europa Central y Oriental cambiaron el mapa político y económico del continente. Entre 1988 y 1990, se negociaron acuerdos de asociación entre la Unión y Hungría, Checoslovaquia, Polonia, Bulgaria, Rumania y la antigua Yugoslavia, acuerdos que se encuentran en una fase de actualización y desarrollo con el último. En los acuerdos europeos se contempla el libre comercio, pero también la cooperación económica y técnica, la ayuda financiera y el establecimiento de un diálogo político.

Al Firmar el Tratado de Roma, en 1957, los socios europeos se olvidaron del Tercer Mundo. Poco a poco las colonias fueron independizándose y, en 1958, se creó un primer Fondo Europeo de Desarrollo (FED) para apoyar a esas Jóvenes naciones. En el transcurso de los años, el grupo de países de África, del Caribe y del Pacífico establecieron relaciones con la Unión que condujeron a la firma de un amplio acuerdo de cooperación Norte Sur, la Convención de Lomé.

Los otros vecinos de la Unión, situados al sur de la cuenca mediterránea, fueron los primeros en entablar relaciones económicas y comerciales especiales con aquélla. Se han firmado acuerdos de asociación con los países del Magreb y del Machi es, esencialmente, para favorecer el acceso de sus productos manufacturados al mercado europeo.

Emeterio Guevara Ramos

# 8 LA UTOPÍA DEL MODELO EUROPEO

Hemos dicho que la construcción europea iniciada después de 1950 se ha traducido por importantes realizaciones, pero la  Europa social no forma parte de sus  prioridades. La preeminencia de las libertades económicas sobre los derechos sociales, asociada a la afirmación del mantenimiento de las competencias nacionales en esta materia, ha hecho que los avances hayan sido modestos. Más aún, el derecho comunitario constituye a menudo una amenaza en lugar de representar una garantía para el progreso de los sistemas sociales existentes.  Si al final de los años ochenta varias disposiciones innovadoras han iniciado una dinámica a favor de esta Europa social, el proceso ha padecido de la llegada al poder de una nueva Comisión en 2004. Este apartado trata de explicar hasta qué punto los obstáculos culturales (poco interés por el aprendizaje de las lenguas de la Unión europea por los ciudadanos, tradiciones políticas diferentes, etc.) perjudican el nacimiento del verdadero sentimiento de pertenencia comunitaria capaz de legitimar una solidaridad transnacional. ¿El bloqueo actual se prolongará o las élites dirigentes se pondrán de acuerdo para reactivar la integración política de Europa y permitirán a las políticas sociales de la Unión superar estas dificultades?

Introducción

La crisis griega (2010) primero y la crisis de 2009 puso de manifiesto las dificultades de construir una solidaridad entre los Estados de la Unión europea. La Europa social como proyecto todavía utópico no se reduce a esta forma de solidaridad, sino que concierne ante todo la posibilidad de una solidaridad entre individuos. En una primera parte, se presentarán la construcción histórica y los fundamentos de la Europa social: al lado del derecho económico que se ha instalado desde las fundaciones del proyecto comunitario y ha tomado un lugar preponderante, lo social ha ocupado un lugar relativamente limitado. La polarización entre la Europa por el derecho (integración negativa) y la concepción de programas comunes a los Estados miembros, creadores de una solidaridad a escala de la Unión europea (integración positiva), viene de ahí. En una segunda parte, se explicará por qué, en comparación con los resultados obtenidos en el ámbito económico y monetario, los éxitos han sido limitados en la esfera social. La razón principal es a menudo infravalorada: las diferencias de cultura política, es decir que las distintas sociedades, con sus excepciones, continúan funcionando para sí mismas, con su lengua, sus fronteras y su solidaridad propia, en el seno de su comunidad política. Los escenarios para un futuro próximo no contemplan ningún cambio radical de esta lenta evolución. Contrariamente a las grandes utopías del posnacionalismo, la construcción europea, en los ámbitos social y cultural, solo puede ser una empresa penosa que deberá enfrentarse a numerosos obstáculos.

1.  Entre marginación y contradicción

> Hoy asumimos un compromiso con un conjunto de 20 principios y derechos. Desde el derecho a salarios justos hasta el derecho a la asistencia sanitaria; desde el aprendizaje permanente, la conciliación de vida privada y profesional y la igualdad de género hasta los ingresos mínimos: con el pilar europeo de derechos sociales, la UE defiende los derechos de sus ciudadanos en un mundo en rápida transformación.
>
> Intervención del presidente Juncker sobre la proclamación del pilar europeo de derechos sociales, 17 de noviembre de 2017

Las realizaciones innegables de la Europa social apenas han

alterado la dominación del carácter nacional de la protección social. No en vano, existe una «capa comunitaria» en varios ámbitos de esta protección (sanidad, pensiones, etc.). El rol de esta capa está determinado por tres principios que han gobernado y gobiernan todavía las etapas de la extensión de la intervención comunitaria. En el último periodo, lo social ha sido especialmente marginado, sobre todo desde 2015. En definitiva, la Europa social es a la vez marginal y contradictoria.

Características de la protección social comunitaria

La protección social comunitaria tiene tres rasgos principales. Por una parte, Europa sigue siendo una construcción económica, incluso si es legítimo defender la idea que la dimensión social se ha instalado progresiva y sustancialmente. Por otra parte, el reparto inicial de las competencias apenas ha evolucionado, ya que lo social depende del nivel nacional, a pesar de la introducción limitada del voto a la mayoría cualificada. Estos dos rasgos señalan la marginación de la Europa comunitaria. El tercer rasgo pone de manifiesto su contradicción, dado que la jerarquía de las normas jurídicas ha sido transformada, puesto que, sobre la base de una serie de decisiones especialmente innovadoras del Tribunal de justicia de las Comunidades europeas (TJCE), el orden jurídico comunitario se ha impuesto, en todos los Estados miembros, a pesar de una resistencia inicial, a las ordenes jurídicas internas. En el ámbito social, así como en los demás, este hecho notable hace que el derecho de las libertades básicas imponga a los otros derechos, entre los cuales se encuentran los derechos sociales, una presión creciente. La contradicción inherente a la Europa social estriba en ese punto que puede esquematizarse de la siguiente manera: solamente los derechos sociales que se fundamentan en la solidaridad escapan a la competencia de la Unión europea que ha sido construida para asegurar la efectividad de las libertades de circulación de los bienes, de los servicios, de las personas y de los capitales, así como la libertad de establecimiento en todos los Estados miembros.

Asimismo, existe una preeminencia de las libertades económicas sobre los derechos sociales y de las competencias nacionales sobre las competencias europeas. Ciertamente, el origen de la integración europea fue implícitamente política y económica, con la búsqueda de la paz en Europa después de las guerras mundiales del siglo XX. Pero, a pesar de que ese objetivo haya sido alcanzado, la necesidad de promover y de aumentar los derechos sociales no figura en el Tratado. Incluso después de la aprobación formal de textos que contienen unos derechos sociales, las libertades económicas y los derechos sociales no son tratados de manera equivalente en el derecho comunitario. Mientras que los primeros constituyen una base jurídica jerárquicamente superior en la Unión, porque deben permitir una competencia óptima y un mejor funcionamiento del mercado común, los derechos sociales solo son tomados en consideración en la medida en que podrían verse afectados por el funcionamiento del mercado y viceversa. Pero su aplicación no constituye, propiamente dicho, una tarea política explicita de la UE. Un segundo principio que se aplica a toda la protección social concierne la preeminencia de las competencias nacionales sobre las comunitarias. En los ámbitos fundamentales de la protección social, los Estados miembros han resistido hasta ahora incluso si unas reglas importantes enmarcan las decisiones nacionales.

Por último, el derecho comunitario y el rol del Tribunal de justicia de la Unión europea se manifiestan, tanto en el ámbito de la protección social como en los demás, a través de la combinación de tres principios jurídicos. Se trata de un principio del efecto directo del derecho comunitario. Le sigue el de la preeminencia del derecho comunitario sobre los derechos internos. Por último, unos principios conciernen las libertades económicas asociadas al principio según el cual la competencia no debe ser obstaculizada. Estos principios, progresivamente solidificados, se imponen al derecho de los Estados miembros, directa o indirectamente, en todos los ámbitos. Es sobre esta base que el Tribunal de justicia impone sus interpretaciones. Ciertamente, estas son susceptibles de ser cuestionadas (Ferrera, 2005: 163), pero exige una decisión del Consejo de ministros, que no es fácil de tomar, como lo muestra la larga lucha a propósito de la libre circulación de los servicios y del tratamiento de los servicios de interés general. La coordinación de las protecciones sociales nacionales ha encontrado una poderosa fuente normativa de principios superiores a través de esta forma de integración negativa.

Evolución histórica de la Europa social

> Los dirigentes de veintisiete Estados miembros subrayaron que es necesario hacer frente con prioridad a la inseguridad económica y social e instaron a crear un futuro económico prometedor para todos, salvaguardar nuestro modo de vida y ofrecer mejores oportunidades a la juventud. Los dirigentes de veintisiete Estados miembros y del Consejo Europeo, el Parlamento Europeo y la Comisión Europea se comprometieron en el Programa de Roma a trabajar en pro de una Europa social. Este compromiso se basa en los principios del crecimiento sostenible y la promoción del progreso económico y social, así como la cohesión y la convergencia, a la vez que se preserva la integridad del mercado interior; una Unión que tenga en cuenta la diversidad de los sistemas nacionales y el papel fundamental de los interlocutores sociales; una Unión que promueva la igualdad entre mujeres y hombres, así como los derechos y la igualdad de oportunidades para todos; una Unión que luche contra el desempleo, la discriminación, la exclusión social  y la pobreza; una Unión en la que los jóvenes reciban la mejor educación y formación, y puedan estudiar y encontrar trabajo en todo el continente; una Unión que conserve nuestro patrimonio cultural y promueva la diversidad cultural. Los interlocutores sociales se han comprometido a seguir contribuyendo a que Europa ofrezca resultados a sus trabajadores y empresas.

Los pilares sociales de la Unión

En cuanto a las grandes etapas de la construcción de la Europa social (Barbier, 2008), puede decirse, esquemáticamente, que sus inicios fueron tímidos, sobre todo hasta 1986. La idea de una armonización de los sistemas fue rápidamente marginada y ninguna financiación significativa fue contemplada a nivel comunitario para las políticas sociales. En 2009 todavía, el presupuesto total de la UE se limitaba al 1por ciento de los PIB agregados, es decir alrededor de 130 mil millones de euros, mientras que el gasto socializado oscila en Europa según los países entre el 30por ciento y más del 50por ciento de los mismos PIB. Desde el inicio, la coordinación de los sistemas de seguridad social para los trabajadores migrantes ha constituido un elemento central que debía extender su influencia más allá de sus objetivos originales. Al final de los años 1970 y durante los años 1980, numerosas disposiciones han sido aprobadas a propósito de la higiene y de la seguridad laboral, de la promoción del diálogo social, del Fondo social europeo (FSE). Es sobre todo al final de los años 1980, bajo la presidencia de Jacques Delors, que se inició su «edad de oro». Al final de este periodo se pone en marcha el instrumento innovador: el método abierto de coordinación (MAC), en la continuidad de la cumbre de Lisboa durante la primavera de 2000. Este método es aplicable en el ámbito de la educación y de la formación profesional, así como en numerosos otras esferas tales como la inclusión social, las pensiones, etc. Básicamente, el MAC consiste en una coordinación no coactiva, sin sanciones, en los ámbitos en los cuales los Estados miembros son exclusivamente competentes. En el ámbito de la lucha contra la exclusión, por ejemplo, los Estados miembros han fijado unos objetivos generales comunes en concertación con la Comisión.

Pero, desde 2005, el proceso iniciado con el Tratado de Ámsterdam (1997) ha sido profundamente modificado y reformado por la nueva Comisión presidida por José Manuel Barroso, en un contexto económico diferente al del inicio de los años 2000. Los MAC han tenido cierta tendencia a rutinizarse. Así, la estrategia europea para el empleo (EEE) utilizada después del Tratado de Ámsterdam e ilustrativa de esta modalidad de coordinación abierta, defendida por la Comisión durante un periodo, ha sido relegada a un segundo plano. De todos modos, el ejercicio de la coordinación, si ha modificado notablemente las cooperaciones, los intercambios de ideas y la fijación de las agendas, jamás ha cuestionado sustancialmente las competencias nacionales o regionales. En el momento en que se trata de manifestar el interés comunitario por las consecuencias sociales de la crisis, la Comisión carece de modalidades de acción. El Fondo de ajuste a pla globalización (FAG), creado en 2007, solo está dotado de 500 M de euros. En junio de 2010 solo había servido para la reconversión de 68,000 trabajadores, lo que es marginal a escala europea. La movilización más activa de la financiación de la FSE, anunciada en junio de 2010 (19 mil millones de euros), tampoco modifica fundamentalmente esta situación.

## 2. Diversidad cultural y política social

La cuestión europea, social y educativa a la vez, está vinculada a la del intercambio cultural y del aprendizaje de las lenguas por los ciudadanos europeos. Sin su profundización, la legitimación del proyecto europeo seguirá siendo problemática en el futuro, especialmente en el ámbito social. No en vano, si estas declaraciones simbólicas existen desde hace cierto tiempo, el balance es mitigado. Los avances han sido lentos y se han polarizado en torno al aprendizaje del inglés. El programa Erasmus es simbólico de esta situación. Durante su 20 aniversario, más de un millón y medio de estudiantes habían participado en este programa, lo que representa menos del 2 por ciento de los flujos potenciales. Al final de los años ochenta, la Comisión tenía unos objetivos mucho más elevados, de alrededor del 10 por ciento. Como en el ámbito de los demás MAC, la coordinación en educación se sitúa a un nivel de generalidad relativamente grande. Sus orientaciones están impregnadas por consideraciones económicas, incluso si las dimensiones culturales y políticas, individuales y colectivas, son recordadas en los textos comunitarios.

En la estrategia de Lisboa, la integración se vincula al servicio de una economía del conocimiento. Como en el caso de la EEE y de los demás MAC sociales, los textos generales producidos por la Comisión evitan cuidadosamente abordar unas cuestiones explícitamente normativas: su competencia consiste en dedicarse a establecer un consenso discursivo aparentemente despolitizado. Solamente en los ámbitos de la igualdad y de la lucha contra las discriminaciones el derecho europeo genera unos derechos sociales adicionales para los trabajadores.

Esta lógica predominante ha conducido a que los servicios sociales de interés general estén situados en el marco de la competencia. Inicialmente, lo que se denominaba «servicio de interés económico general» estaba muy lejos de los servicios sociales que las instituciones y asociaciones ofrecen, pero, desde entonces, esta categoría se ha extendido. La directiva Bolkestein, presentada en

2004, ha sido modificada posteriormente como consecuencia de la oposición política manifestada en varios países europeos. Pero, el tema no está resuelto, dado que el carácter nacional singular es igualmente manifiesto en la manera según la cual los países abordan esta cuestión. Esta sensibilidad está vinculada a las concepciones muy diferentes de lo que son unos servicios para el interés general y el bien público. La dificultad de entenderse entre europeos es una buena ilustración de que los retos culturales y las culturas políticas son fundamentales para la construcción europea. Este ejemplo ilustra el impacto de la diversidad político-cultural en Europa, que puede analizarse desde diferentes puntos de vista, pero cuyos conceptos básicos son la nación y la lengua.

En realidad, la protección social se fundamenta, en todas las sociedades democráticas europeas, en unas condiciones sociales de legitimidad y de solidaridad. Los vectores privilegiados de acceso a la protección social, así como los de la participación a su construcción son la ciudadanía y la identidad/identificación de los individuos. El conjunto se fundamenta en unas instituciones formales y en unos arreglos prácticos que están profundamente marcados por su anclaje nacional. Estas dos dimensiones de la protección social determinan su concepción, su puesta en marcha y su legitimación, que solo pueden tener lugar, actualmente, a nivel nacional. Se trata de coacciones empíricas, comunes a todos los Estados, que ni la filosofía ni el voluntarismo políticos pueden superar, sea cual sea su pertinencia y determinación.

La solidaridad (profesional, familiar, territorial, etc.) no se despliega únicamente en el marco nacional, pero esta última ocupa un lugar esencial en todos los países desarrollados, porque la protección social está empíricamente vinculada al sentimiento de pertenencia a una comunidad. Los análisis sociológicos convergen para demostrar que la legitimidad de la protección social supone la sensación que la redistribución y la concesión de prestaciones y servicios son legítimas y justas, así como la sensación según la cual estas últimas obedecen a una reciprocidad generalizada. Los mecanismos variables de apoyo al Estado de bienestar se fundamentan en la valoración del mérito de las categorías que reciben las prestaciones y en su reciprocidad percibida. La discusión política pública permite resaltar estas valoraciones, que suponen un espacio público que solo existe todavía a nivel de la comunidad nacional.

Estos hechos no son contradictorios con la constatación paralela que la autarquía o el monopolio de los sistemas nacionales han retrocedido considerablemente. En ciertos sectores de la protección social, especialmente en la sanidad y las pensiones, la parte de los seguros obligatorios tiene cierta tendencia a retroceder al provecho de regímenes privados, que no están limitados por las fronteras nacionales. Simultáneamente, una parte regional de la protección social aparece. Sobre todo, el derecho comunitario extiende su influencia a todos los países de la UE y el Tribunal de justicia incrementa su intervención, dado que su jurisprudencia se aplica en todos los países miembros, como lo han mostrado una serie de resoluciones que han generado unos debates considerables, en cuanto a su legitimidad, en varios países de la UE. La Europa social por el derecho aparece más como una amenaza de los sistemas nacionales que como un vector de mejora de la solidaridad europea.

## Conclusión

¿Qué futuro depara la Europa social? Según un primer guion, el problema de diferencia de apoyo social entre los países de la UE continuará durante cierto tiempo. Los intereses divergentes y concurrentes, acentuados por las consecuencias de las fuertes desigualdades de niveles de vida tendrán una gran incidencia. En este caso, entraremos en un periodo de estancamiento social reforzada por el despliegue de la crisis económica. No en vano, este guion se enfrenta a ciertas contradicciones que han sido ilustradas por el caso griego. En efecto, el guion ha sido afectado por la crisis de confianza en la economía política de Grecia, y los Estados miembros de la UE se han visto obligados a poner en marcha una solidaridad mínima. No obstante, la crisis ha revelado las profundas reticencias, a la vez de las élites políticas y de los pueblos, a la hora de invertir en una solidaridad extendida.

Este episodio es una ilustración adicional del hecho que un guion en el cual la solidaridad europea estaría completamente ausente es poco creíble. Pero, numerosas incertidumbres deben ser tomadas en consideración a propósito del futuro de la Europa social.

En primer lugar, económicas en lo que alude al nivel óptimo en el cual debe situarse la solidaridad entre los individuos para su protección social.

En segundo lugar, unas incertidumbres jurídicas, cuyo principal actor es el Tribunal de justicia. Además, los actores sociales de varios países pueden apoyarse en las dificultades sociales que aparecerán en los próximos meses para reforzar su argumentación a favor de una solidaridad y puesta en común creciente a nivel comunitario. ¿La crisis económica no será el momento ideal para cuestionar la gestión nacional de sus consecuencias en materia de desempleo, de pobreza, etc.? También puede considerarse que la integración negativa corre el riesgo de amenazar más directamente los equilibrios políticos nacionales anteriores.

Por último, es difícil contemplar las posibilidades de un segundo guion y, sobre todo, el momento en el cual sus condiciones podrían aparecer. Esto supondría que las élites dirigentes considerasen que las contradicciones precedentes solo pueden ser resueltas reactivando la integración política, la cual no puede contemplarse sin una mayor coordinación de los sistemas de protección social. Ciertos juristas imaginan que el Tribunal de justicia, incluso sin Constitución, incrementará su rol constitucional. La incertidumbre es igualmente política, a nivel de los electorados y de las decisiones de los gobiernos, especialmente a propósito de la continuación de la ampliación. Todas estas incertidumbres conducen a prever que, a largo plazo, el guion del estatus *quo* será inasumible. Se abre entonces la posibilidad de la reanudación gradual de las innovaciones sociales a nivel comunitario. La apertura de las posibilidades resulta de la indeterminación de la política. En un segundo guion, los actores que luchan para una mayor integración política retomarían la iniciativa, y el avance incremental de las políticas sociales de nivel comunitario retomarían su camino. De todos modos, estaremos lejos de la utopía de una solidaridad transeuropea generalizada.

# 9 LA DIMENSIÓN POLÍTICA Y SOCIAL

En este futuro a medio plazo, cuyo pistoletazo de salida lo marcaron las elecciones europeas de mayo de 2019 y cuyos resultados son mixtos en cuanto al respaldo a los gobiernos nacionales por parte de los votantes, hubo un incremento en el éxito de la derecha en varios países. Se tendrá que trabajar por y para la Unión Europea, pero con una población, que, aunque varía en su opinión de un país a otro, lo cierto es que se muestra descontenta, a grandes rasgos, con la gestión de la Gran Recesión.

En gran medida, los desafíos en materia social y de empleo que enfrenta Europa son consecuencia de un crecimiento relativamente modesto, que está basado en el potencial no aprovechado en términos de participación en el empleo y la productividad. Una crisis económica que ha derivado en una depresión también de la confianza de los ciudadanos en lo que Europa les puede ofrecer, con alrededor del 31% de los europeos que siguen confiando en la UE, aunque hay que señalar también que en países como Bulgaria o Estonia esta confianza alcanza el 50%. En las últimas elecciones, el auge de partidos llamados euroescépticos, así como de otros de matiz populista, u otros que simplemente fusionaban ambas estrategias políticas, es atribuido, en buena parte, a este recelo ciudadano hacia las instituciones. Un mayor apoyo que se ha traducido en una mayor representación en el Parlamento Europeo de estas formaciones y que sin duda marcará la agenda del próximo lustro; los partidos tradicionales seguirán en el Parlamento, pero tendrán que convivir con otras opciones políticas.

Una nueva Comisión Europea y su presidente han sido elegidos, también un nuevo presidente del Consejo Europeo y una nueva Alta Representante para Asuntos Exteriores y de Seguridad. Un trío de ases que conformarán la cara visible de esta nueva etapa. La consecución de una mayor unión política será uno de los grandes desafíos a los que se enfrente esta nueva estructura. Dos corrientes se presentan a la hora de plantear esta mayor colaboración entre Estados. Por una parte, aquellos que defienden un refuerzo del Parlamento Europeo, estableciendo unas relaciones mucho más estrechas con los parlamentos nacionales; todo esto se conseguiría, dicen aquellos que apoyan esta opción, con unos partidos y programas políticos paneuropeos, creando un bicameralismo real junto con una Comisión Europea dotada de mayor efectividad a través de un presidente con más poder respecto a los Comisarios. Un control democrático de las instituciones, a la vez que se tiende hacia una idea federal mientras que el Consejo Europeo se ve limitado en sus poderes.

Por otra parte, están los que prefieren una Europa menos fuerte y con una mayor soberanía nacional frente a las decisiones de Bruselas. Un límite al poder entre dirigentes nacionales que irá cambiando sus protagonistas a medida que haya elecciones nacionales y los votantes decidan premiar a unos o castigar a otros. Ante esta nueva situación, Europa y sus ciudadanos se encuentran expectantes, con el ánimo puesto en saber cómo, cuándo y cuánto va a costar salir de una Recesión escrita con mayúscula. Son tiempos de preguntarse sobre esta gestión y por ello se ha profundizado en exigir más transparencia que ayude a la Unión para dotarse de una mayor legitimidad democrática. En esta búsqueda, también hay que involucrar a los actores no institucionales que participan en la construcción europea como son los lobbies, ONG, empresas o asociaciones ciudadanas, que deben rendir cuentas como prueba de que efectivamente todos los elementos sociales son parte de la evolución del proyecto europeo.

La idea de integrar a otros Estados en la aspiración europea de conseguir una región pacificada y próspera pasa por una mayor integración y armonización con los países del entorno son los miembros que forman el grupo, siendo Croacia el último en llegar.

Después de la gran ampliación de 2004 hacia el Este y la suma de Bulgaria y Rumanía en 2007, es precisamente la zona de Balcanes Occidentales a la que parece que le toca el turno, o al menos así era antes de las dificultades económicas actuales. Lo cierto es que varios países están en lista de espera, confiando en que la situación mejore, tanto dentro como fuera de sus fronteras, deseando que alguna vez éstas dejen de existir, por lo menos de forma interna. Aunque no es menos cierto que uno de los fantasmas que recorre la Unión es las «dos velocidades». Y puede que así sea mientras se debate sobre la decisión de adhesión de países que no parecen estar todavía preparados cuando los propios Estados miembros de facto pasan por graves y serias dificultades. Si esto es así, si se ralentiza la consecución del proyecto europeo en todas sus dimensiones, si se cae en las dos o tres velocidades es algo que se verá en el futuro que le espera a la Europa de los años 2019-24

> «Europa no se hará de una vez ni en una obra de conjunto: se hará gracias a realizaciones concretas, que creen en primer lugar una solidaridad de hecho».
>
> Robert Schuman, ministro de Asuntos Exteriores francés
> París, declaración del 9 de mayo de 1950

## LA AMBICIÓN GLOBAL

Pero ¿hacia dónde va la acción exterior de la Unión? ¿Quo vadis, diplomacia europea? Responder a esta pregunta no es tarea fácil. Principalmente porque las relaciones exteriores de la Unión todavía están despegando en algunos campos, en otros no lo han hecho como se esperaba. El mayor obstáculo es que a esta necesidad de acción conjunta se unen los servicios diplomáticos de los Estados miembros. Y éste es el quid de la cuestión. Todo parece indicar que la próxima Alta Representante se va a encontrar con el mismo obstáculo que su predecesora: no hay una acción común sino 27 distintas actuando a veces por los mismos intereses, a veces por intereses manifiestamente contrarios. Desconfianza, multilateralismo, relaciones bilaterales tradicionales, un bloque unido… muchas reformas y grandes dilemas a los que tendrá que hacer frente.

De esta manera el papel de la Unión y sus miembros en foros como la ONU, la OSCE o la OTAN tendrá que ser revisado en estos años venideros en el intento de conseguir un desarrollo real de la acción exterior europea. No es que no la haya, pero por ahora resulta insuficiente para hacer frente al nuevo orden mundial con sus complejidades y sus desafíos. La Unión Europea se encuentra en la necesidad de seguir siendo un actor esencial y fuerte en el plano global para que de esta manera pueda defender sus intereses tanto en su esfera de influencia como en los nuevos socios.

Estos últimos, los nuevos amigos de la Unión Europea engrosarán la lista de viejos compañeros de fatigas: Rusia, Estados Unidos, China, India, Brasil, Corea del Sur o Suráfrica son algunos de los nombres. Las relaciones con algunos de ellos se desarrollan en el ámbito del comercio y del intercambio cultural. Las relaciones con otros no pasan por sus mejores momentos, lo que seguirá marcando el ritmo al que bailan las relaciones exteriores europeas, al menos, en el medio plazo.

Las delicadas relaciones por las que ahora atraviesa la Unión con Rusia y Estados Unidos son buena prueba de ello. Ucrania como excusa, las materias primas y las fuentes de energía como muestra de que todavía éstas rigen la vida de los europeos. Pero no solo hay que poner la mirada en el Este. También en regiones muy inestables como Oriente Medio o el Sahel, el mundo árabe y el Magreb en la etapa posterior a las primaveras árabes. Desafíos tremendos como el terrorismo yihadista y las guerras civiles no son parte del pasado, sino que siguen muy presentes y serán, en el futuro, problemas a los que tendrá que hacer frente la Unión en su vecindad más próxima.

Todo este panorama crea a su vez una problemática superlativa y urgente: el asilo de refugiados, la llegada de personas que huyen de la guerra y la miseria, la trata de seres humanos, la inmigración descontrolada. La Unión deberá, como parte de su política exterior, dar una respuesta a tragedias, dramas y situaciones personales de aquellos que ven a Europa como el lugar donde su huida termina. Hay que añadir que, en su mayoría, los inmigrantes que llegan a la UE lo hacen por motivos económicos y se estima que, solo en 2012, un 1,700.000 personas llegaron a alguno de los Estados miembros. Más de 7 millones llegaron en los últimos 5 años debido a la crisis de Siria y algunos países africanos.

La idea de crear un Ejército europeo no es algo nuevo, pero ahora se busca reinventar la defensa común tras la Estrategia Europea de Seguridad de 2003 y tras el Tratado ciberdelincuencia. Nuevas maneras de relacionarse que marcarán, probablemente, el desarrollo de la acción exterior de la Unión en los años venideros.

«La crisis solo habrá acabado cuando nuestros hijos dejen de estar en riesgo de convertirse en una generación perdida y en lugar de eso puedan mirar hacia un futuro prometedor».

Martin Schulz, presidente del Parlamento Europeo
Bruselas, 9 de septiembre de 2014


## UNA SOCIEDAD CAMBIANTE

Un gigante poblacional. Las cifras de la UE así lo demuestran: 510 millones de habitantes en 2020, cifra que llegará a su pico en 2040 alcanzando su propio récord de 536 millones.

Pero tras ilustrar con estas impresionantes cifras, se asoma una realidad, patente ya desde hace unos años: Europa se está volviendo cada vez más anciana. De vuelta a los números, para 2040 alrededor del 25% de la población tendrá más de 65 años. Reportará esto un gasto mayor en las pensiones, un nuevo reto para el Estado del bienestar en tiempos de la Gran Recesión se esté saliendo de ella o no.

La otra cara de este cambio de tendencia en la demografía es que la esperanza de vida de los europeos aumentará de forma notable en 2060: para los hombres será de 84 años y para las mujeres, 89. También la tasa de fertilidad subirá, ligeramente, aunque será (todavía) una de las más bajas del planeta, lo que hace que volvamos al problema inicial: el envejecimiento de la población. Un bucle desafiante para el devenir de Europa. Hay que subrayar que tampoco se podrán olvidar las cuestiones relacionadas con el género, pues el peso del sector femenino tendrá cada vez más relevancia.

A este incremento de la población y reestructuración social se unirá el intentar buscar un equilibrio entre el desarrollo de las zonas rurales y el de las zonas urbanas. La tendencia de concentración de la población en estas últimas se consolidará y por ello se ve prioritario la realización de políticas centradas en intentar crear ciudades sostenibles, habitables e inclusivas, estableciendo el objetivo de que sean urbes en la que la calidad de vida para el ciudadano tenga los estándares adecuados. Pero en este empeño no se podrán olvidar las áreas rurales, pilar decisivo en el desarrollo de las regiones y, como consecuencia, de los Estados miembros. La competitividad e innovación en los métodos agrícolas, la falta de población, las oportunidades laborales para los jóvenes, la existencia de infraestructuras del Estado del bienestar para todos, el no al olvido también se tiene presente en estas zonas.

Los flujos migratorios desempeñarán una pieza importante en esta creación de Europa, como ya lo ha venido siendo hasta ahora. Al multiculturalismo interno, señal de identidad por la propia naturaleza europea, se añade también el externo, aquel que revierte por el flujo de llegadas de nuevos ciudadanos procedentes de regiones diversas. Pero este hecho multicultural añadirá dos vertientes: por un lado, la riqueza que otorga la diversidad, por otro el desafío de la integración social. Todo ello dentro de la vigilancia de los derechos fundamentales que persigue la Unión. Unos derechos iguales para personas de distinto género, distintas razas, religiones, capacidades, opciones personales. El reto social será el de la integración y la diversidad, el de la unión y la no división.

El empleo será parte de la búsqueda de una Europa que sea real para todos, como tarde, en 2025. La búsqueda de recetas para luchar contra una de las lacras que hace que se tropiece en la recuperación económica se mostrará fundamental para un desarrollo social en el que nadie se debe quedar atrás. Las nubes de la desigualdad planean sobre los europeos, en algunos casos son ya realidades diarias, con un 17% de la población europea en 2019 en riesgo de pobreza. Por ello, los temas de desempleo, inversión en I+D, el eliminar las cada vez mayores diferencias entre los Estados miembros, la consecución de un Estado del bienestar que puede que no se reproduzca en los mismos niveles de los que se disfrutaba con anterioridad, pero que es parte y seña de la identidad europea.

Y en esta lucha de gigantes no se puede olvidar lo esencial que es la educación, en especial, aquella llamada superior o universitaria. Seguirá siendo importante una mayor dedicación de los europeos a estos estudios pues las sociedades más formadas en este respecto son sociedades que emprenden el camino del avance y la innovación. El proceso de Bolonia, aquel que nos ha traído la armonización de los estudios universitarios, ha sido un paso adelante y todavía está en construcción. Como lo sigue siendo el programa Erasmus que, hoy, es el mejor programa de creación de una Europa unida, la mejor prueba de que la inversión en los jóvenes asegura un futuro para cualquier proyecto.

El futuro de Europa no existirá sin juventud, sin niños, pero tampoco sin el cuidado de los mayores, sin la protección de la diversidad, sin la cultura multipolar. Europa tendrá que invertir en las personas, en los ciudadanos y en sus sociedades. La identidad europea se creará a base del intercambio y del conocimiento. Y eso es la Europa del futuro por la que se tendrá que velar y en la que se tendrá que invertir.

«Nosotros no coligamos Estados, nosotros unimos a las personas»

El reto democrático europeo

La Unión debe afrontar simultáneamente un doble reto, uno dentro y otro fuera de sus fronteras. Dentro de la Unión, es preciso aproximar las Instituciones europeas al ciudadano. Sin duda alguna, los ciudadanos siguen respaldando los grandes objetivos de la Unión, pero no siempre perciben la relación entre dichos objetivos y la actuación cotidiana de la Unión. Desean unas Instituciones europeas menos lentas y rígidas y, sobre todo, más eficientes y transparentes. Muchos piensan también que la Unión debería prestar mayor atención a sus preocupaciones concretas en lugar de intervenir en los más mínimos detalles en asuntos que, por su propia naturaleza, sería mejor poner en manos de los representantes electos de los Estados miembros y de las regiones. Algunos sienten incluso esta situación como una amenaza a su identidad. Pero, lo que es quizás aún más importante: los ciudadanos consideran que las cosas se hacen demasiado a menudo a sus espaldas y desean un mayor control democrático.

# ESTRATEGIAS DE COSMOPOLITIZACIÓN DE EUROPA

El hecho de que Europa deba su origen al poder de las consecuencias indirectas, el hecho de que sea el producto no intencional de la modernización reflexiva de las sociedades nacionales europeas no significa que haya sido, y que no pueda seguir siendo, objeto de la acción estratégica. Al contrario, al igual que la globalización (véase Beck, 2002), la europeización también debe entenderse como una estrategia de poder, como un metajuego de poder en el que incluso las reglas del ejercicio del poder del Estado —su estructura institucional, su radio de acción, las posibilidades y las condiciones de su legitimación democrática— se formulan de nuevo. Europa», no sólo la UE, sino el conjunto de los complejos espacios de poder nacional, interestatal y supranacional ha de analizarse en este sentido como el producto (no intencional) de las estrategias rivales con las que se ha intentado hacer el experimento europeo al menos en los últimos cincuenta años. Nosotros llamamos «cosmopolitismo deformado al resultado provisional de este metajuego de poder. Esto significa, por una parte, que hasta la fecha no se ha logrado dar marcha atrás a una cosmopolitización de Europa anclada en las instituciones; pero también significa, por otra parte, que el cosmopolitismo sólo ha podido realizarse imperfectamente. Así, la cosmopolitización de Europa tiende intrínsecamente a corregir las deformaciones de la Europa cosmopolita, a redefinir y reformar Europa.

El metajuego de poder de la europeización puede  analizarse desde dos puntos de vista. Cuando hablamos del metajuego de poder europeo, no nos referimos ni a la europeización horizontal de las sociedades nacionales ni a la europeización de países no europeos, sino a la europeización de Europa. En lo que sigue analizaremos el metajuego de poder europeo en cinco pasos. Esbozaremos en primer lugar, la lógica del metajuego de poder europeo y sus aspectos conflictivos; en segundo lugar, analizaremos las estrategias que han prevalecido hasta el momento en este juego de poder; en tercer lugar, expondremos las deformaciones que este metajuego de poder ha introducido en el proyecto europeo; en cuarto lugar, definiremos el punto de partida de la realización de Europa como proyecto cosmopolitas y en  quinto y último lugar, preguntaremos: ¿qué hace que estas estrategias de cosmopolitización sean realistas?

## 1.   Cosmopolitización de Europa como metajuego de poder

¿Qué significa «metajuego de poder»? ¿Acaso la política no gira siempre en torno al poder? ¿Acaso la acción política no es una acción racional estratégica cuyo único objetivo es obtener, conservar y aumentar el poder? Para comprender la especificidad de la europeización en tanto que metajuego de poder, hemos de distinguir dos tipos de juegos de poder: los juegos de poder que establecen y transforman reglas por un par te, y los juegos de poder que aplican reglas por otra. En el primer caso, lo que está en juego son las reglas de la política en sí mismas, en el segundo caso se persiguen fines particulares en el marco de las reglas de juego existentes. Nosotros denominamos «metajuego de poder» al primer caso, al establecimiento y la transformación de las reglas de juego de la política.

Si aplicamos esta distinción a la política nacional y europea, llama la atención la siguiente asimetría: mientras que la política nacional es fundamentalmente una política de aplicación de reglas que respeta un marco constitucional ya establecido, en la política europea se produce una constante imbricación de políticas que establecen, aplican y transforman reglas. La europeización ha creado un nuevo juego de poder que ha dejado sin sus reglas y sus conceptos básicos, sin fundamento, a los juegos de poder nacionales, aunque algunos actores políticos siguen jugando a estos juegos. Dicho brevemente: los constantes conflictos que la europeización ha avivado y que al mismo tiempo ha de zanjar, son políticamente relevantes precisamente porque los actores políticos no pueden menos de jugar a un juego nuevo. Así, europeización en tanto que metajuego de poder significa cuatro cosas:

Significa, primero que el viejo juego, independientemente del nombre que se le dé «realpolitik nacional», «capitalismo nacional», «Estado social nacional»), ya no puede jugarse con éxito. La europeización de las sociedades nacionales transforma radicalmente el juego de poder de la política, aquí ya no hay marcha atrás. Incluso las estrategias de renacionalización han de jugarse en el contexto europeo y entenderse como parte del metajuego de poder europeo, no siendo más que una reacción a una europeización efectiva y exitosa, en el sentido de una «transformación revolucionaria».

«Europeización» significa, en segundo término, que ni las viejas reglas e instituciones básicas del orden nacional ni las nuevas reglas e instituciones básicas de la Europa cosmopolita están establecidas definitivamente. En el transcurso del metajuego de poder de la europeización todo se rompe, se redefine y se restablece. Así pues, la europeización ha de descifrarse como experimento real, como núcleo del constructivismo político, como «doing Europe», y concretamente como conflictos retóricos y políticos que transforman la realidad.

En esta medida, los metajuegos de poder son un metajuego de construcción: las reglas del constructivismo político se reescriben. Esto hace, por una parte, que este metajuego de poder esté siempre abierto, por lo que puede ser disciplinado a través de constituciones y tratados europeos, pero nunca parado; por otra parte, esto implica que los objetivos de este proceso y sus posibles alternativas son tan inciertos como su resultado.

El metajuego de poder europeo se caracteriza, en tercer lugar, por excluir la opción militar. La amenaza de la fuerza y sobre todo su uso en el centro del Imperio europeo, se ha hecho impensable. Esta pacificación interna del espacio político europeo queda garantizada, como hemos mostrado, convirtiendo la violencia en tabú.

Ciertamente, el monopolio de la violencia lo conservan los Estados miembros, pero éstos se atan las manos los unos a los otros; idéntico efecto tiene su pertenencia a la misma organización militar, la OTAN.

Europeización como metajuego de poder significa, en cuarto lugar, que las posibilidades de acción ele los actores políticos -los Estados nacionales, los «emprendedores» cosmopolitas de Europa (Comisión Europea y Tribunal Europeo de Justicia), el capital, los sindicatos, los movimientos ciudadanos, pero también jugadores externos como Estados Unidos - dependen fundamentalmente de la posición que adopten y de cómo se definan a sí mismos en el metajuego de poder europeo. Subrayemos: europeización» significa que todos los actores han de rediseñar el espacio, el radio, los objetivos y las estrategias de su acción. El Estado de orden bipolar de la Guerra Fría han dejado de ser determinantes en este sentido, pero Europa tampoco goza (todavía) de la posición de la que en el pasado gozó el Estado nacional. En el nuevo metajuego de poder de la legislación europea, la actuación y las decisiones de pueden obedecer a las estrategias más dispares. Ni sus posiciones ni sus jugadas están determinadas de antemano. Antes bien, la metateoría del poder parte de una premisa constructivista: las posibilidades de acción de los jugadores dependen esencialmente de cómo se definan a sí mismos, sólo un cambio de punto de vista y de orientación y la asunción de categorías cosmopolitas pueden hacer que los actores valoren correctamente sus posibilidades en el metajuego de poder de la europeizados.

Este metajuego de poder no es un simple epifenómeno de las últimas revisiones de los tratados y de la Constitución; el proceso de integración europea y sus condiciones siempre formaron parte y fueron el resultado de este metajuego de poder.

Con las primeras transferencias de competencias nacionales a instituciones supranacionales a principios de la década de 1950, el espacio de poder europeo empezó ya a definirse de una forma nueva. Más aún, como el proceso de integración europea fue desde el comienzo un «proyecto abierto», fue al mismo tiempo un permanente metajuego de poder en el que la cuestión del poder se plantea constantemente, abierta o encubiertamente. Esto no sólo se puso de manifiesto en las negociaciones de los tratados y en las cumbres de jefes de Estado y de Gobierno europeos, este metajuego de poder también se jugó y se juega cada al tomar una decisión política concreta. La política europea presenta siempre una estructura conflictiva sumamente compleja (Grande, 1995), pues en ella se entrelazan tres formas de conflicto inseparables: a) conflictos institucionales, b) conflictos ideológico-culturales y c) conflictos materiales.

A. En el metajuego de poder europeo ocupan un lugar central los conflictos institucionales en torno al reparto de competencias entre la Comunidad y sus Estados miembros, por una parte, y entre las instituciones supranacionales (especialmente entre la Comisión y el Parlamento) por otra. ¿En qué plano se ejercen más eficazmente las atribuciones? ¿Qué tareas debe asumir la Unión? Y a la inversa: ¿qué tareas es preferible dejar en manos de los Estados miembros? Esto es sólo una pequeña muestra del extenso listado de preguntas que el Consejo Europeo de Laeken del año 2001 pasó a la Convención solicitándole una respuesta, y estas cuestiones no son nuevas, sino temas recurrentes de la política europea. Esto también es aplicable a las competencias de las instituciones supra nacionales: ¿cómo puede reforzarse la autoridad y la eficacia de la Comisión Europea? ¿Cómo puede simplificarse el procedimiento de decisión conjunta entre el Consejo y el Parlamento Europeo?

B. Las respuestas a estas preguntas, discutidas desde hace años, parecen ser muy técnicas. Lo mismo cabe decir de las deliberaciones de la Convención que elaboró el proyecto de Constitución europea. Pero las apariencias engañan; incluso detrás de las propuestas aparentemente más inocentes está el metajuego de poder europeo.

Pero, en verdad, existe un constante tira y afloja: los unos quieren avanzar rápidamente hacia una Unión Europea en la que el Parlamento y la Comisión sean los órganos comunitarios que marquen el paso. Los otros defienden la posición de los Estados nacionales. Entre estos últimos, algunos desean parar los pies a la Comisión, mientras que otros quieren que los gobiernos sirvan a Europa con más eficacia. Aquí son casi más importantes los métodos de trabajo que la composición de las entidades: ¿hay que decidir por mayoría o en el futuro un Estado también podrá hacer uso de su derecho de veto para bloquear decisiones importantes?

C. El segundo gran grupo de conflictos que determina la dinámica calidad europea lo constituyen las divergencias ideológico-culturales sobre los proyectos de futuro, y por lo tanto sobre la concepción del pasado ¿en qué Europa queremos vivir? ¿Quién es el «nosotros» que aquí se expresa, y a quién se contrapone? Europa no fue nunca una armoniosa comunidad de valores, el proceso de integración europea estuvo marcado desde el comienzo por el conflicto. Mencionaremos tres de estos conflictos normativos: en primer lugar, entre los países europeos existieron y existen profundas diferencias en lo que se refiere al papel del Estado en la en la sociedad.

Los tres grandes países de la UE representaron durante mucho tiempo modelos de capitalismo muy distintos: el «estatismo francés, el «neoliberalismo» británico y el «corporativismo alemán, a los que también correspondieron distintas formas de intervención estatal y distintas demandas de prestaciones por parte de los ciudadanos. Como consecuencia de ello, en Europa las políticas neoliberales y las intervencionistas han estado y están en continuo conflicto.

Pero ¿quiénes son los actores que juegan este complejo metajuego de poder? ¿Y de qué jugadas, de qué estrategias disponen? En lo esencial, los actores que han dominado el juego en los últimos cincuenta años sor tres: a) los Estados, en relación con los cuales hemos de señalar que en este juego no sólo participan los Estados miembros de la Comunidad. b) la economía, y c) las instituciones supranacionales (en especial la Comisión Europea, el Tribunal Europeo de Justicia y el Parlamento Europeo). Esta constelación de actores presenta dos características que distingue claramente el metajuego de poder de la europeización del de la globalización (Beck, 2002): por una parte, en el metajuego de poder europeo desempeñan un papel importante las instituciones supranacionales. Contra lo que creen el neorrealismo y el intergubernamentalismo liberal en teoría de las relaciones internacionales, estas instituciones no se limitan a recibir y a ejecutar las decisiones de los Estados miembros, ¿sino que son actores autónomos con sus propios intereses, objetivos y posibilidades de acción? Por otra parte, los actores y los movimientos sociales y la sociedad civil tuvieron durante mucho tiempo un papel muy poco levante en el metajuego de poder europeo.

Cabe formular a este respecto cuatro series de preguntas.

La primera serie se refiere a la simplificación de los actuales tratados sin cambiar su contenido. ¿Hay que revisar la distinción entre la Unión y las Comunidades? ¿Qué hacer con la división en tres pilares?

Es preciso reflexionar a continuación sobre una posible reorganización de los tratados. ¿Debe hacerse una distinción entre un tratado básico y las demás disposiciones de los tratados? ¿Debe concretarse esta distinción mediante una separación de los textos? ¿Puede esto conducir a hacer una distinción entre los procedimientos de modificación y de ratificación del tratado básico y de las demás disposiciones de los tratados? Hay que preguntarse además si la Carta de Derechos Fundamentales debe integrarse en el tratado básico y plantearse la cuestión de la adhesión de la Comunidad Europea al Convenio Europeo para la protección de los derechos humanos.

Por último, se plantea la cuestión de si esta simplificación y reorganización no deberían conducir a plazo a la adopción de un texto constitucional. ¿Cuáles deberían ser los elementos básicos de esa Constitución, los valores que la Unión profesa, los derechos fundamentales y los deberes de los ciudadanos, o las relaciones de los Estados miembros dentro de la Unión?

154

# 10 EVALUACIÓN DEL MODELO SOCIAL

Se recuerda el siglo XIX como el de Gran Bretaña. Era el poder económico dominante. Se recordará el siglo XX como el de Estados Unidos. Era, y es, el poder económico dominante. Del mismo modo que la caída del muro de Berlín en noviembre de 1989 marcó el final de la vieja confrontación entre capitalismo y comunismo, la integración del Mercado Común Europeo el 1 de enero de 1993 significará el comienzo de una nueva competición en un nuevo siglo al comienzo del Tercer Milenio.

LESTER THUROW

Quizá el aspecto más original de la construcción europea es su dimensión de «revolución social». En efecto, los pasos definitivos de la Comunidad han consistido en desmantelar de facto las barreras fronterizas, aduaneras, arancelarias y, también, psicológicas y culturales que los europeos occidentales habían ido edificando y sobreponiendo durante siglos. El método ha sido, más que eliminar la raya del mapa, liquidar sus efectos, convirtiendo en realidad las cuatro libertades fundamentales: la de establecimiento y desplazamiento de los ciudadanos, así como las de movimiento de bienes, servicios y capitales.

Ello admite ampliar de manera decisiva el campo de acción de los agentes sociales, individuos o empresas, generando, como resultado, un gigantesco proceso de reasignación de recursos y funciones tanto a nivel geográfico como sectorial. Pero no era el final. Con ello se abrió una nueva etapa de insondables cambios en la que el proceso de integración socioeconómico ha persistido al menos tanto por la vía de la integración «real», es decir, por la actuación y adaptación de los sujetos privados, como por la vía de la integración «oficial», que responde a la formulación de políticas activas como son la agrícola, la social, o las transferencias vía los fondos sociales estructurales o de cohesión.

En cualquier caso, ha persistido el proceso de modernización, con sus aspectos positivos y también negativos. De un lado, la progresiva internacionalización de la vida socioeconómica con una mayor dinámica- innovadora, que exige más maleabilidad y movilidad, así como una creciente división del trabajo dentro y fuera de la CE, lo cual genera mayor demanda de educación y formación, al tiempo que ofrece nuevas oportunidades. De otro lado, la presión del mercado, el persistente aumento de la productividad y la necesidad de crecimiento conllevan la destrucción de puestos de trabajo por las racionalizaciones y el ocaso de enteros sectores industriales, el cierre o deslocalización de plantas no competitivas, el declive de ciertas regiones y el surgimiento de otras, y una creciente presión sobre el sistema de seguridad social, con el escenario del otoño demográfico europeo al fondo.

Si a esto se añade el terremoto político en el continente y la crisis del Estado del bienestar, se explica el súbito cambio de escenario. Con ello se está creando y robusteciendo la primera potencia comercial del mundo.

Paradójicamente, no se puede decir que la sensación de bienestar haya aumentado en términos parecidos. Una vez logrado el objetivo, aunque no sea totalmente, la sensación dominante es más de incertidumbre y zozobra que de alegría o satisfacción. Frente a las promesas de nuevos horizontes, existe un claro riesgo de que se identifique Unión Europea con el fin del bienestar y del empleo estable.

Es sintomático al respecto lo ocurrido con la tesis de la Comunidad como elemento mejor situado en la competencia tripolar entre Estados Unidos, China y la CE, tesis que no ha sido sólo fruto del trabajo de propaganda de la Comisión, sino que ha sido defendida con argumentos convincentes por personas tan distintas como Michel Albert, quien aboga por el modelo renano, con su mezcla de eficacia y equidad, o por Lester Thurow, que afirma en Head to Head que Europa está en mejor posición. Dos libros de lectura obligada, que resulta conveniente complementar con la del sugestivo ensayo sobre La Piedad postcapitalista del autor austro americano Peter F. Drucker, para situar a la Unión Europea en su contexto y ante sus desafíos en sus inicios.

En esta tríada, Europa aparece más vulnerable en la medida en que no es una patria consolidada, sino una entidad política y económica en construcción. Avanza y se consolida, en periodos de crecimiento, mientras que adquiere un tono agonizante en periodos de recesión, en los que se queda a la defensiva. Jean Boissonat lo ha expresado con lucidez al escribir que «la construcción europea sólo convencerá a los pueblos europeos si pueden medir sus efectos. En política, las palabras convencen cada vez menos. Sólo los hechos cambian las mentes. Y desgraciadamente, en este momento la Comunidad lucha más contra la crisis económica, de integración de países y de la destrucción que dejará la pandemia, además de evitar desastres suplementarios -lo cual no se ve- que lanzando contraofensivas victoriosas».

En el debate actual sobre la globalización y sus respuestas se entrecruzan, en realidad, tres cuestiones distintas:
1. El siempre vigente dilema zona de librecambio, espacio económico y social común.
2. Las políticas por formular para generar empleo. Esta cuestión incluye la reconsideración sobre el futuro del Estado del bienestar y la cultura de la estabilidad.
3. La relación de la Comunidad con el resto del mundo, en un contexto de universalización económica y comercial, en el que se van extendiendo las organizaciones regionales comerciales reguladas en el marco de la Organización Mundial del Comercio.

Es necesario abordar la búsqueda de salidas con dos ideas fundamentales: el sistema está vivo y es cíclico, lo cual significa que experimenta crisis periódicas; hay años de vacas gordas y de vacas flacas. Gestionar la capacidad de adaptación y flexibilidad de la sociedad, manteniendo su cohesión en un proceso de tan rápidas transformaciones, constituye la prueba fundamental de maestría de la acción política (Barón 1999).

## DIMENSIÓN SOCIAL Y ESTADO DEL BIENESTAR

En los últimos años se ha argumentado mucho sobre el modelo económico y la globalización mencionando que se ha producido una «quiebra moral» en el capitalismo que fue emergiendo en los años ochenta y que llevó a la crisis de 2009, pues se han debilitado extraordinariamente los fundamentos éticos de la economía de mercado (basados en valores como la confianza, la equidad, la justicia o la buena fe en las relaciones económicas) y se han empeorado así sus consecuencias negativas (la desigualdad, el desempleo, la pobreza, el expolio o la corrupción).

¿Qué factores explican esta evolución de las ideas y los hechos en Europa y qué perspectivas de futuro se plantean? ¿Qué perspectiva existe ante todo ello desde un pensamiento social?

Las características del llamado Modelo Social Europeo se ven perjudicadas y se perfilan los retos más importantes que afronta el mismo en la actualidad; también es conveniente la reacción a todo este respecto tanto por parte de los gobiernos nacionales como, sobre todo, por parte de la Unión Europea. Por ello, profundizamos en el modelo social europeo desde un prisma diferente que pretende, precisamente, analizar la capacidad que tiene este de alcanzar, por sí mismo, una distribución que habilite a los ciudadanos europeos para lograr un nivel de vida suficiente para desarrollar una vida digna.

En general, hay un acuerdo en que el sistema de bienestar social europeo es su gran fortaleza, y a la vez la debilidad por la dificultad para instrumentarlo en todos los países miembros, y suele ser considerado la auténtica joya de la corona del continente, quizás, incluso, el principal rasgo que atribuye a las sociedades europeas su cualidad distintiva. Dos de los intelectuales europeos más distinguidos, Jürgen Habermas y Jacques Derrida, redactaron en 2003 una carta pública sobre el futuro de la identidad europea tras la guerra de Irak. Las «garantías de seguridad social» proporcionadas por el Estado del bienestar y «la confianza de los europeos en el poder civilizador del Estado» figuraban en un muy destacado lugar (2005). La generalidad del resto de observadores que concuerdan con el proyecto de Unión Europea coincidiría con ellos. El modelo social europeo (MSE) es -o ha pasado a ser- una parte fundamental de lo que la utopía de Europa representa.

Pese al lugar central que ocupa en la construcción de la Europa unida, se trata de una idea un tanto difícil de precisar. El MSE, según han dicho sus críticos, no es exclusivamente europeo ni plenamente social, y ni siquiera es un modelo (Diamantopoulou, 2003). Si lo que viene a significar es la existencia de unas instituciones del Estado del bienestar efectivas y una limitación de la desigualdad, hay países tan avanzados o más que los Estados europeos. Australia y Canadá, por poner un par de ejemplos, sobrepasan a Portugal y a Grecia, y, por supuesto, a la mayoría de nuevos Estados miembros de la ampliada UE de los 27. El MSE no es puramente social, ya que, se defina como se defina, depende fundamentalmente de la prosperidad y la redistribución económicas. No es tampoco un solo modelo, puesto que existen grandes divergencias entre países europeos en lo que a sus modelos de bienestar social respecta.

Existen múltiples definiciones distintas del MSE, pero todas hacen hincapié en el Estado del bienestar. Daniel Vaughan-Whitehead, por ejemplo, ha enumerado nada menos que quince componentes de ese MS (2003). Entonces, el MSE no es un concepto unitario, sino una mezcla de valores, logros y aspiraciones que varían de un Estado europeo a otro en cuanto a su forma y a su grado de realización. Una síntesis del concepto contendría lo siguiente (Giddens, 2005:16)

• un Estado desarrollado e intervencionista, financiado a partir de unos niveles de impuestos relativamente elevados;

• un sistema del bienestar sólido que proporciona una protección social eficaz hasta niveles considerables para todos los ciudadanos, pero, especialmente, para aquéllos más necesitados;

• una limitación -o contención- de la desigualdad económica y de otros tipos.

En el sostenimiento de estas instituciones tienen un papel crucial los llamados «agentes sociales»: los sindicatos y otras organizaciones que impulsan los derechos de los trabajadores. Y, por último, cada una de esas características tiene que ir de la mano de una prosperidad económica general en aumento e (idealmente) de una situación de pleno empleo. Bajo ese MSE subyace un conjunto general de valores: la dispersión del riesgo y de las oportunidades de forma repartida por toda la sociedad, el fomento de la solidaridad o la cohesión social, la protección  de los miembros más vulnerables de la sociedad a través de la intervención social  activa, la  exhortación a la consulta frente a la confrontación en las empresas y la facilitación de un rico marco de derechos de ciudadanía de contenido social y económico para la población en su totalidad (Wickham, 2020)

El segundo cuestionamiento de la dimensión social y del Estado del bienestar proviene de su creciente costo, unido a un cierto anquilosamiento, y su problemática capacidad de adaptación en un contexto de profundas transformaciones como el actual.

El objetivo de la seguridad social es «liberar a la persona de la necesidad», garantizándole una seguridad de ingresos que la acompaña desde la cuna a la tumba.

Se considera riesgo social todo lo que amenaza la renta regular de los individuos: enfermedad, accidentes de trabajo, fallecimiento, vejez, maternidad, desempleo. La innovación de su propuesta fue la instauración de un sistema global y coherente, con cuatro características principales:

— ser un sistema generalizado, para el conjunto de la población, cualquiera que sea su estatuto de empleo o renta;

— un sistema unificado y simple, con una sola cotización que cubre el conjunto de riesgos que puede comportar una privación de renta;

— un sistema uniforme, con prestaciones semejantes cualesquiera sean los ingresos de los interesados;

— un sistema centralizado, basado en un servicio público único.


Paralelamente, Beveridge proponía una política social estatal con tres objetivos: ayuda a la familia, mejora de la salud pública mediante la creación de un Servicio Nacional de Salud y organización del empleo, que deberían ser financiados gracias a una aportación fiscal complementaria. En su concepción, esta política sólo tenía sentido si estaba íntimamente ligada a la de pleno empleo, tesis que defendió en su obra publicada en 1944 con el título Futí Employment in a Free Society (Pleno empleo en una sociedad libre), en la que consideraba el paro como un riesgo social mayor. Pleno empleo que en la época se concebía sólo para los «cabezas de familia» (Giddens, 1999).

Examinado retrospectivamente, el Estado del bienestar como tal no consiste solamente en el establecimiento de una serie de coberturas fundamentales y universales para todos los ciudadanos. Sólo con haber conseguido eso justificaría su existencia. En Europa occidental su significado más profundo ha sido integrar a la mayor parte de la población en el ejercicio real de derechos democráticos básicos. El voto censitario, es decir, el de los que tenían patrimonio, fue la norma durante casi todo el siglo XIX.

La extensión del sufragio a la otra mitad de la población, la mujer, es una conquista mucho más reciente de este siglo. Por eso existe un profundo arraigo entre la consecución de la democracia política y social, con participación mayoritaria ciudadana, al dar acceso a trabajadores industriales, agricultores y al sexo femenino como tal, con lo que se conoce con el nombre de «Estado del bienestar», que supone la consolidación como derechos de la cobertura de las necesidades más elementales, de educación, salud y protección en la vejez y ante la enfermedad.

En este sentido, el Estado del bienestar es la concreción de lo que desde la República de Weimar se llama «Estado Social de Derecho». Su base es la eliminación de los riesgos insuperables para las personas partiendo del reconocimiento de la igualdad de estas. Hasta entonces, a lo largo de la historia, se había dado solución al problema con los asilos, los hospicios, la beneficencia, como islas de caridad paternalista en un océano de miseria. Los conservadores y los retroliberales que atacan con saña el Estado del bienestar en sus raíces deberían explicar cuál es su alternativa, sobre todo para las personas débiles y en situación marginal, ya que no toda la sociedad está formada por aguerridos supermanes dispuestos al combate (Barón 1999).

La generalización de estos derechos y de las políticas que los desarrollaban lleva a la configuración de los Estados modernos, y al enraizamiento que va experimentando el movimiento obrero organizado en relación con los mismos. El Gobierno deja de ser el «Comité Central de la Burguesía», por recordar la clásica formulación marxista, para convertirse en el gestor que puede garantizar mejor el reconocimiento y aplicación de esta incorporación y participación de clases y sectores anteriormente marginados. De allí viene, sin duda, la preferencia durante largo tiempo, incluso en las primeras fases de la construcción comunitaria, de gran parte de la izquierda política y sindical por el marco nacional.

Estos hechos están profundamente grabados en la memoria histórica de los países europeos y forman parte del patrimonio compartido, especialmente en aquellos países, como Benelux, Alemania o Italia, en donde han existido históricamente, además de fuertes movimientos políticos sindicales, cooperativos y sociales de la socialdemocracia, otros de origen confesional, que también han creado sus organizaciones de masas, o las comparten (caso, por ejemplo, de los sindicatos en Alemania). Ambos movimientos son los que han consolidado la democracia en los países del oeste del continente en los últimos 150 años y actualmente son también los dominantes en la escena europea.

El Estado del bienestar es, por tanto, una conquista indiscutible, de las mayores de la historia de la humanidad, y sus problemas derivan, en parte, de su propio éxito. Al haber reconocido derechos universales y generalizado las prestaciones, van creciendo los gastos y, al mismo tiempo, se van reduciendo los ingresos.

La lucha social ha sido uno de los elementos más poderosos de renovación y dinamización del capitalismo. Los gastos tienden sistemáticamente a aumentar, dada la evolución demográfica otoñal, por el impacto conjunto de la baja de natalidad y el aumento de la esperanza de vida, que con la generalización de la jubilación como derecho lleva a gravar crecientemente a los activos.

Al mismo tiempo, la financiación se hace cada vez más onerosa, sobre todo si el sistema es de reparto, lo cual lleva a plantear el traspasar la financiación cada vez más a los presupuestos del Estado -vía impuestos- o a favorecer el desarrollo de los fondos de pensiones, que van camino de convertirse en el mayor inversor institucional de un «capitalismo sin capitalistas», en palabras de Peter F. Drucker.


Elementos sustanciales del Modelo Social Europeo y principales retos actuales


Varios analistas afirman que no existe un solo Modelo Social Europeo, sino que hay diversos modelos sociales a tenor de las diferentes características que muestran los distintos países europeos (Wickham, 2020). Ya desde principios de los años noventa, en su clásico trabajo, Esping- Andersen (1993) destacó la existencia de tres tipos esenciales de modelos sociales (o Estados de Bienestar) en Europa Occidental. Un pionero análisis que ha sido enriquecido después por otros muchos autores (entre ellos, André Sapir y Anthony Giddens), tal como recoge un reciente estudio de Javier Bilbao (2014). En síntesis, se refieren en dicho estudio cinco tipos de modelos sociales existentes hoy en el conjunto de Europa:

a) El llamado «modelo nórdico» (relativo a Dinamarca, Finlandia, Suecia y Holanda) caracterizado por tener un alto nivel de protección social y de imposición, y una intervención en el mercado de trabajo orientada hacia políticas de empleo activas y programas de mantenimiento de rentas (dándose una baja dispersión salarial).

b) El llamado «modelo continental» (relativo a Austria, Bélgica, Francia, Alemania y Luxemburgo), dotado también con un alto nivel de protección social, pero de carácter más contributivo (pensiones y prestaciones de desempleo) y con un mercado de trabajo algo más rígido.

c) El llamado «modelo mediterráneo» (relativo a Grecia, Italia, Portugal y España), que presenta un gasto social más bajo que los anteriores (destacando las pensiones) y un mercado laboral muy rígido.

d) El llamado «modelo anglosajón» (relativo a Irlanda y Reino Unido), caracterizado por un nivel bajo de protección social (principalmente de carácter asistencial) y por un mercado laboral muy flexible (con sindicatos débiles y una alta dispersión salarial).

e) El llamado «modelo de Europa Oriental» (relativo a los países del Centro-Este de Europa), donde las prestaciones sociales públicas son muy escasas, tras la transición de sistema (económico y político) que se operó en los mismos a partir de los años noventa (con la desaparición de la Unión Soviética).

Hay pues una diversidad de contextos en Europa, pero no deja de haber al mismo tiempo (en comparación con otras partes del mundo) unos valores comunes y unos principios compartidos, recalcando el interés por preservar un grado adecuado de cohesión económica y social a través de ciertas redes de protección social (con la apuesta por un Estado de Bienestar mínimo y unos sistemas de imposición progresiva). La solidaridad ha tendido, así, a limitar un tanto el individualismo extremo, desarrollándose (de un modo u otro) políticas públicas que han velado por los regímenes de pensiones, la atención sanitaria, la educación y la regulación de los principales mercados (entre ellos, el laboral). Unas políticas públicas cuya implementación ha tenido un impacto redistributivo innegable, tal como reflejan los numerosos estudios hechos al respecto.

Ahora bien, según hemos indicado antes, en las últimas dos décadas, a pesar de los avances del sentimiento de colectividad, se ha producido en los países europeos una tendencia a gobiernos de derecha que promueven una reducción de los niveles de compromiso social y ha habido un avance de los valores más individualistas en esos países. Han cobrado fuerza, así, las estrategias neoliberales y ello ha llevado a que aumenten sensiblemente los niveles de desigualdad y de pobreza, en general.

No es de extrañar, por tanto, que hoy exista un alto grado de inquietud y de preocupación por el futuro en la ciudadanía europea, tal como lo detecta la propia Comisión Europea (2017). Es más, según apunta la misma, existen opiniones divergentes sobre si "Europa" constituye una de las principales causas de los problemas referidos o, por el contrario, es una vía importante de solución de estos.

La Unión Europea es percibida por sus críticos acérrimos como una pieza más de las fuerzas que empujan hacia la globalización de los mercados, de manera que la expresión «Europa social» es, a su parecer, un término más bien vacío. Sin descuidar este riesgo, muchos otros pensamos, en cambio, que el proyecto de la Unión Europea ha contribuido al progreso, la democratización y la cohesión social de los países del viejo continente, facilitando su unidad en la diversidad (Jordán y Cardona, 2015, Wickham, 2020).

Ahora bien, la reciente crisis económica de 2020 y 2021 ha puesto claramente de manifiesto algunas carencias muy importantes del proyecto de integración europea. En especial, se ha evidenciado la fragilidad institucional de la unión económica y monetaria, un reto de gran calado que la UE está tratando de reparar en el presente. Y otro gran reto es el relativo la necesidad de impulsar el desarrollo económico para poder atender las distintas demandas sociales que han quedado desatendidas hasta hoy, lastrando la legitimidad al proyecto europeo.

Sin duda, los efectos de la «gran recesión» padecida por la Unión Europea entre 2008 y 2014 han sido devastadores y persisten aún de forma acusada en la misma, aunque la situación ha ido mejorando gradualmente tras la recuperación posterior. Y, de cara al futuro, surgen otros muchos interrogantes ante los rápidos y profundos cambios que se están produciendo hoy en los diferentes países de la Unión. Cambios tales como el envejecimiento demográfico y los nuevos modelos de familia, la celeridad de la digitalización y las nuevas formas de trabajo, o el propio impacto de la globalización.

Ante dichos cambios, muchos economistas y políticos se hallan preocupados por la sostenibilidad del Modelo Social Europeo; esto es, por la sostenibilidad financiera de los sistemas de protección social. Parece evidente la tendencia decreciente de la mano de obra europea, mientras aumenta el gasto asociado con las pensiones. Pero, según apunta la propia Comisión Europea (2017), «la emigración legal puede ofrecer a la UE las capacidades necesarias para subsanar las carencias de mano de obra y contribuir a la sostenibilidad de los sistemas de bienestar». Con todo, ¿de qué otro modo puede responder los países europeos a las necesidades sociales existentes?

Como es sabido, la política social forma parte de las competencias compartidas entre la Unión Europea y los Estados miembros. Se aplica, pues, aquí el principio de subsidiariedad, y el papel de la UE se limita a respaldar y completar la acción de los gobiernos nacionales en este ámbito. ¿Qué se ha hecho hasta el momento y qué propuestas de actuación hay ahora en marcha?

Pero la realidad es más compleja. Para algunos Estados miembros, como España, Portugal, Grecia y la mayoría de los países de Europa del este que se han incorporado a la Unión Europea en fecha más reciente, no hubo edad de oro alguna, nunca la conocieron porque sus instituciones de bienestar social eran débiles e inadecuadas. Incluso en aquellas naciones con sistemas avanzados del bienestar, no era oro todo lo que relucía en aquella era dorada. Aquélla fue una época dominada por la producción en masa y las jerarquías burocráticas, en la que los estilos de gestión solían ser autocráticos y un gran número de trabajadores se hallaban empleados en líneas de montaje (Giddens, 2007:18).

Pocas mujeres tenían la posibilidad de desarrollar carreras laborales; sólo una reducida proporción de jóvenes llegaban a cursar estudios superiores; el elenco de servicios sanitarios ofrecidos estaba muy por debajo del actualmente disponible; las personas mayores eran directamente desechadas por culpa de una rígida edad de jubilación. En sintonía con el espíritu burocrático de aquellos tiempos, el Estado trataba por lo general a sus clientes como súbditos pasivos más que como ciudadanos activos. Algunos de los cambios producidos en los sistemas de bienestar social durante los últimos treinta años han ido precisamente destinados a corregir esas deficiencias y, por consiguiente, han sido tan progresistas como necesarios.

Obviamente, el mundo ha experimentado una inmensa transformación desde aquella «edad de oro». Tanto el MSE como la propia UE fueron, en gran parte, productos de un mundo bipolar. La caída del Muro de Berlín (el 11-S europeo, según lo ha denominado Thomas Friedman (2005)) cambió de forma más o menos total la naturaleza de la UE y dio origen a problemas de identidad que siguen sin resolver y que se reflejaron, de hecho, en el rechazo a la propuesta de constitución para la UE manifestado por los pueblos francés y holandés.

El declive del keynesianismo en Occidente y el desmoronamiento del comunismo soviético fueron causados por tendencias más o menos idénticas: la aceleración de la globalización, el auge de un orden mundial de la información, la merma del sector industrial (y su transferencia a otros países, menos desarrollados) y el ascenso paralelo de nuevas formas de individualismo y de poder del consumidor. No se trata de cambios que se hayan ido tan pronto como vinieron: su efecto no deja de crecer a ritmo acelerado (Sheik, 2016).

La globalización propició que las mayores compañías ya no obtengan sus productos y sus servicios de un único origen nacional, sino de múltiples fuentes en países de todo el mundo, lo que ha intensificado tanto el comercio como la especialización local. El comercio transnacional de servicios está progresando a una marcha acelerada, encabezado por India, Taiwán, Corea del sur y Vietnam.

La competencia procedente de las economías en desarrollo ya no se concentra exclusivamente en los bienes de bajo costo. China e India han realizado inversiones a gran escala en tecnología (especialmente, en las llamadas tecnologías de la información y la comunicación, o TIC) y cada una de ellas genera seis millones de titulados universitarios al año. Nadie sabe hasta dónde llegará la externalización de los servicios, ya que ésta está impulsada, en parte, por los avances que se producen en la tecnología informática y por la ampliación del acceso a dicha tecnología. Pero lo que está claro es que no deja de crecer con rapidez la complejidad de los servicios que pueden externalizarse de ese modo. Así, los servicios financieros, legales, de alta tecnología, periodísticos y médicos se encuentran ya entre los más proclives a verse directamente afectado.

El modelo social depende de la presencia de una prosperidad económica general y lo ideal es que, al mismo tiempo, también contribuya a ella. El rendimiento económico de la UE durante los últimos veinte años, aproximadamente, ha dado pie a una recurrente sensación de ansiedad. La UE ha ido a la zaga de Estados Unidos según los indicadores de éxito económico comúnmente aceptados. Europa (occidental), otrora en la vanguardia del cambio social y económico, corre actualmente el   riesgo de verse relegada por la historia (Giddens, 2005:20)

## Europa en la era global

La cambiante distribución demográfica por edades que se observa en Europa es una de esas transformaciones. Una mayor flexibilidad en los mercados laborales, asociada a una reducción del nivel y cobertura de la protección social, puede tener un impacto negativo en términos de pobreza, capital humano e igualdad. Es preciso tener presente que el porcentaje de trabajadores pobres en Europa llegó a 9.1 por ciento en 2020. Si la negociación colectiva y el diálogo social han demostrado ser recursos poderosos para mitigar y superar la crisis, es preocupante constatar que las medidas adoptadas por diversos países hayan tenido repercusiones negativas sobre estas instituciones.

En ciertos países, la eficacia de las políticas dirigidas a incrementar la competitividad sólo a través de la reducción de los costos laborales debería ser cuestionada. El desafío de la competitividad en Europa Meridional está estrechamente relacionado con la reducción de la brecha tecnológica.

Estas son algunas de las cuestiones que estuvieron al centro de una reunión en Bruselas sobre el futuro del MSE. La reunión incluyó un debate sobre el libro titulado «The European Social Model intimes of Economic Crisis and Austerity Policies» (El modelo social europeo en tiempos de crisis económica y políticas de austeridad), de próxima publicación.

El MSE es una fuente de inspiración para diversas economías emergentes como China, Brasil, Indonesia y Marruecos. Es crucial que la UE se pronuncie con firmeza y adopte las decisiones necesarias para preservar el modelo social que ha desempeñado un papel tan determinante en su historia.

En el acusado descenso de la población empleada en el sector industrial en los países de la UE ha influido la transferencia de la industria hacia el mundo en vías de desarrollo (y, por tanto, la globalización económica). Pero la razón principal no ha sido la globalización, sino el impacto del cambio tecnológico, que, en numerosas industrias, ha reducido la necesidad de mano de obra humana o, simplemente, ha vuelto obsoletos los procesos productivos tradicionales. La fabricación de automóviles, por poner un ejemplo, está hoy automatizada casi por completo; la industria de extracción del carbón ha mermado considerablemente en la mayoría de los países, debido en gran parte a una transferencia generalizada hacia el gas natural. Por supuesto, también en este caso es la interacción entre las influencias «internas» y «externas» la que realmente importa: el cambio tecnológico se ha acelerado gracias a la creciente intensidad de la competencia (Giddens, 2005:22; Wickham, 2020).

Otro ejemplo: las pautas de la pobreza y la exclusión social, aun cuando sin duda afectadas por la globalización, están también influidas por cambios endógenos, entre los que se incluyen, concretamente, las transformaciones que se producen en la estructura de las familias.

En la mayoría de los países de la UE, las tasas de divorcios son superiores (y las de matrimonios, inferiores) a las del pasado. Las familias son más móviles y pueden carecer de las relaciones de parentesco más amplio que antaño constituían una fuente de apoyo social. Hay que tener también en cuenta el auge de la «familia no convencional»: mujeres solas con hijos, compañeros o compañeras sentimentales del mismo sexo que conviven en el mismo hogar, etc. Son tendencias complejas y, a menudo, de difícil interpretación, pero han influido claramente en la naturaleza de la pobreza y de otras formas de privación. Las mujeres y los niños componen un elevado porcentaje de los «nuevos pobres» en la mayoría de los países de la UE (Sheik, 2016).

Hay que entender adecuadamente lo que es la globalización. A menudo, ésta es vista únicamente como un fenómeno económico (incluso para algunos de los más sofisticados comentaristas sobre la cuestión). Martín Wolf, por ejemplo, la define como «la integración de las actividades económicas a través de las fronteras y de los mercados». Dicha definición no es tanto incorrecta como excesivamente parcial. Resulta tan obvio que la globalización no es exclusivamente económica que cuesta creer que alguien pueda pensar seriamente lo contrario.

Consideremos, por ejemplo, el papel de los medios de comunicación. El mundo se ha interconectado electrónicamente de un modo que nadie podría siquiera haber previsto hace unas décadas. «La UE debe responder a la globalización», se suele decir. De acuerdo, sí, pero la globalización es un conjunto bidireccional de procesos. La UE no puede «responder» sin más a la globalización, porque actualmente constituye tanto un instrumento como una expresión de ésta. La globalización -en sus diversas formas— no es algo que venga solamente del exterior. Cada vez que enciendo una computadora, envió un correo electrónico, busco información por Internet o enciendo la televisión o la radio, estoy contribuyendo activamente a la globalización al tiempo que hago uso de ella (Wickham, 2020).

Hablar de «contrarrestar la globalización» o de crear una «globalización con rostro humano» no tiene sentido en semejante contexto. Algunos aspectos de la globalización deben ser gestionados, en muchos casos, a nivel local, nacional y transnacional. Pero el modo de hacerlo es la globalización misma (y, por lo general, potenciada). Esta observación es tan válida para el mercado mundial como para el cambio climático, el terrorismo de nuevo cuño, el lavado de dinero o el crimen organizado.

La competitividad en los mercados globales es esencial para el futuro de Europa y, también, para la supervivencia del modelo social. El ascenso de India, China y otros países del mundo menos desarrollado es la prueba definitiva de que la globalización no es simplemente un medio utilizado por Occidente para dominar al resto del planeta. Aun así, hemos de considerar otras muchas formas en que la globalización afecta a la UE y se ve afectada, a su vez, por ésta. Los avances económicos realizados por China, por ejemplo, tienen una incidencia directa sobre la geopolítica y, a través de ésta, sobre otros ámbitos.

Tipos de modelo social

Lo dijimos anteriormente, es evidente que no existe un único modelo social en Europa. Ha habido múltiples intentos de clasificar los Estados del bienestar europeos en diferentes tipos, pero, con mucho, el más

## Conclusiones

Aunque la creación de una dimensión social de la UE pueda parecer una quimera, continúa siendo un modelo útil que debe acompañarse de medidas concretas. En ese sentido no valen respuestas como la renacionalización o el mantra europeo de «más de lo mismo». La renacionalización en nombre de la soberanía y la democracia, las recomendaciones que promueven a abandonar la zona euro o las sugerencias que apelan a la subsidiariedad y al «proteccionismo ilustrado» para reivindicar una redistribución de poder a favor del nivel nacional resultan todo menos útiles. Las consecuencias de la no integración serían considerables y los efectos secundarios difíciles de calcular; se pondría en peligro la visión europea de democracia, libertad, paz, diversidad cultural y prosperidad y, en consecuencia, también la oportunidad de mantener un modelo social alternativo al capitalismo de Estados Unidos o de Asia. Esto cobra especial importancia si consideramos los desafíos que entraña la digitalización.

Lo que está en juego es la construcción de una unión social, no la unificación de los modelos sociales. La unión social se entiende como un entorno que favorece los sistemas nacionales de bienestar y fomenta la convergencia. Tras conseguir consolidar el modelo de paz, la principal misión de Europa es sacar adelante el modelo social. Tanto a nivel nacional como europeo, la democracia social busca una reorientación conceptual. En el marco de los desafíos actuales, esto significaría plasmar los valores sociales y democráticos fundamentales en nuevas políticas. La regulación del capitalismo europeo globalizado abre una nueva oportunidad: si antes la socialdemocracia ayudaba a contener la economía de mercado en el contexto nacional, en la actualidad se enfrenta al desafío de desarrollar un nuevo marco legislativo para un capital globalizado. La europeización de las políticas solo tiene sentido si verdaderamente se aplican para limitar el impacto del mercado y no, como ha ocurrido hasta ahora, de marco político e institucional para la globalización económica en nombre del mercado único y de las políticas de competencia.

Alemania, el mayor país de la UE, podría haber propuesto un modelo mucho más alentador, un capitalismo regulado en una economía social de mercado, en lugar de introducir una regla de oro presupuestaria. El término «economía social de mercado» fue acuñado por el profesor de economía alemán Alfred Müller Armack, quien lo concibió como una fórmula que podía combinar el principio de libertad de mercado con el de equilibrio social. En el contexto internacional, este sistema económico se denomina a veces «capitalismo renano». Por supuesto, este concepto puede dar pie a diferentes interpretaciones, promoviendo un «mercado más libre» o «más gobierno», justicia social y sindicatos dinámicos con espíritu socialdemócrata y respaldados por las políticas adecuadas.

Es necesario lograr que la Unión Europea deje de ser percibida como un problema por parte de la ciudadanía y sea considerada, por el contrario, por la mayoría, como una vía para afrontar adecuadamente los tremendos desafíos que se tienen en la actualidad (Agenda 2030 y Objetivos de Desarrollo Sostenible). Para ello, este Foro considera que la política social ha de tener un papel más central en el proyecto de construcción europea.

Es necesaria una Europa que articule un Modelo Social Europeo basado en unos valores propios. La mutualidad como colaboración y ayuda mutua, en la que los miembros de nuestra sociedad somos responsables unos de otros. La responsabilidad sobre el bien común, sobre las personas que quedan excluidas de la organización económica que nos damos, son valores propios que deben reflejarse en el sistema social europeo. La construcción de Europa solamente puede mantenerse si no se pierde esta visión de una Unión responsable, basada en la ayuda mutua y en la centralidad de la persona.

Se requiere volver a poner la cohesión social como un objetivo principal de la Unión Europea para que la necesaria estabilidad económica sea no el objetivo final, sino el medio para lograr que la UE pueda ponerse realmente al servicio de las personas. Así, la estabilidad económica pasaría a ser un instrumento para la consecución del bien común.

Para la Comisión lo importante es que haya un ejercicio más responsable de la función presupuestaria a escala nacional, pero falta audacia para plantear algún mínimo de política fiscal común (incluyendo impuestos y prestaciones) orientado al aseguramiento de derechos sociales en todo el ámbito comunitario. La aplicación que se ha hecho hasta ahora del principio de subsidiariedad ha limitado extraordinariamente la iniciativa comunitaria y ha permitido que convivan desequilibrios sociales muy grandes bajo el techo de la unión monetaria y la disciplina presupuestaria. Por otro lado, ese déficit en una política social común no puede desvincularse de la debilidad de la política fiscal en el diseño que se eligió para el modelo de unión monetaria y económica.

Esa insistencia, además, en la estabilidad presupuestaria no puede hacernos olvidar el papel de la Unión Europea en el agravamiento de los problemas de la pasada crisis. Los sistemas de rescate incrementaron la vulnerabilidad de muchas personas. Con ello, hay un alejamiento de lo que se comentaba en el primer documento de este Foro sobre la idea de poner en el centro a la persona al diseñar los objetivos económicos de una sociedad.

La estrategia de la UE tiene que buscar no solo reforzar las instituciones para lograr el equilibrio económico, sino también fortalecerlas para alcanzar una mayor cohesión social. En efecto, el principio y fundamento de la UE exige garantizar e impulsar unos mínimos suficientes para que, a través de las políticas nacionales, se logre esta cohesión social y la lucha contra la pobreza. Ello debería estar en el corazón de las políticas europeas, en un doble proceso que vaya tanto de abajo arriba (con la actuación de las instituciones más cercanas al ciudadano y de la sociedad civil), como de arriba abajo (con la acción solidaria de las instituciones comunitarias).

Por otra parte, la Unión Europea también debería avanzar en la formulación de una política migratoria común coherente con el Pacto Mundial para la Migración suscrito por más de 160 países el 10 de diciembre de 2018 en Marrakech. Un pacto promovido por la ONU para lograr una migración segura, ordenada y regulada. Una acción que puede ser de gran provecho para la propia Unión Europea, pese a los miedos que pretenden avivar los movimientos populistas que se hallan actualmente en ascenso en Europa. Somos conscientes de que la política migratoria formará parte estructural de la UE en el futuro.

En definitiva, se necesita desarrollar en mayor medida un alma europea para no caer en una mera «Europa de los mercaderes», lo cual parece la deriva peligrosa que está tomando el proceso de integración europea. En tal sentido, es preciso revisar el orden de prioridades, intensificar el espíritu de cooperación en Europa, fortalecer iniciativas de la sociedad civil y poner el modelo social europeo al servicio de los más desfavorecidos.

Nacionalismo y nación en el mundo actual: un riesgo de ruptura de la Unión Europea.

El nacionalismo, como ideología y movimiento político, es una realidad difícil de aprehender en el marco de una teoría explicativa de carácter global. Existe así un nacionalismo liberal-democrático en tanto tiene como objetivo la legitimación de un Estado de esas características y existe también la posibilidad de que el nacionalismo cultural se ajuste a este carácter liberal-democrático en tanto se oriente a la liquidación de viejas formas de organización política incompatibles con la vigencia hacia adentro y hacia afuera de los valores liberales; éste podría ser el supuesto de una parte importante de los nacionalismos culturales del centro y del este de Europa que luchan en la segunda mitad del siglo XIX y en los primeros años del XX contra viejos imperios sentenciados por la marcha de la historia.

El deslizamiento hacia la derecha de una parte importante de los nacionalismos europeo-occidentales a partir de finales del siglo pasado nos pone en la pista del significado de unos nacionalismos conservadores y reaccionarios llamados en muchos casos a convertirse en expedientes de legitimación preferidos por los regímenes autoritarios y totalitarios surgidos en el período de posguerra.

Todo ello sin olvidar la dinámica propia de unos nacionalismos culturales que han demostrado una notable capacidad de adaptación a los nuevos tiempos tanto en la elaboración de sus mensajes políticos como en su condición representativa e integradora de nuevos agentes sociales.

Abundaremos a este respecto a las aportaciones concretas de B. Anderson y E. Gellner. El segundo prestaría mayor atención a las explicaciones ideológicas, sirviendo en este caso de ilustración la obra de E. Kedourie e I. Berlín. Ni qué decir que esta presentación de las interpretaciones actuales del nacionalismo no hace justicia a otros estudios de innegable interés, por ejemplo, los de K. Deutsch, E. J. Hobsbawm, P. Alter o A. Smith.

1.  Los enfoques de la modernización

Descubrir su capacidad para impulsar nuevos procesos e

identidad en sociedades en cambio, poner de manifiesto su atractivo para facilitar la movilización de esfuerzos de toda índole con que dotar a los Estados emergentes de la legitimidad necesaria para impulsar complejos procesos de modernización económica y social, fue un trabajo extraordinariamente fructífero en relación con los nacionalismos tercermundistas.

Los procesos de modernización habían supuesto antes, en el ámbito occidental, una intensificación de la movilización social que se concretó en un incremento de la asimilación de los ciudadanos a las pautas culturales dominantes en el conjunto del Estado; pero esa movilización pudo también traducirse en quiebra de la lealtad tradicional a esa organización estatal y en el surgimiento de discursos nacionalistas propiciadores de nuevas realidades nacionales.

Parece evidente que las diferencias puestas al descubierto por los efectos de la modernización y la densificación de las comunicaciones sociales, son capaces de generar una conciencia de singularidad; esta conciencia, alentada por las ideologías nacionalistas, es capaz de romper viejas solidaridades como en el caso de Yugoeslavia y Checoeslovaquia, forzar la eclosión de conflicto interétnicos como en la guerra de los Balcanes y propiciar el surgimiento de identidades nacionales como en el Reino Unido y Escocia. El caso de Rusia y Ucrania, además de Estonia, Bielorrusia, Croacia y Letonia, con el antecedente eslavo de la Rus es el caso más problemático del presente y futuro. La etnicidad puede convertirse en todo caso en un formidable instrumento susceptible de ser utilizado por algunos ciudadanos como respuesta a las nuevas situaciones creadas por ese proceso de modernización. Francia y Alemania enfrentan este último problema, la primera por la emigración de los ciudadanos de sus colonias y la última por la emigración principalmente de Siria.

En este contexto encajaría la explicación general del nacionalismo intentada por B. Anderson. El punto de partida es la consideración de la nación como una comunidad imaginada caracterizada por su limitación espacial y por su aspiración a la soberanía política. El nacionalismo será la fuerza ideológica capaz de dar vida a esta comunidad, al tiempo que el resultado de un proceso en el que junto a la erosión de la religión (en Europa el próximo problema serán los ismos religiosos), las lenguas sagradas y las viejas monarquías se ha producido «... la medio fortuita, pero explosiva interacción entre un sistema de producción (el capitalismo), una tecnología de la comunicación (redes sociales) y la fatalidad de la humana diversidad lingüística».

El impulso nacionalista y la consiguiente construcción de las naciones en el mundo contemporáneo, ha respondido a pautas desiguales. En total, han sido 16 los nuevos países aparecidos en Europa desde 1990: Lituania, Letonia, Estonia, Bielorrusia, Moldavia, Croacia. Ucrania, Bosnia, República Checa, Eslovenia, Eslovaquia, Montenegro, Serbia y Kosovo. Las nuevas naciones europeas del siglo XX y XXI surgidas de la desmembración de los países en conflictos de nacionalismos tendrán como rasgos singulares la existencia de lenguas propias y la no menos significativa presencia de modelos políticos de referencia. El desarrollo de la educación, el comercio, la industria, las comunicaciones y la maquinaria estatal generarán nuevos impulsos para la unificación dentro de  los viejos Estados nacionales, animando así el proceso de «nacionalización» de los mismos y dando origen a los que Seton-Watson- ha llamado, no sin riesgos de confusión, nacionalismos «oficiales».

Es verdad, como señala Seton-Watson, que en algunas ocasiones —el caso ruso, por ejemplo— el nacionalismo «oficial» se singulariza por su carácter reactivo ante lo que pueden ser considerados como nacionalismos populares. Pero no es menos cierta la existencia de otros nacionalismos «oficiales», de impulso estatal, que tienen poco que ver con supuestos de reacción y bastante relación en cambio con las exigencias derivadas de un orden político liberal o de una política de expansión exterior.

E. Gellner es, sin duda, uno de los más influyentes estudiosos del nacionalismo desde la perspectiva sociológica. Su punto de arranque es profundamente desmitificador de las ideas propias del nacionalismo cultural. Establecido que solamente los Estados pueden poner en marcha con garantías de eficacia las demandas nacionalistas, Gellner subraya el dato de que las sociedades tradicionales son en buena medida incompatibles con las pretensiones del nacionalismo; se pondría ello de manifiesto en el carácter dominante  en este tipo de sociedades de las organizaciones políticas de base local  o vocación imperial.

En todo caso, contra las ingenuas pretensiones de los nacionalismos culturales, resultaría evidente que es la demanda impulsada por estas necesidades sociales, y no la fuerza de las realidades étnico-lingüísticas, la creadora de la nación. Ello no significa conceder un triunfo a las explicaciones «difusionistas». Porque lo significativo del proceso es lo que el nacionalismo tiene de respuesta a necesidades estructurales de carácter universal. La crítica al nacionalismo como ideología se resuelve así en una aceptación de sabor determinista de su inevitabilidad.

La argumentación de Gellner vuelve una y otra vez a la equiparación entre Estado propio de una sociedad industrial y Estado nacional. E insiste también, particularmente en algunos de sus trabajos más recientes, en la significativa idea de que las nuevas naciones «para sí» surgidas a impulsos de la industrialización pueden no coincidir con las viejas naciones «en sí», de sabor fundamentalmente cultural, preexistentes a la conmoción generada por los nuevos tiempos.

2.   La explicación ideológica

Este tipo de explicación, en el que encajarían algunos de los estudiosos pioneros del nacionalismo como H. Kohn y C. Hayes, sigue resultando una perspectiva insustituible en la comprensión de la realidad nacional. Nadie ilustra mejor lo anterior que E. Kedourie e I. Berlín. La posición de E. Kedourie significa una renuncia a la «totalidad» inherente a las pretensiones de los enfoques sociológicos, para retomar el hilo de una explicación histórico-ideológica. En su libro Nacionalismo, Kedourie parte de la identificación del núcleo duro de la doctrina nacionalista:  la pretensión de suministrar un criterio adecuado para resolver la relación entre grupos de población y Estado. La humanidad, argumentaría el discurso nacionalista, está dividida naturalmente en naciones definidas por unos criterios culturales, y solamente las naciones pueden ser el soporte de adecuadas y legítimas organizaciones estatales. Por novedosa que resulte esta idea hasta los inicios del siglo XIX, sería hoy un principio firmemente arraigado en la retórica política de Occidente y, como consecuencia de ello, en la del mundo actual.

A partir de aquí intentará rastrear la génesis histórico-ideológica de la doctrina. La Revolución Francesa resultará un requisito para que el discurso nacionalista pueda prosperar. Pero corresponderá a la filosofía política alemana sentar las bases ideológicas que lo hagan posible.

I. Berlín no es propiamente un especialista en el estudio del nacionalismo, aunque sea seguramente uno de los grandes filósofos políticos del siglo XX, además de autor de significativa importancia en el campo de la historia de las ideas políticas en particular y de la ciencia política en general. Berlín ofrece unas claves para entender el nacionalismo que no se alejan sustancialmente de las empleadas por Kedourie y que, inevitablemente, limitan el campo de estudio a lo que venimos llamando nacionalismo cultural. Para esta ideología, dice Berlín, será un axioma que los hombres pertenecen de modo natural a un grupo nacional cuyo modo de vida colectivo difiere de otros gru-pos de la misma especie.

La historia registra muchas y complejas agresiones a los más entrañables valores de una sociedad sin que ello haya llevado aparejado el despliegue del nacionalismo. Hace falta un grupo de personas que sean capaces de ofrecer una alternativa política de esa clase. No debe olvidarse, en todo caso, que un defensor tan significativo del pluralismo como I. Berlín tiene que estar dotado de una especial sensibilidad para descubrir los valores culturales y las potencialidades integradoras que pueden subyacer a los hechos nacionales por debajo de los discursos nacionalistas.

La obra de M. Hroch ha tenido una significativa influencia dentro de los estudios más recientes sobre la cuestión. Su interés se centra, sin embargo, en un aspecto parcial, aunque sumamente importante, de la cuestión: las causas que explican el surgimiento de unos movimientos nacionalistas basados en la idea de nación cultural y el estudio de las fases de desarrollo de estos movimientos, así como la aproximación a las razones de su éxito o fracaso.

La nación que sirve de soporte a los movimientos nacionalistas se caracteriza por unos rasgos mínimos indispensables: la memoria de un pasado común, la existencia de unos lazos lingüísticos y culturales que facilitan un grado de comunicación aceptable entre los connacionales y la conciencia de una igualdad básica entre todos los integrantes del grupo nacional que se ven a sí mismos como miembros de una misma realidad social.

El aspecto más conocido de la obra de Hroch es la distinción de tres grandes fases en el desarrollo de estos movimientos. En la primera de ellas (la fase A), los activistas quedarían constreñidos a un trabajo de corte sustancialmente «académico» orientado al mejor conocimiento de la historia y la realidad cultural del grupo étnico llamado a la construcción de la nación. En la fase B los activistas dan un paso más allá en favor de una agitación patriótica orientada a forzar el surgimiento de una auténtica conciencia nacional. La fase C registraría paso de un movimiento de élites a un movimiento de masas, produciéndose ordinariamente en este momento una complicación en el seno del movimiento que lleva al surgimiento de distintos grupos y partidos dentro del, en otro tiempo, homogéneo movimiento nacional.

El éxito de los movimientos nacionales, entendiendo por tal su generalización dentro del grupo étnico de base y la posibilidad de forzar una construcción política ad hoc radicaría, entre otros factores, en  la existencia de unos claros antecedentes históricos de autonomía política para la realidad cultural aspirante a transformarse en nación. La memoria de una antigua independencia, la supervivencia de una lengua escrita, son factores decisivos para un éxito condicionado en todo caso por la habilidad reconstructora o imaginativa de los ideólogos de la fase A.

Un segundo factor de éxito estaría ligado al nivel de eficacia del Estado en que se ubica la realidad cultural aspirante a nación y al desarrollo social y económico de la comunidad estatal. Si la anterior situación se ve complementada por altos niveles de movilidad social vertical y horizontal en el seno de la sociedad estatal y por un alto nivel de comunicación entre sus integrantes, todavía disminuyen las posibilidades de los movimientos nacionales. Un últi-mo factor de notable significación en que insiste M. Hroch es la existencia o no de tensiones sociales susceptibles de expresarse a través de conflictos lingüísticos o culturales

El sugestivo enfoque de M. Hroch quizá resulte algo menos claro a la hora de explicar la génesis de esos movimientos y los impulsos básicos para su desarrollo. Por último, el modelo explicativo apenas deja espacio para el desarrollo de otras ideologías y movimientos nacionales que, con base en una idea política de la nación, realizan en buen número de casos su despliegue histórico en coincidencia espacial y cronológica con los movimientos nacionales de signo cultural.

Bibliografía sobre este apartado.

Kohn, H. The Idea of Nationalism, op. cit. Tambien, Prophets and Peoples. Studies in Ninetbeenth Century Nationalism, Nueva York,

Macmillan, 1961; The Ages of Nationalism, Nueva York, Harper and Brothers, 1962, y Nacionalismo. Su significado e historia, Buenos Aires, Paidós, 1967.

Hayes, C. The Historical Evolution of Modem Nationalism, Nueva York, R. R. Smith, 1960

Kedourie, E. Nationalism, Londres, Hutchinson, 1960 (traducción del FEC), y a su introducción a Nationalism in Africa and Asia, Nueva York, New American Library, 1970.

B. Anderson, Imagined Communities: Reflections on tbe Origin andSpread ofNations, Lon- ires. Verso Editions, 1983

Seton-Watson, H. Nation and State, Londres, Methuen, 1977.

 El estudio más importante de I. Berlín sobre la cuestión es el que lleva por título «Nationalism» recogido en Against Current, Oxford, Oxford University Press (traducción española de FCE).

Hroch M.  es Social Preconditions of National Revival in Europe, Cambridge, Cambridge University Press, 1985.

Schmitter, P. «La Comunidad Europea como forma emergente de dominación política», en J. Benedicto y I . Reinares (cds.), Las transformaciones de lo político, Madrid, Alianza Universidad, 1992.

Europa en una encrucijada

## Los efectos geopolíticos del Brexit

La Europa del futuro será compleja y llena de contrastes. Tal y como lo ha sido hasta ahora. Una situación que se debe a la propia naturaleza compleja del proyecto europeo en el que muchas culturas, mentalidades y realidades trabajan a la vez, con diferentes intereses, pero con el objetivo común de conseguir salir de esa crisis en la que se sumió Europa y el mundo hace 12 años, en el 2008, a la vez que continúa con el cartel de «en construcción».

Crisis es algo inherente a la propia naturaleza de un proyecto como lo es la Unión Europea. Por ello, lo importante no es salir de ella sino tener presente -y plantearse- en qué se va a convertir tras el paso del temporal que significa el Brexit. Y eso es el mayor reto al que Europa, y todos los que la componen, se enfrentan: ¿cuál es el futuro que le espera?

Junto con Francia, Reino Unido es el país europeo con mayor proyección global y una cuota de poder duro suficiente para llevar a cabo operaciones en el exterior. Los dos son potencias nucleares, miembros permanentes del Consejo de Seguridad de Naciones Unidas y tienen una red diplomática capaz de llegar a cualquier rincón del planeta. En momentos como Saint-Malo, la colaboración entre ellos ha permitido a la Unión dotarse de los objetivos y medios necesarios para convertirse en un actor global.

Las relaciones con Estados Unidos sufrirían también un duro revés. Reino Unido siempre ha sido el interlocutor privilegiado de Washington en Europa, irguiéndose como socio junior de esta relación especial. Es cierto que ven con preocupación la retirada de Londres de la Unión. Pero no es menos cierto que Washington podría perder interés en el futuro de la UE cuando el Reino Unido deje de ser miembro de ella, sin llegar a despreocuparse del todo. Las negociaciones del Acuerdo Transatlántico para el Comercio y la Inversión (TTIP en inglés) no se detendrían, pero al ser Reino Unido uno de sus promotores, es posible que su ratificación en el Congreso americano se ralentizara al deberse debatir un acuerdo comercial paralelo con Londres.

La credibilidad de la Unión después de la crisis del euro se ha visto mermada a ojos de terceros, pero, con el Brexit, lo que ha sido un fracaso económico se podría convertir también en un fracaso político. Ante la emergencia de nuevas potencias con marcada agenda nacionalista, la pinza entre Estados Unidos y la UE permite reforzar la unidad geoestratégica frente a Rusia o China.

Es precisamente Rusia la que más se regocijaría con el fracaso político de la UE. El gobierno de Vladimir Putin aprovecha cualquier ocasión que se le presente para abogar por la desintegración europea, ya sea reforzando sus vínculos con Marine Le Pen y otros partidos eurofóbicos o alineándose con la idea de las «democracias liberales» de Víktor Orbán.

En cuanto a proyección exterior, la salida de un socio diplomático y con capacidad militar de primer orden conllevaría una menor capacidad de actuar de forma decidida en el vecindario (véase Siria o Ucrania), por mucho que, en numerosas ocasiones, la política intervencionista de Reino Unido no haya favorecido la buena imagen de la Unión (véase Irak o Libia). En tiempos de fragmentación interna y tumulto externo, con el Brexit, Reino Unido aumentaría su condición isleña, pero Europa acabaría echándole de menos.

Lo anterior deberá superarse para seguir construyendo la utopía. Según el politólogo francés Jacques Rupnik, los ciudadanos de

Europa central se han sentido especialmente indignados por la crítica que los alemanes han dirigido contra ellos durante la crisis de los refugiados porque tomaron precisamente de los alemanes del siglo XIX la idea de la nación como unidad cultural.

H.G. Wells hizo una importante contribución la literatura utópica moderna con A Modern Utopía y *Men like Gods* rehusándose a seguir con la tradición de describir una sociedad perfecta. Su utopía es un estado de asuntos más deseables y posibles que el mundo en el que se vivía y más distintamente impráctico en cada escala de lo que es el hoy y será el mañana.

El sueño social de los ciudadanos europeos, la utopía integracionista comunitaria y el paradigma de la tercera vía se convirtieron en la utopía de mediado del siglo veinte y lo sigue siendo en el siglo veintiuno.

La tercera vía, quería decir escapar de una contradicción maniqueísta y estéril para fortalecer la independencia nacional de los países pequeños y medianos. Así como la justicia social en un país pasa por la existencia de elecciones y sindicatos libres como condición si no suficiente al menos necesaria, la justa convivencia entre los países pasa por la existencia de Estados independientes en un sentido concreto de la palabra y un respeto verdadero por un derecho internacional capaz de desarrollarse al compás del mundo.

El papel importante que Olof Palme ha jugado en escala internacional con el concepto de solidaridad que juega, tanto en el plano nacional como en, el plano internacional un papel fundamental. Ayer defendía los derechos civiles de los españoles; después -justo antes de morir- defendía el derecho de Nicaragua a la independencia nacional. Siempre reclamaba los mismos derechos para su propio país.

Suecia es un país pequeño. Su política independiente y la capacidad de sus dirigentes le han ganado una audiencia mundial un poco más grande de lo que puede merecer su poder en términos de cuantía. No se sabe quién mató a Olof Palme ni por qué. Sin embargo, cualquiera -sea partidario o adversario- se equivoca si cree que con la muerte de Olof Palme puede morir el anhelo que él simbolizaba por una democracia cada vez más profunda, amparada por una independencia nacional, anclada en un derecho internacional, respetuosa ante las aspiraciones a la justicia social.

Más tarde, Giddens y Blair la difundirían como una alternativa viable para la Europa del Siglo XXI. Anthony Blair en un encuentro celebrado en la Facultad de Derecho de la Universidad de Nueva York el 21 de septiembre de 1998 presentó su propuesta para buscar la «tercera vía» equidistante entre el laissez-faire y el estatismo y tratar de reconciliar hacia el siglo XXI, como lo dijo Blair, puntos de vista que erróneamente en el pasado fueron considerados como antagónicos por la «vieja izquierda» - tales como el patriotismo y el internacionalismo, derechos y deberes, promoción de la empresa y lucha contra la pobreza y la discriminación- a fin de alcanzar el crecimiento económico y el desarrollo en el marco de una sociedad abierta, justa y próspera.

# 11 LA OTAN Y LA SEGURIDAD EUROPEA

¿Cómo comenzó la guerra en Ucrania?

La visión de la Unión Europea sobre la guerra Rusia Ucrania, tiene una desviación al considerar a Ucrania parte de Europa. En 2021, Rusia inició la intensificación de su presencia militar cerca de la frontera con Ucrania, lo que suscitó gran preocupación en Ucrania, en Europa y en todo el mundo. Sin embargo, no hicieron eco de la petición del presidente Vladimir Putin acerca de las graves violaciones de derechos humanos del gobierno de Kiev en las repúblicas del Donbás.

Pasaron varias semanas de máxima tensión, en las cuales Putin exigía de occidente y de la OTAN la garantía de que esta no extendería a sus fronteras físicas, el 21 de febrero de 2022, el presidente Vladímir Putin decidió reconocer como entidades independientes las zonas de las provincias (regiones administrativas) ucranianas de Donetsk y Luhansk no totalmente controladas por el Gobierno de Kiev y enviar tropas rusas a dichas zonas.

Este reconocimiento se produjo tras la votación favorable de los miembros de la Duma Estatal rusa (cámara baja del Parlamento ruso) el 15 de febrero. El 24 de febrero de 2022, Rusia inició la invasión de

Ucrania.

¿Qué dice la UE sobre la invasión rusa de Ucrania?

Por supuesto, la UE repite que condena enérgicamente la decisión del presidente Putin de reconocer las zonas de Donetsk y Luhansk no controladas por el Gobierno y la agresión militar no provocada e injustificada, desde el punto de vista de Europa, de Rusia contra Ucrania. También condena la participación de Bielorrusia al permitir que su territorio sea un camino de paso de las tropas rusas en la agresión militar de Rusia.

Debido a ello. desde febrero de 2022, el Consejo Europeo y el Consejo de la Unión Europea se han reunido periódicamente para debatir la situación en Ucrania desde diferentes perspectivas y para establecer paquetes de sanciones a la economía rusa.

Para la UE, el uso de la fuerza y la coacción para cambiar las fronteras no tiene cabida en el siglo XXI, ello a pesar de que, durante ocho años, ignoraron las peticiones pacíficas de Donetsk y Luhansk se convertirse en republicas independientes, también ignoraron la destrucción por parte del ejército de Kiev de las ciudades de esas republicas. Las tensiones y los conflictos deben resolverse exclusivamente mediante el diálogo y la diplomacia.

Conclusiones del Consejo Europeo, 24 de febrero de 2022.

En las diversas reuniones, los dirigentes de la UE han exigido, una y otra vez, a Rusia en que ponga fin inmediatamente a sus acciones militares, retire incondicionalmente todas las fuerzas y equipos militares de Ucrania y respete plenamente la integridad territorial, la soberanía y la independencia de Ucrania. Siempre se han puesto del lado de Ucrania y han hecho hincapié en su derecho a elegir su propio destino y han elogiado al pueblo ucraniano por su valentía en la defensa de su país.

En respuesta a la agresión militar, la UE ha ampliado en gran medida las sanciones contra Rusia, añadiendo un elevado número de personas y entidades a la lista de sanciones y han adoptado medidas sin precedentes.

La UE ha mostrado unidad y fuerza y se ha coordinado para proporcionar a Ucrania apoyo humanitario, político, financiero y material. Para ellos Ucrania pertenece a la familia europea, de acuerdo con la declaración de los dirigentes de la UE, 10 de marzo de 2022

La UE está resuelta a seguir mostrando su solidaridad y proporcionando ayuda a los refugiados que huyen de la guerra en Ucrania y a los países que los acogen. También está coordinando su actuación con los socios y aliados, en el marco de las Naciones Unidas, la OSCE, la OTAN y el G7.

La Unión Europea después de la guerra Rusia Ucrania

Hemos esbozado en otro capítulo que la arquitectura de defensa de la UE descansa en la OTAN, y que esto encarna una grave dependencia de Estados Unidos ante cualquier amenaza. Se quedaron impávidos cuando el 24 de febrero Rusia invade Ucrania demandando las mismas condiciones que venía pidiendo desde hace 8 años: 1. No a la inclusión de Ucrania en la OTAN; 2. Estatus de nación neutral y no desarrollar armas nucleares; 3. Cesión de Crimea; y 4. Independencia de las dos Repúblicas del Donbás.

Los análisis simplificadores de los hechos realizados por Estados Unidos y por el Consejo de la Unión Europea llevó al escalamiento y la intensidad de la guerra con resultados desastrosos e inhumanos para la población de Ucrania y las Repúblicas del Donbás.

Demos un repaso histórico para el mejor discernimiento de los eventos. Rusia y la Unión Europea (UE) son las principales potencias económicas y políticas del continente europeo: la primera considerada "emergente", la segunda con una tendencia al declive consecuencia de la abismal crisis financiera y económica desde antes de la pandemia, empeorada por esta y por los efectos de las sanciones económicas, comerciales y financieras hacia Rusia. Son dos vecinos con una larga historia de encuentros y desencuentros cuyas relaciones no siempre han sido cordiales y constructivas, pero que no podían ignorar por más tiempo que se necesitan mutuamente y se establecían acercamientos entre ambas, hasta que llegó la guerra.

Lo primero que requerimos entender es que la comunidad que comparten la UE y Rusia está conformado por Estados que antaño pertenecieron a la Unión Soviética: Bielorrusia, Ucrania y Moldavia en Europa del Este, separándoles, y Armenia, Azerbaiyán y Georgia en el Cáucaso Sur. Respecto al vecindario común ambas potencias tienen estrategias y ambiciones no sólo disímiles sino incluso contradictorias, que les han hecho entrar históricamente en directa competencia. Rusia pretende extender su dominio a los antiguos "vasallos" del imperio zarista y soviético; la UE busca ejercer dominio a través de lo que algunos autores han calificado como "imperialismo suave" tratando de alinear estos Estados con los valores y principios europeos y vincularlos económicamente a la Unión, de forma que se adquiera una mayor prosperidad y estabilicen sus fronteras exteriores.

Los acercamientos se dieron a través de la Política Europea de Vecindad (PEV) y de la incidencia de Rusia como actor tanto en su diseño como en su desarrollo y resultados que nos ofrecerán una serie de elementos para comprender la naturaleza de las relaciones ruso-europeas. Desde la conformación de esta política en 2004 hasta la actualidad puede avanzarse que se ha originado una evolución, pasándose de una competencia directa a un creciente reconocimiento de la necesidad de cooperación. En los últimos años, antes del 2022, puede percibirse por las dos partes un interés renovado en el incremento de la cooperación lo que se percibe tanto en el relanzamiento del diálogo y la negociación, la voluntad de institucionalizar la relación a través de un nuevo acuerdo e instituciones informales y la voluntad de entendimiento y avance conjunto. Las razones son diferentes por las dos partes: para la UE la dependencia energética, para Rusia el imprescindible apoyo europeo para la modernización de su economía. A futuro podemos sabemos que las relaciones están rotas mientras Putin este en el poder, y no seguirá esta voluntad de profundizar las relaciones mutuas y sí tendrá repercusiones sobre la vecindad, o si por el contrario otros factores como la desaparición de Putin en la escena, intereses o estrategias divergentes pueden tener consecuencias en el establecimiento de una Asociación Estratégica digna de tal nombre.

Estudiando el diseño y la gestación de la Política Europea de Vecindad, hemos defendido desde hace tiempo que ésta se plantea inicialmente pensando en Rusia y en la estabilización de unos países frente a los cuales ya no cabe la herramienta de la Política de Ampliación.

Esa estrategia, que había funcionado exitosamente con los Estados de Europa Central y Oriental, parte del antiguo bloque del Este, queda ya descartada por el resurgir político de Rusia y su marcada hostilidad hacia la extensión de la UE a unos países que considera parte de su zona de influencia natural. Pronto queda claro que con la ampliación de 2004 a los tres países bálticos se alcanzaron los límites del este de la UE. Dada, además, la dependencia energética de la UE hacia Rusia, desde pronto se había priorizado una política de entendimiento ante otra de provocación y enfrentamiento.

La primera propuesta donde se plantea por vez primera un marco político diferenciado para los "vecinos nuevos" caracterizado por "un enfoque ambicioso, integrado y a largo plazo [...], con objeto de promover reformas en la economía y en el progreso de la democracia, así como un comercio y un desarrollo sostenibles, contribuyendo con ello a procurar una mayor estabilidad y prosperidad" va dirigida exclusivamente a Ucrania, Moldavia y Bielorrusia.

Sólo por la presión de determinados Estados miembros resultaría después ampliada a otros destinatarios: los vecinos del sur del Mediterráneo por interés de Francia y del Cáucaso Sur por insistencia alemana para equilibrar las zonas de influencia.

Pensada inicialmente para los tres Estados que hacen de territorio intermedio entre las dos partes, la idea de la PEV responde a la necesidad de enfrentar un "nuevo marco de crisis". La ampliación prevista para 2004 planteaba la necesidad de diseñar un marco estrecho de relación con los nuevos vecinos del este con el fin de afrontar las demandas de seguridad de la nueva frontera.

Hoy, Ucrania y Europa se enfrentan a una encrucijada histórica de pronóstico reservado. No es posible saber a ciencia cierta qué ocurrirá en el futuro cercano, y resultaría sumamente irresponsable aseverar lo que ocurrirá en un futuro lejano. Una cosa parece clara ahora: lo que suceda entre Ucrania, Occidente, Rusia y Crimea no definirá estructuralmente el sistema global del siglo XXI; no habrá una posguerra fría, no tendremos una tercera guerra mundial y Ucrania no desaparecerá del planeta. De todo lo demás podemos darnos unas cuantas licencias para hablar con más tranquilidad y certeza.

Los estados bálticos habían sido controlados por Rusia desde el siglo XVIII y la pérdida de los puertos de Riga y Tallin limitó la salida rusa hacia el Mar Báltico. Sus fronteras del Cáucaso volvieron al siglo XIX, perdiendo así el control de los recursos que allí se hallaban (González, 2011: 11, Brzezinski, 2016: 89-93). No obstante, la pérdida más importante para los rusos fue en el frente Occidental, en particular Ucrania.

El fin del sueño socialista tuvo repercusiones en todo el mundo y en todos los sentidos, pero el presente trabajo pone el foco en un país vecino – e incluso hermano – como lo es Ucrania. Pero antes de entrar en el grueso del análisis de la Ucrania post soviética, debemos dar unas pinceladas sobre su posición geográfica, la cual nos permitirá entender mejor la importancia que tiene en el tablero euroasiático, así como para Rusia. Brzezinski (2016: 46) la califica como un pivote geopolítico porque su mera existencia como un estado independiente tiene fuertes repercusiones en el estatus quo ruso. Sin Ucrania, Rusia dejaría de ser una potencia euroasiática y pasaría a ser únicamente asiática – región en la cual tiene a fuertes competidores como China e India – además de perder su acceso al Mar Negro. Asimismo, Ucrania le sirve a Rusia como buffer zone, es decir, un trozo de tierra que podría frenar o, como mínimo, ralentizar el avance de un potencial enemigo en caso de que el último decida violar su integridad territorial (Mearsheimer, 2014b: 5). Debemos recordar que, a raíz de la carencia de barreras físicas que separen a Rusia de los otros estados, Napoleón y Hitler consiguieron penetrar en sus fronteras, por lo que la importancia que tiene para el Kremlin el extranjero próximo es vital. Por lo tanto, ésta casi obsesión que tiene Moscú en evitar la influencia Occidental en sus cercanías se debería, en buena parte, a la búsqueda de una zona de seguridad que le permita sobrevivir como gran potencia (Sanz, 1992:31).

Desde una perspectiva geopolítica estricta, hoy Ucrania forma parte de la zona de influencia de dos poderes antagónicos: Rusia y Occidente, entendido este último como los 27 estados miembros de la Unión Europea (UE) y Estados Unidos (USA). El territorio total de Ucrania es el segundo más amplio de Europa, después de Rusia. Su geografía obliga al país a unirse a alguna de estas potencias o bien desempeñar un papel neutral muy incómodo. A la par, Ucrania enfrenta una paradoja respecto de sus recursos naturales: es un territorio con ricos y vastos campos para desarrollar la agricultura y una riqueza potencial en su subsuelo de los recursos energéticos que requiere, pero tiene una dependencia enorme de Rusia, principalmente en lo referente al gas natural, sin el cual la economía ucraniana podría caer en una profunda crisis económica y social. Ucrania se ubica cerca del lugar 50 entre las economías mundiales, con un producto interno bruto (PIB) cercano a los 200,000 millones de dólares y un PIB per cápita de unos 6,000 dólares al año.

Económicamente hablando, la pérdida de Ucrania también

supuso un duro golpe para Rusia. Ucrania tiene un gran potencial económico tanto si hablamos de recursos naturales como de capital humano. La producción agrícola ucraniana suponía una cuarta parte de la soviética a raíz de la fertilidad de sus tierras. También destaca por su producción de hierro, así como por tener las segundas reservas mundiales más grandes de magnesio. Al mismo tiempo, la región del Donbás cuenta con importantes reservas de carbón así como con una industria metalúrgica notable (Membrive & Amado, 2010: 6-7).

Finalmente, tal y como menciona Ruiz González (2016: 295), Ucrania representa algo muy diferente al resto de repúblicas exsoviéticas. Ambos países son de etnia eslava, tienen idiomas que parten de la misma raíz, comparten una religión mayoritaria y han mantenido una relación milenaria 19 Brzezinski (1997: 40-41) distingue entre dos tipos de piezas en su tablero mundial. Por un lado encontramos a los *geostrategic players*, que son los estados que tienen el poder y la voluntad suficiente como para alterar las cuestiones políticas más allá de sus fronteras. Por otro lado, los *geopolitical pivots* son los estados cuya importancia no radica en su capacidad y voluntad, sino en su posición en el mapa y las consecuencias que tendría sobre los *geostrategic players* la inestabilidad en ellos.

Un dato relevante que debe considerarse en este análisis es que la mayoría de los países europeos colindantes con la actual Rusia, desde su independencia a principios de los años noventa del siglo XX, entraron en una dinámica dual para reinventar su "nacionalismo" y buscar un "acercamiento" más vigoroso a la UE. En ese tiempo (1991) Ucrania era considerada la más poderosa de estas naciones y el estado con mayor potencial de divergencia y conflicto con Rusia. En otras palabras, el poder suave de la UE, asociado con los valores occidentales, ha tenido un atractivo particular para el bloque exsocialista. En el caso de Ucrania, durante sus primeros 15 años como país independiente buscó acercarse tanto a la UE como a la Organización del Tratado del Atlántico Norte (OTAN). En 1997 impulsó la creación de Guam, una unión entre Georgia, Ucrania, Azerbaiyán y Moldavia, como una herramienta de integración europea y de contrapeso a Rusia. Sin embargo, la influencia europea en Ucrania siempre ha sido más un anhelo nacional que una política europea de seguridad regional.

El papel de la OTAN.

Si bien es cierto que la actual crisis se produjo a causa del Acuerdo de Asociación con la Unión Europea, no debemos pasar por alto el importante rol que juega la OTAN en el asunto. Por un lado, Ucrania figura en la lista de posibles miembros y ya estuvo casi a punto de ingresar dentro de la organización. Por otro lado, la UE y la OTAN son dos organizaciones que, a pesar de tener una naturaleza diferente, van muy entrelazadas. Finalmente, el hecho de que, durante la escalada de tensiones que tuvo lugar el mes de abril de 2021, el presidente Zelenski pidiera el inmediato ingreso en la Alianza Atlántica para afrontar a Rusia demuestra el relevante papel de esta organización en la crisis ucraniana. Dicho esto, he creído conveniente dedicar un epígrafe al rol que desarrolla la Organización del Tratado del Atlántico Norte.

El origen de la organización data en 1949, a principios de la Guerra Fría. Existe una frase célebre del primer secretario general de la Alianza (Lord Ismay) que resume su naturaleza original. Este decía que la OTAN había sido creada "para mantener a los rusos afuera, a los americanos dentro y a los alemanes debajo". A través de esta frase se deduce que uno de sus principales objetivos era alejar y frenar la influencia soviética en Europa Occidental. Sin embargo, cuando cayó el muro de Berlín, la organización perdió su razón de ser. Ya no tenía enemigos en el nuevo orden internacional por lo que tuvo que adoptar un nuevo concepto estratégico de acorde con el nuevo contexto internacional (Rodríguez, 2020: 5-7).

James Baker – el por aquél entonces secretario de Estado norteamericano – dijo en 1991 que se debía "crear una comunidad euroatlántica que se extendiese de Vancouver hasta Vladivostok", pero esa afirmación fue tan optimista como temprana. Según Gorbachov, el mismo Baker, en el marco del acuerdo "dos más cuatro", prometió que la OTAN no se extendería más allá de Alemania (Pozo, 2004: 147; Pascual de la Parte, 2017: 13; Brzezinski, 2016: 100). Sin embargo, ocurrió todo lo contrario. La Alianza optó por su expansión hacia los Estados del centro y Este de Europa, ampliando así su membresía a 28 países en tan solo 10 años. Gorbachov consideró esta ampliación como una estrategia estadounidense para tener presencia en el Este europeo y aumentar su capacidad de presión (Pozo, 2004: 152). Siguiendo en esta línea y, en el marco de los conflictos yugoslavos, la tensión entre Rusia y la OTAN fue al alza. Hay dos momentos clave de los años noventa que representaron un punto de inflexión en sus relaciones.

Después de la intervención de la Alianza en Serbia, esta dejó muy claro que era ella la que decidía las reglas y tenía el liderazgo en seguridad en el tablero europeo, dejando así de lado a Rusia y sus intereses, haciéndola sentir impotente. Después de esta intervención y tras la cumbre de la OSCE en Budapest, Yeltsin advirtió que la ampliación hacia el este de la Alianza conduciría a Europa a una "paz fría" (Prudnikov, 2009: 86). Aunque esta primera intervención atlántica ya había crispado las relaciones Rusia-OTAN, no fue hasta finales de la década de los noventa que estas empeoraron drásticamente. Por un lado, en 1998 el senado estadounidense ratificó la ampliación de la Alianza, declarando que era una manera de mantener sus intereses vitales. Por otro, en contra de lo que había establecido la ONU, la organización atlántica realizó una intervención humanitaria en Kosovo, mostrando a Rusia que ni siquiera su poder de veto en el Consejo de Seguridad podía hacer nada para impedir la consumación de los intereses estadounidenses. Tras esos sucesos el Kremlin canceló sus relaciones con la OTAN expulsando a sus representantes del país y advirtiendo que no le empujaran a empezar otra guerra (Pozo, 2004: 157-158). Estas demostraciones de fuerza unilaterales dieron un pretexto a Moscú para alegar que las intenciones de Occidente no eran lo que parecían. Consecuentemente, el Kremlin trazó unas líneas rojas que no debían ser traspasadas, entre las cuales se incluía Georgia y, por supuesto, Ucrania (Pascual de la Parte, 2017: 44).

Después de las tensiones de los años noventa, la OTAN empezó su ampliación por la República Checa, Hungría y Polonia en 1999. La segunda tanda de adhesiones tuvo lugar en 2004, uniéndose Bulgaria, Rumanía, Estonia, Latvia, Lituania, Eslovaquia y Eslovenia. Ya en 2004 – y con Putin en el poder – el Kremlin se mostró desfavorable a tales acciones. No obstante, en Occidente se hizo caso omiso y en la cumbre de Bucarest de 2008 la Alianza consideró – con el firme apoyo de la administración de Bush – la adhesión de Georgia y Ucrania, declarando que ambos países acabarían formado parte de la OTAN (Mearsheimer, 2004b: 2-3).

Mientras autores de gran notoriedad como Mearsheimer (ibídem: 5) afirman que Rusia ha reaccionado de manera coherente en defensa de sus intereses, otros afirman que su reacción a la ampliación de la OTAN fue desmesurada y que la Alianza no tiene ni capacidad ni intención de suponer una amenaza para Moscú (Aznar, 2018: 21). Incluso hay historiadores rusos que señalan que el Kremlin, mucho antes de la expansión de la OTAN, ya tenía planeado crear "enclaves insurrectos prorrusos" para seguir teniendo control sobre las antiguas Repúblicas Soviéticas21 (Pascual de la Parte, 2017: 41).

Conclusiones: cooperación y competencia.

Las relaciones entre la UE y Rusia en los veinte años de existencia de esta última han estado protagonizadas más por los desencuentros y las agendas conflictivas que por la cooperación. La política de la UE hacia la vecindad ha sido —junto con otros asuntos— una de las motivaciones fundamentales para el conflicto político que, desde Rusia, se entendía como una amenaza a su hegemonía en la zona. No obstante, en los últimos años y especialmente desde 2010, la tendencia se está revirtiendo, avanzándose hacia un clima más favorable a una cooperación pragmática, que no hace más que reconocer las interdependencias económicas entre ambos actores.

A los europeos les interesa sobremanera incrementar la cooperación, fundamentalmente para asegurarse la seguridad de los suministros energéticos a precios competitivos, lo que es doblemente relevante en el contexto de crisis económica en el que nos encontramos. El nuevo gobierno de Putin también necesita de la UE para proseguir con su programa de modernización económica y ratificar las expectativas generadas como gigante económico emergente de la globalización. Aunque quiera priorizar otras relaciones estratégicas, tampoco puede obviar que entre el 70 y el 80% de sus exportaciones de gas y petróleo tienen como destino la UE y, por tanto, que su competitividad exterior depende de este socio.

Es evidente que la UE tiene también un interés muy relevante en incorporar a Rusia a la implementación de la función estabilizadora de la PEV por la vía del multilateralismo de la Asociación Oriental. Y es que el éxito final de la iniciativa de la vecindad en esta región requiere una mayor cooperación y fortalecimiento de las relaciones entre Bruselas y Moscú. No obstante, parece difícil convencer a un

Putin con una visión realista de las relaciones internacionales y que ha entendido la economía como un arma más para situarse en el panorama estratégico de que pueden extraerse ganancias mutuas. Por el momento no parece que vaya a desistir de presionar a los Estados de la vecindad común para que se incorporen a la Unión Aduanera ya creada y participen en la futura Comunidad Económica Euroasiática, en sus pretensiones de reforzar los lazos de la CEI. Por mucho que cambien los discursos políticos, parece que las estrategias de competencia en el vecindario se mantienen.

Si los intereses pugnan por un incremento de la cooperación tanto bilateral como multilateralmente, para la cooperación en el vecindario común, también existen relevantes obstáculos. El primero de ellos es el relativo a los valores, hoy día constitucionalizados en el Tratado de Lisboa y férreamente defendidos por un Parlamento Europeo que cada vez tiene más competencias en materia de política exterior. Las exigencias de la parte europea en materia de respeto de los estándares democráticos, del Estado de Derecho y de la protección de los derechos humanos han chocado hasta este momento con el rechazo ruso a lo que considera una intromisión inexcusable en su soberanía.

Aun cuando los intereses económicos puedan hacer que continúe la cooperación, puede que los valores terminen por interferir en la profundización de la relación. A este respecto hay que tener en cuenta los nuevos poderes de aprobación del Parlamento Europeo en relación con los nuevos acuerdos internacionales, tanto como la necesaria ratificación por parte de todos los Estados miembros.

La revolución naranja.

Ucrania, tal y como se verá más adelante, es un país fuertemente arraigado con la historia y la cultura rusa. Sin embargo, el elemento nacionalista ucraniano siempre estuvo presente en las zonas más occidentales del país a causa de la mayor influencia occidental y, consecuentemente, menor influencia rusa. La revolución naranja fue una evidencia de ese movimiento nacionalista fuertemente orientado a Occidente (Bascones, 2014: 8). Si bien es cierto que Kravchuk tuvo unos tintes muy nacionalistas, con la llegada de Kuchma el nacionalismo se atenuó dando más importancia a las cuestiones de carácter económico. No es hasta diez años más tarde, con la revolución naranja, que el nacionalismo vuelve a florecer en el campo ucraniano.

Las elecciones presidenciales de del 31 de octubre de 2004 marcaron unas pugnas muy hostiles entre los candidatos que se presentaban a las elecciones. De todos ellos, destacaba Víktor Yúshchenko – líder de la coalición de partidos "Nuestra Ucrania" – y Víktor Yanukovich, líder del "Partido de las Regiones" además de ser el favorito del por aquel entonces presidente Kuchma (Gamboa, 2014: 97). Tras una apretada primera vuelta electoral en la que Yúshchenko (el candidato europeísta) venció con un 39,9% de votos a Yanukovich, con un 33% de votos, la Comisión Central Electoral declaró victorioso a Yanukovich en la segunda vuelta. Con la publicación de informes negativos de las misiones de observación electoral – incluida la OSCE – se declararon las elecciones como fraudulentas y las calles fueron tomadas por una masa de población vestida de naranja que pedía unas elecciones verdaderamente democráticas. Los protestantes ocuparon durante dos semanas la plaza del Maidán, que reunió en su seno hasta 600.000 personas (Ruiz Ramas, 2016: 199). Esto se conocería más tarde como la "revolución naranja" y fue una movilización sin precedentes en Ucrania.

Finalmente, el Tribunal Supremo convocó la tercera vuelta en la cual Yúshchenko se declararía como victorioso, pero no sin pagar un precio. Este era el envenenamiento que estuvo a punto de causarle la muerte y, aunque haya salido con vida, su cara no volvió a ser la misma a causa de los efectos de la intoxicación. Para los partidarios de la revolución naranja esta fue el símbolo de las promesas del cambio hacia un futuro mejor; para los detractores no era más que otra revolución de colores que tenía como objetivo engañar al pueblo. Los Estados Unidos, viendo la victoria de un candidato prooccidental, se apresuraron en mostrar públicamente su apoyo, el cual fue fundamental (Gutiérrez del Cid, 2007: 139). Así, el senador republicano John McCain y el senador demócrata Chris Murphy salieron en la televisión afirmando que "Ucrania hará mejor a Europa y Europa hará mejor a Ucrania" (Mancera, 2014: 91-92). De hecho, Gutiérrez del Cid (2007: 131-132) afirma que, además del apoyo Occidental que recibió, el movimiento naranja fue "organizado, fundado el integrado por Estados Unidos a través de identidades como el National Democratic Institute, el International Republican Institute y el Departamento de Estado de ese país". Asimismo, afirma que la revolución naranja fue financiada por Occidente para sacar beneficios económicos y comerciales con Ucrania y arrebatarle la influencia a Rusia.

Por otra parte, esta revolución constituía otro golpe para los intereses del Kremlin, el cual observaba como un país geoestratégicamente importante se alejaba de su órbita de influencia25. Sin embargo, Moscú no se iba a quedar de brazos cruzados y, aprovechando la influencia económica que tenía sobre Ucrania, la sometería a una gran presión aplicándole unos precios para el gas que la débil economía ucraniana no pudo soportar (Bascones, 2014: 9).

La revolución naranja al final no fue el éxito que la gente se esperaba. El poder siguió repartiéndose de la misma manera y los nodos de poder informal todavía seguían vigentes, por lo que la presidencia de Yúshchenko tampoco impulsó nuevas transformaciones (Gamboa, 2014: 99). No obstante, Yúshchenko sí hizo una reforma de la constitución de carácter democrático, dándole más poder al parlamente en detrimento del presidente. Fue este mismo parlamento quien le echó del poder poco más de un año después a causa de un pacto entre su antigua aliada, Yulia Timoshenko, y Yanukovich. Después de rifirrafes electorales entraría en el poder Timoshenko mostrándose favorable al ingreso en la OTAN y dando pasos decisivos en la incorporación en la UE.

Con este panorama, Ucrania llega a las elecciones de 2010. El 7 de febrero de 2010, Yanukovich – el favorito del Kremlin – gana las elecciones presidenciales con un 49% de votos contra los 45,5 de Timoshenko. Aunque la gente afirmó que estaba cansada de la política, hubo un impresionante 69% de participación en unas elecciones que se declararon lícitas por las diferentes organizaciones internacionales en terreno (Aslund, 2015: 80). Una de las primeras cosas que hace Yanukovich cuando toca el poder es, siete años antes del plazo preestablecido, renovar por 25 años más el acuerdo con Moscú sobre la estancia de la flota rusa en Sebastopol. Esto fue un claro guiño a Putin para demostrarle la continuidad de las buenas relaciones entre Rusia y Ucrania. No obstante, el presidente ucraniano también se mostró cercano a Occidente, estableciendo la firma de un Acuerdo de Asociación con la UE para noviembre de

2013 (Bascones, 2014: 10-12). Como era de esperar, Putin no podía dejar que eso ocurriese y volvió a utilizar su influencia económica para que la firma de ese acuerdo no se materializase. Las presiones al final pudieron con Yanukovich, el cual acaba no firmando el acuerdo y lo demás es historia.

La revolución del Maidán (Euromaidán).

Tras un 2013 de presiones económicas y comerciales rusas, Kiev aplaza la firma del Acuerdo de Asociación con la UE. El aplazamiento supone la victoria del Kremlin en el conflicto diplomático entre Ucrania, Rusia y la Unión. A este conflicto diplomático se le suma uno de carácter interno que empieza por ser un movimiento social y acaba convirtiéndose en un movimiento revolucionario que ya no buscaba el cambio de decisión del gobierno, sino la caída de este. La negativa de la firma del Acuerdo supone un segundo punto de inflexión en la historia de la sociedad civil ucraniana, precedido únicamente por la revolución naranja en 2004.

Podríamos destacar dos momentos decisivos que cambiaron el rumbo del Euromaidán. Por un lado, el 30 de noviembre se producen los primeros actos de represión por parte del gobierno. La represión cala en la población aumentando así la capacidad y la idiosincrasia del movimiento, que pasó de ser un movimiento proeuropeo a uno antigubernamental y nacional. Asimismo, los actos de represión dieron un pretexto perfecto a Occidente para legitimar el movimiento y desacreditar a las autoridades estatales (Ruiz Ramas, 2016: 45). Por otro lado, el segundo momento clave es cuando el 16 de enero el Parlamento de Ucrania aprueba lo que se conocieron como "las leyes de la dictadura" (Aslund: 2015: 105). A causa de estas leyes el conflicto se radicaliza y se produce una escalada exponencial, apareciendo las primeras víctimas mortales a finales de enero. A partir de ese momento los manifestantes son conscientes de que la violencia va a formar parte de la naturaleza del conflicto. La radicalización del movimiento empuja al gobierno a negociar, pero a esas alturas el Maidán solo aceptaba la dimisión de Yanukovich (Ruiz Ramas, 2016: 51-56).

Ya en el desenlace del Euromaidán, entre el 18 y el 21 de febrero, el conflicto empeora drásticamente. El gobierno empieza a perder el control y la autoridad en varias regiones occidentales y, en

Kiev, se produce una masacre que, entre policías y manifestantes, deja a casi un centenar de muertos. Esta situación obliga a pactar a Yanukovich con la oposición mediante la mediación de la UE y Rusia, aunque el representante de la última no firma el acuerdo. Sin embargo, el Maidán siguió sin aceptar nada que no sea la dimisión del presidente y, habiendo rechazado el acuerdo, empiezan a tomar edificios gubernamentales por la fuerza, obligando a Yanukovich a huir del país y refugiarse en Rusia. Ante este vacío de poder, la oposición parlamentaria forma un movimiento. Según Snyder (2014 citado en Aslund, 2015: 105) estas leyes tenían la intención de convertir a Ucrania en una dictadura y hacer de los miles de protestantes criminales.

La anexión de Crimea.

Tras hacerse imposible la continuidad del gobierno de Yanukovich, el 23 de febrero de 2014 el parlamento asumió el poder y designó como presidente en funciones a Alexander Turchinov, quien llegó con una visión prooccidental. Con la salida de Yanukovich se pensaba que era posible solucionar las protestas masivas, pero el ajedrez político cambió y Rusia entró en acción con una intervención militar en Crimea, con la justificación de que Ucrania tenía un gobierno ilegítimo. El 27 de febrero un grupo armado prorruso tomó las sedes del gobierno y del parlamento autónomo de Crimea y puso banderas rusas sobre los edificios oficiales. A pesar de las protestas por parte de Ucrania y del apoyo por parte de la ONU, de los estados miembros de la UE por separado y como unión, y de EU (que hicieron exhortos de todo tipo para respetar el derecho internacional), Rusia siguió adelante y una vez asentado el ejército ruso en Crimea, con el pretexto de defender a la población prorrusa de una "ucranización", se lanzó un referéndum para que la península se independizara de Ucrania. El referéndum fue favorable a los prorrusos y Rusia anexó a Crimea con 96% de los votos a favor. El 18 de marzo el presidente ruso, Vladimir Putin, proclamó que "Crimea siempre ha sido parte de Rusia" y firmó el acuerdo de adhesión de esta región a Rusia. Fait accompli.

La propaganda es en este caso una secuencia de poder suave para la acción política. Si tenemos en cuenta la desarrollada por Putin en estos términos soviéticos, la invasión de Crimea no fue una reacción a una amenaza real sino más bien una pantalla para adelantar una posición estratégica. La propaganda es parte de la acción que se pretende justificar. Desde este punto de vista, una invasión de Rusia daría lugar a una reacción nacionalista ucraniana que haría que la historia de Rusia acerca de los fascistas fuera cierta, pero a la inversa.

Para entender este hecho no habría que olvidar que Crimea perteneció a Rusia desde el siglo XVIII y hasta 1954. En el imaginario colectivo de la zona la península simbolizó la materialización del sueño romántico de los primeros imperialistas rusos que anhelaban conquistar las tierras de los antiguos imperios clásicos. Crimea fue entonces el lugar de descanso del liderazgo soviético y el soñado destino veraniego de los rusos de varias generaciones. Pese a su población multiétnica, Crimea para los rusos siempre ha sido considerada territorio ruso. Esto sin descontar que, desde luego, la península y la base naval en su capital le han dado a Rusia una posición privilegiada en el aspecto geoestratégico, con miras al Mar Negro y al Mediterráneo.

El 27 de febrero de 2014 Rusia empieza la ocupación de la península de Crimea y el 18 de marzo del mismo año se materializa la firma del tratado de anexión. Esta acción, por un lado internacionalizó el conflicto y, por otro demostró que el Kremlin está dispuesto a violar el Derecho Internacional en defensa de sus intereses nacionales (Salmón & Rosales, 2014: 188). Este movimiento marca un antes y un después en el conflicto.

Ya con la caída del régimen soviético y la independencia de Ucrania, Yeltsin pidió de vuelta la península, llegando incluso a anular la transferencia en el año 1992. A raíz de lo anterior, Ucrania envía el caso al Consejo de Seguridad de las Naciones Unidas y este reafirma la integridad territorial ucraniana. Paralelamente, en 1992 Crimea proclamó la independencia y creó su propia Constitución que, aunque no entró en vigor, luego fue recuperada por el líder independentista Meshkov en 1994, el cual también declaró la independencia de la península. Un año después, Ucrania derogó la Constitución y la cambió por un estatuto de autonomía (Bowring, 2005: 75-97 citado en Ruiz González, 2016: 323-324).

La voluntad independentista de la península disminuyó con la entrada de Kuchma en el poder en 1994, el cual tuvo una actitud más conciliadora con la península. En 1997 el mismo Kuchma firma el Tratado de Paz y Amistad30 según el cual se repartió la Flota del Mar

Negro y se acordó el estatus de la base naval de Sebastopol. El tratado establecía que Rusia se quedaría con la mayor parte de la flota, conservando Ucrania solo el 18,3% de los busques. Asimismo, Ucrania conservaría la municipalidad de Sebastopol con la obligación de alquilar su base naval a Rusia por un período de veinte años prorrogables y por un precio de 100 millones de dólares al año (Sheer, 1999: 33-50 citado en Ruiz González, 2016: 325).

Según el mismo, un 68,3% de la población deseaba separarse de Ucrania y unirse a Rusia, opinión que compartían el 75,9% de los rusos, un 55,2 de los ucranianos y el 13,8% de los tártaros (Ruiz González, 2016: 326-328).

Con esta información nos situamos en marzo de 2014, cuando la Duma rusa autorizó a Putin "emplear los medios necesarios para proteger a los rusos en Crimea frente a una supuesta tiranía y violencia ucraniana". Para legitimar la invasión – ilegal según el Derecho Internacional – Putin puso como precedente la intervención por parte de la OTAN de Kosovo (Salmón & Rosales, 2014: 190). Con esto, Putin envía a los famosos hombrecillos verdes y muestra a Occidente que hay un cambio en las reglas del juego, el cual se pasará a jugar con las reglas rusas. Los Spetznaz rusos 30 Este Tratado, según el cual Rusia reconocía la soberanía e integridad territorial de Ucrania, se declaró sin efecto por parte del Kremlin porque el último no se consideraba vinculado con el nuevo régimen ucraniano emanado de un golpe de estado ilegal (Pascual de la Parte, 2017: 261).

Asimismo, se evidenció la fractura del Estado ucraniano – y, consecuentemente su debilidad – ya que unos 15,000 soldados ucranianos desplegados en Crimea (70%) optaron por desertar y unirse a las fuerzas armadas rusas (Gil, 2014 citado en ibídem: 112).

Con esta base, Rusia buscaría recuperar la influencia global que perdió con la desintegración de la URSS. La efectividad de esa base se evidenció durante la crisis de Georgia de 2008 en la cual Rusia la utilizó para bloquear el Mar Negro, así como para lanzar ataques anfibios. De la misma manera, la base naval le sirvió en las misiones antipiratería en el Océano Índico y las crisis de Libia y Siria. Así, Crimea es la clave para la proyección de poder ruso no sólo en el Mar Negro, sino también en el Mediterráneo.

La guerra del Donbás.

Con el cambio de gobierno y la firma del Acuerdo de Asociación se empezaron a entrever las rupturas internas ucranianas, las cuales serán objeto de análisis en el siguiente bloque. Como consecuencia del éxito del Euromaidán, en marzo de 2014, se producen unas movilizaciones de carácter opuesto a las del Maidán que acaban ocupando los diferentes edificios del gobierno en un claro acto de no reconocimiento a las autoridades centrales. Pese a que buena parte de la población estuviera a favor de echar del poder a Yanukovich, un 80% de los habitantes del sur – con Crimea incluida – y un 70% de los del este se habían opuesto al Euromaidán (Andreyev, 2014 citado en Morales, 2015: 103). Esta reacción desfavorable al movimiento aumenta con la toma de poder de los opositores, situación que el Kremlin utilizó para promover una insurrección separatista con el objetivo de desestabilizar el país, impidiendo así su avance hacia la integración en la UE y la OTAN. Aunque Putin haya puesto varios pretextos, alegando una supuesta "injerencia humanitaria" para proteger a los rusoparlantes ucranianos de un régimen fascista, Morales (2015: 104) considera que "se trata de un enfrentamiento que en el plano internacional tiene poco de ideológico, y mucho de vieja realpolitik basada en el control de una esfera de influencia que permita a Rusia mantener su papel como potencia europea".

Las regiones que se ven afectadas son Donetsk y Luganks, aunque también otras como Járkov y Odessa. Posteriormente se autoproclaman las Repúblicas de Donetsk y Járkov (7 de abril) y eventualmente se unirá también Luganks (27 de abril). La fragmentación social cada vez es más evidente. El 12 de abril un grupo de paramilitares armados liderados por Igor Guirkins llegan a una localidad de Donetsk para defender las posiciones rebeldes y empezar la expansión territorial. El gobierno provisional de Turchínov pierde el control del Donbás y, después de declarar a los rebeldes como terroristas, emprende una acción armada contra ellos en el marco de la Operación Antiterrorista (ATO) (Ruiz Ramas, 2016: 35). Esta decisión no fue bienvenida en el Donbás y dio comienzo a la guerra civil.

Después de la escalada de hostilidades en el Donbás a raíz de la intervención armada estatal, el 24 de mayo de 2014 se firma el documento fundador de Novorrossiya31. Este territorio con complejo de Estado estaría conformado por la República Popular de Donetsk y la República Popular de Luganks y funcionaría a través de la coordinación de las dos Repúblicas, aunque las dos serían autónomas e independientes. Si bien es cierto que Novorrossiya debía ser un Estado independiente de Kiev y de Moscú, este estaría orientado geopolíticamente hacia Moscú (Pascual de la Parte: 2017: 146).

Aunque la guerra del Donbás empezara como un conflicto interno, está ya ha perdido su calidad de guerra civil apoyada por Rusia para convertirse en un conflicto internacional entre tropas ucranianas y rusas. El hecho de que ambas partes se hayan saltado el alto al fuego establecido por los acuerdos de Minsk tampoco llena la escena de optimismo y diezma la esperanza de una solución pacífica del conflicto. Finalmente, teniendo en cuenta la existencia de otros enclaves insurrectos prorrusos, Ruiz Ramas (2014 citado en Morales, 2015: 109) piensa que "existe un riesgo real de que el conflicto quede congelado, con los territorios insurgentes convertidos en independientes de facto, pero sin que el Estado ucraniano cese

Hay quienes, con ojos más periodísticos que académicos, han sugerido que el conflicto ruso–ucraniano se está trasformando en una rivalidad semejante a la de la guerra fría, donde eventualmente Ucrania quedaría dividida, no políticamente pero sí en un sentido de identidad: el norte y el oeste del país prooccidentales; el sur y el este prorrusos.

Esto es un escenario lejano y más bien improbable, por los costos que acarrearía para Rusia. El motivo por el cual las regiones del sur y del este son activamente prorrusas es por el poder suave ruso, pues durante varios años se ha dirigido propaganda televisiva a la población rusa de estas regiones, lo cual ha tenido un efecto ideológico de división étnico–política, entre cuyos objetivos podría estar el abonar a la división en Ucrania, presionando a la gente con la posibilidad de perder su soberanía, ofreciendo a la par regresar a la madre Rusia, que los esperaría con los brazos abiertos. Yo no creo en esta hipótesis. Reitero, el costo político y militar de una maniobra geopolítica de este nivel delataría más bien que Putin y Moscú están perdiendo el tacto y el pulso en la región. Una visión posgeopolítica diría que el duelo está más bien en la forma de aplicar un poder inteligente, con capacidades de atraer y coercionar. Desde una óptica rusa esto llevaría al escenario de intentar que las mayorías rusas en Ucrania tomen el control del país, sigan los mandatos de Moscú y se alineen a sus políticas, con el premio de la asociación y alianza con

Asia y Medio Oriente, más que con Europa y EU.

La dependencia del gas y sus repercusiones geopolíticas-

La dependencia ucraniana del gas ruso se puede explicar a través de las diversas "guerras del gas" que han tenido lugar desde la independencia de Ucrania. Pero antes de entrar en detalles sobre las guerras conviene hacer algunas pinceladas a lo que Pardo (2016: 230) llama "una herencia envenenada". Cuando cayó la URSS hubo dos cosas que heredó Ucrania, las cuales son de crucial importancia para entender los conflictos relativos al gas. Por un lado, se quedó con una industria que, pese a ser muy amplia, era poco diversa y competitiva a nivel internacional (Ishchenko, 2014: 11). La dependencia del mercado ucraniano hacia la Confederación de Estados Independientes (CEI) y el hecho de no encontrar alternativas en otros países a raíz de su poca competitividad, cuando los países de la CEI sucumbieron a una profunda depresión económica, hundieron la economía ucraniana (van Zon, 1999: 116-117 citado en Pardo, 2016: 230). Por otro lado – y lo que nos incumbe en este epígrafe – Ucrania heredó unos precios del gas muy por debajo del precio de mercado que, con la caída de la URSS, ya no tenían razón de ser (Aslund: 2015: 65: Pardo, 2016: 232). Pero Ucrania también tenía una baza con la que jugar, ya que las exportaciones gasísticas rusas dependían del tránsito por Ucrania45. Esta dependencia mutua creó un poderoso instrumento de chantaje para ambos países (Pardo, 2016: 234).

Las primeras guerras energéticas tuvieron lugar en el 1993-1994 cuando se produjeron unas dinámicas de cortes de gas por parte de Rusia, robos de gas por parte de Ucrania y perturbaciones en los flujos energéticos del resto de consumidores europeos del gas ruso (D'anieri, 1999: 69-95 citado en Pardo, 2016: 236).

El freno hacia el poder inteligente de Rusia es la estrategia que puede aplicar Occidente mediante visados selectivos y la amenaza de congelar cuentas bancarias de oligarcas rusos, lo que podría impulsar a los aliados de Putin a pedir la moderación de las acciones. Para los dos bloques, Occidente y Rusia, Ucrania no es propiamente un espacio muy atractivo: el rescate de la economía de este país y el fortalecimiento de sus instituciones frágiles puede requerir décadas para mostrar resultados tangibles. ¿Quién está dispuesto a mantener el apoyo durante una década? De momento, las consultas trasatlánticas entre EU y la UE abordan la seguridad nuclear, la cooperación económica con Ucrania y las negociaciones diplomáticas de alto nivel con Putin. La cautela occidental, más orientada al poder suave, pareciera inocua y se concentra en una postura racional de cálculos de conductas posibles de Putin y su élite, a través de medidas económicas y políticas que intentan calibrar el impacto de los eventos en el día a día. Falta una estrategia más audaz, basada en un poder inteligente de más alto nivel. Mientras tanto, Putin continúa con su propaganda y cooptación política de los rusos en Ucrania, propone defenderlos en territorio ucraniano si fuese necesario y amenaza con un despliegue de 20,000 soldados, de la noche a la mañana, en cualquier lugar de la frontera oriental de Ucrania, entre Donetsk o Kharkiv o incluso Transnistria

El futuro.

Asimismo, la entrada de la OTAN en el conflicto está descartada porque, a parte de no haber obligación jurídica de intervenir por no ser Ucrania miembro de la organización, el riesgo de enfrentamiento con una potencia nuclear como Rusia es demasiado elevado.

Hasta aquí tenemos que Rusia ha sido – y sigue siendo – el principal motivo por el cual Ucrania no se ha integrado en Europa pero unas élites divididas, una sociedad fragmentada y un régimen débil han hecho que Ucrania no haya tenido ni la oportunidad de poder equilibrar al Kremlin, siendo este el vencedor en el tablero ucraniano, a pesar de todas las sanciones occidentales. No obstante, también se han querido estudiar dos variables más para poder ver qué rol han jugado, siendo estas la económica y la cultural. El objetivo de estas variables ha sido ver si culturalmente Ucrania podría tener algún problema en cuanto a integración, al igual que si económicamente estaba preparada para competir en los mercados europeos.

En conclusión,

Orígenes de la guerra

La guerra entre Rusia y Ucrania comenzó el 24 de febrero de 2022, cuando Rusia lanzó una invasión a gran escala en Ucrania. Las causas de la guerra son complejas y multifacéticas, pero se pueden resumir en varios puntos clave:

Anexión de Crimea: En 2014, Rusia anexó Crimea, lo que fue ampliamente condenado por la comunidad internacional.

Conflictos en el este de Ucrania: Desde 2014, ha habido un conflicto en curso en las regiones de Donetsk y Lugansk, donde los separatistas prorrusos han luchado contra el gobierno ucraniano.

Intereses geopolíticos: Rusia ha expresado preocupaciones sobre la expansión de la OTAN hacia el este y ha buscado mantener su influencia en la región.

Sanciones de la Unión Europea
La Unión Europea ha impuesto una serie de sanciones contra Rusia en respuesta a la invasión. Estas sanciones incluyen:

Sanciones económicas: Restricciones a las importaciones y exportaciones, así como congelamiento de activos de individuos y entidades rusas.

Sanciones contra líderes: Sanciones dirigidas a altos funcionarios y figuras influyentes del gobierno ruso.

Sanciones energéticas: Limitaciones en la compra de petróleo y gas ruso, con el objetivo de reducir la dependencia de Rusia en el suministro energético.

Situación actual
La situación en Ucrania sigue siendo muy tensa y cambia constantemente. Las fuerzas rusas han ocupado varias regiones del este y sur de Ucrania, pero han enfrentado una fuerte resistencia por parte del ejército ucraniano y los civiles. La guerra ha causado una gran cantidad de víctimas y ha desplazado a millones de personas. Las negociaciones de paz han sido difíciles y hasta ahora no se ha logrado un acuerdo significativo.

# 12 LA UNIVERZALIZACIÓN DE LA UTOPÍA EUROPEA

## CAMBIO DE ESTILO DE VIDA

Las condiciones de vida y la calidad de vida son uno de los seis ámbitos de actividad principales del programa de trabajo de Eurofound para el período 2021-2024. Eurofound asegura que seguirá cartografiando y analizando aspectos clave relacionados con la mejora de las condiciones de vida de la población en Europa, en particular recopilando informaciones sobre su percepción de la calidad de vida y la sociedad. Como resultado de la pandemia de la COVID-19 y la consiguiente crisis económica que han afectado profundamente a la vida de las personas, Eurofound se propone seguir investigando el impacto de esta crisis en la ciudadanía de la UE en diferentes etapas de la vida.

Para lograr lo anterior, durante el período 2021-2024, la investigación de Eurofound proporcionará información importante sobre los retos y las perspectivas en el ámbito de las condiciones de vida y la calidad de vida en la UE, así como sobre el papel desempeñado por diversas iniciativas orientadas a aliviar las dificultades sociales de diversos colectivos ciudadanos. Revisten especial interés las repercusiones para las personas mayores y las necesidades asistenciales, los jóvenes y su inclusión y movilidad social, y las diversas consecuencias de la crisis en hombres y mujeres.

Los servicios públicos de toda la UE desempeñaron un papel importante en la gestión de la crisis de la COVID-19 al tiempo que afrontaron retos considerables, y deberán seguir siendo evaluados en mayor detalle, centrándose en cuestiones como la calidad, el acceso y la asequibilidad. Como se ha mencionado en capítulos anteriores, la crisis ha tenido efectos desproporcionados sobre determinados colectivos dependiendo de la edad, las responsabilidades asistenciales y la conciliación de la vida laboral y familiar, y Eurofound los analizará en mayor profundidad.

En coordinación con el Instituto Europeo de la Igualdad de Género (EIGE), Eurofound pretende investigar la brecha de género multidimensional analizando el impacto de la crisis de la COVID-19 en hombres y mujeres en términos de participación en el empleo y condiciones materiales de vida y bienestar, con el fin de identificar las diferencias y evaluar su efecto en las brechas de género.

La calidad de los servicios públicos ha sido clave para configurar la confianza en las instituciones de la Europa contemporánea y será crucial para superar los retos actuales y futuros. Los servicios de calidad son también un ámbito de innovación, especialmente en lo que se refiere a la transición a servicios digitales y más respetuosos con el medio ambiente y a estar preparados para los riesgos, como la pandemia, en el futuro.

Todos estos programas tienen como objetivo consolidar y promocionar el estilo de vida europeo. Porque si el «estilo de vida estadounidense» es una frase hecha tan extendida que resulta un poco extraño usarla en español y no decir *the American way of life*, como es en inglés se debe posicionar la frase aplicándola a Europa.

Pero ¿qué hay del «estilo de vida europeo»? ¿Existe realmente tal concepto que una y cohesione a los 27 integrantes de la Unión Europea y a sus más de 500 millones de ciudadanos? La presidenta de la UE Von der Leyen, en la presentación de esta prioridad del Ejecutivo comunitario explica que «una Europa que proteja debe defender también la justicia y los valores fundamentales de la UE».

«Las amenazas contra el Estado de Derecho ponen en entredicho la base jurídica, política y económica de nuestra Unión. El Estado de derecho es fundamental para la visión de la presidenta Von der Leyen de una Unión de igualdad, tolerancia y justicia social».

El «estilo europeo»

La supervisión de la migración y seguridad son algunos de los ámbitos de actuación de la cartera de «estilo europeo» a cargo del griego Margaritis Schinas. En la audiencia de confirmación, Schinas dio una extensa definición de lo que considera define ese estilo europeo. «La esencia del ser europeo es proteger a los más vulnerables en nuestras sociedades. Significa sistemas de salud y bienestar a los que todos pueden acceder. Significa tener las mismas oportunidades.

Significa promover la cultura y el deporte como elementos centrales de nuestros sistemas y formar a las personas con el conocimiento, la educación y las habilidades que necesitan para vivir y trabajar con dignidad.

Significa sentirse seguro en nuestros hogares, en nuestras calles y en todos los lugares donde nos gusta encontrarnos, intercambiar y experimentar la vida juntos.

Ser europeo significa estar abierto al mundo, extendiendo corazón y hogar a los menos afortunados. Significa defender estos valores, estos derechos, estos principios en todo el mundo.

Ser europeo significa paz, libertad, igualdad, democracia y respeto por la dignidad humana».

Anjay Novak, historiador y escritor polaco, afirma que es escéptico ante la idea de «institucionalizar la identidad»: «Siempre existe el peligro de crear una identidad de arriba hacia abajo».

Por su parte, el pensador francés Jacques Attali cree que la «idea europea» perdurará más que la del sueño americano, otra frase hecha que habla del estilo de vida de Estados Unidos, porque «Es un sueño más colectivo que el sueño americano, que es una yuxtaposición del derecho de volverse rico».

Y agrega: «Creo que Estados Unidos está al borde del colapso en términos de identidad, unidad y fortaleza. Por ende, no apostaría por que el siglo XXI será un siglo en donde el llamado estilo de vida estadounidense sobreviva»

En septiembre del 2020, al presentar su plan de actuación, Von der Leyen señaló que «el estilo de vida europeo se edifica sobre la solidaridad, tranquilidad y seguridad». La conservadora alemana Ursula von der Leyen es la primera mujer que preside la Comisión Europea con el objetivo de abordar y disipar los miedos y preocupaciones legítimos sobre el impacto de la migración irregular en la economía y sociedad.

La eurodiputada holandesa Sophie Veld dijo entonces que «la idea de que los europeos necesitan ser protegidos de culturas externas es grotesca y esta narrativa debe ser rechazada». Por su parte, Ska Keller, también parlamentaria de la UE, pero por Alemania, se preguntó por qué la cartera incluía migración y protección fronteriza.

«Esperamos que la presidenta Von der Leyen no vea una contradicción entre apoyar a los refugiados y los valores europeos», afirmó. Incluso el ahora expresidente de la CE, Jean-Claude Juncker, dijo en septiembre: «No me gusta la idea de que el estilo de vida europeo se opone a la migración».

Juncker en sus cinco años al frente del Ejecutivo comunitario estuvieron marcados por la crisis económica griega y la migratoria, y el Brexit, así como por múltiples confrontaciones con otros líderes por defender su idea de Europa.

Finalmente, tras meses de críticas, a mediados de noviembre del 2020 se efectuó el cambio de nombre en la cartera de la CE.

En palabras de la europarlamentaria española Iratxe García: «Estamos de acuerdo en que la forma europea de vida es un logro que debemos preservar, pero no tiene que ser defendido, sino promovido».

Todos los comentarios acerca de la reforma de los sistemas de bienestar son también relevantes para las cuestiones del pluralismo cultural y la inmigración. Las políticas destinadas a crear una sociedad solidaria han de ser intervencionistas, tanto en lo que se refiere al aprendizaje de idiomas (por ejemplo), como a otras muchas cosas. Los objetivos del llamado bienestar positivo son especialmente relevantes- para el caso de los grupos minoritarios desfavorecidos y que, posteriormente, pugnan por ganarse la aceptación de la sociedad en general. El propio multiculturalismo presupone esas implicaciones.

Europa no puede hacer frente a las avalanchas de inmigrantes no cualificados y necesita encontrar políticas que limiten la inmigración ilegal. Se necesitan inmigrantes cualificados, por lo que deber instaurarse incentivos positivos para atraerlos.

Temas que, hasta hace poco, se consideraban separados de las cuestiones del sistema del bienestar han pasado a ocupar un lugar central en su agenda. Entre ellos se incluye el de la libertad de expresión, investigación y acción. Las iniciativas políticas pueden ayudar a para las posibles confrontaciones en torno a esas cuestiones, pero son problemas cuyas soluciones siempre serán parciales y contextúales.

## ENVEJECIMIENTO Y «REJUVENECIMIENTO»

En la sociedad posindustrial, se modifica la relación entre

generaciones. La mejor manera de describir ese fenómeno no es tanto la conocida expresión de la «sociedad anciana» o «que envejece» (*ageing society*), como, más bien, la «sociedad que rejuvenece» (que será la expresión que aquí emplearemos aquí, aun cuando pueda sonar un tanto extraña). Los mayores se están haciendo más jóvenes. Uno de los rasgos característicos de nuestra sociedad es que el aumento de la diversidad estilos de vida viene acompañado de un «aplanamiento» del ciclo de las personas.

El envejecimiento plantea numerosos problemas para la sociedad en general, sin duda. Pero en     sus nuevas variantes también contribuye a las soluciones. ¿Por qué debemos considerar a las personas mayores no aptas para el trabajo sólo por el hecho de haber alcanzado una determinada edad? Las investigaciones recientes sobre las funciones cerebrales sugieren que, manteniendo constantes factores como la dieta y el estilo de vida, las capacidades mentales experimentan un muy escaso declive entre los 20 y los 70 años de edad. La creencia -tanto tiempo arraigado- de que las células cerebrales morían con la edad se ha demostrado falsa gracias a las nuevas técnicas de medición desarrolladas.  Las imágenes obtenidas por resonancia magnética funcional muestran que los cerebros de personas sanas de más de 80 años de edad son  prácticamente  igual de activos en el aspecto metabólico que los de las personas de entre 40 y 50 años.

El número de personas mayores de 65 años crece progresivamente en los países desarrollados. En consecuencia, el envejecimiento cerebral representa un desafío para la biología y la medicina. Estudios epidemiológicos recientes demuestran que el anciano puede permanecer mentalmente bien, incluso en edades muy avanzadas, distinguiéndose claramente de los que, por el contrario, declinan intelectualmente en relación con cambios patológicos cerebrales

Según el concepto de «edad cronológica», el proceso de senectud comienza alrededor de los 60 años. Sin embargo, en muchas ocasiones, el declinar vital no se acompaña de un decremento objetivable en las funciones cerebrales, que pueden permanecer intactas hasta la muerte. Por ello, es lícito pensar que los diferentes sistemas del organismo no envejecen a la misma velocidad y que no podemos hablar de envejecimiento cerebral desde un punto de vista meramente cronológico. Es probable que un cerebro envejecido sea consecuencia del deterioro de otros sistemas, como el cardiovascular o endocrino, más que del propio proceso de envejecimiento cerebral.

Definir el envejecimiento cognitivo normal es complejo, pero la mayoría de los investigadores afirman que el anciano normal, es decir, sin ninguna enfermedad, no tiene deterioro cognitivo. Por tanto, es un error pensar que una pérdida de memoria en edades avanzadas es un fenómeno normal. Es decir, la pérdida de memoria en el adulto mayor no presupone normalidad sino, por el contrario, enfermedad.

## PROMOCIÓN DEL ESTILO EUROPEO

En los próximos cinco años se hará la promoción de una Europa que proteja y defienda también la justicia y los valores fundamentales de la UE.

Las amenazas contra el Estado de Derecho ponen en entredicho la base jurídica, política y económica de la Unión. El Estado de Derecho es fundamental para la visión de la presidenta Von der Leyen de una Unión de igualdad, tolerancia y justicia social.

La Comisión pondrá en marcha un mecanismo general europeo sobre el Estado Derecho en virtud del cual debe informar cada año, de manera objetiva, sobre la situación del Estado de Derecho en toda la Unión.

Unas fronteras fuertes, la modernización del sistema de asilo de la UE y la cooperación con los países socios son importantes para lograr un nuevo comienzo en materia de migración.

La Comisión Europea está poniendo en marcha una Unión Europea de la Salud en la que todos los países de la UE responderán juntos a las crisis sanitarias y los pacientes recibirán la mejor asistencia sanitaria posible para enfermedades como el cáncer.

Derechos fundamentales

Un objetivo central es proteger el Estado de Derecho y los derechos fundamentales completando la adhesión de la UE al Convenio Europeo de Derechos Humanos y garantizando que todas las propuestas de la Comisión respeten la Carta de los Derechos Fundamentales de la Unión Europea. La Directiva de lucha contra la discriminación combate la discriminación y promueve la igualdad de género.

Protección de los consumidores

Otro tema importante es la protección y capacitación de los consumidores mediante el refuerzo de la seguridad del consumidor en los bienes, servicios y productos alimenticios; mantener mejor informados a los consumidores; mejorar la aplicación de las normas de protección de los consumidores y adaptar el Derecho de los consumidores a la era digital.

Estado de Derecho

El estado de derecho garantiza los derechos y valores fundamentales, permite la aplicación de la ley en la UE y apoya la inversión de negocios y empresas amigables con el medio ambiente.

## UNIVERSALIZACIÓN

La primera cosa que vale la pena constatar desde este lado del mundo es esa profunda asimetría entre nuestra percepción de lo que son las cosas y lo que ocurre en nuestro suelo, como vemos a Europa y como nos ve el resto del mundo. Cualquiera que haya tenido ocasión, dentro del ámbito académico o de otros, de debatir sobre la significación de la UE con personas de otros continentes habrá experimentado esta sensación contradictoria de observar cómo, en general, «los otros» nos ven de una manera mucho más amable y positiva de la que nosotros mismos tendemos a considerarnos. Con «la llegada de la era global», se construyó una realidad más compleja del mundo «globalizado», en el cual Europa tendría ya, de antemano, una ventaja importante sobre Estados Unidos.

En la Edad Moderna, cuando todavía existía una frontera expansiva de recursos, mano de obra y riquezas potenciales por explotar en todo el mundo, el individuo autónomo combativo en Estados Unidos -la mentalidad del vaquero- era el prototipo comercial ideal, y el mecanismo de mercado era la estructura más efectiva para la apropiación y la explotación de las muchas oportunidades económicas existentes. América latina seguía y buscaba la construcción y desarrollo del «sueño americano».

En el nuevo contexto comercial globalizado, cada día más

complejo e interdependiente, las oportunidades surgen cada vez más no alrededor de apuestas individuales y egoístas, sino de la puesta en común de riesgos y vulnerabilidades. En una economía de riesgo global, la confianza, la reciprocidad y la cooperación pasan a ser valores más importantes para la supervivencia que el puro individualismo del «cada uno por su cuenta» y el comportamiento basado en la confrontación» (Rifkin, 2004:252-3).

En este contexto, sigue el autor, la Unión Europea es una «hazaña notable, dados los logros reales de una construcción europea superando viejas enemistades.

La identificación de la problemática central de la integración europea es: «La cuestión siempre ha sido: ganar realmente más de lo que perdemos, con el sacrificio de parte de la soberanía nacional, todo a cambio de una mayor seguridad y nuevas oportunidades. En cada encrucijada de los cincuenta años de evolución de la Unión, las naciones y los pueblos de Europa han aprobado, por estrecho margen, la propuesta de reescribir el contrato político para conceder más autoridad a la Unión, renunciando en el proceso a una parte cada vez más importante de su soberanía nacional.». Sin embargo, no todo era miel sobre hojuelas en el devenir de la UE. Los votos negativos de Francia y los Países Bajos, a mediados de 2005, reflejando un difuso malestar social y sobre todo un fuerte distanciamiento entre gobernantes y pueblos, han mostrado con claridad que este proceso puede producir cuestionamientos radicales sobre el rumbo de la integración y sus impactos sociales, reales o percibidos corno tales. Esas percepciones fueron, al final, decisivas en la consumación del Reino Unido de la UE.

Uno de los aspectos básicos que conducen a la irritación de las sociedades de varios países es sobre el importante y muy sensible «dilema de la inmigración» un tema importante y sumamente sensible, ligado a la inmigración y del declive demográfico de Europa. Podríamos preguntar con razón «¿para qué sirve el sueño europeo?», si los europeos mismos dejan de reproducirse y si, por otro lado, la inmigración masiva de regiones cercanas, principalmente de África del Norte, Siria, Libia y de Turquía, es vista como posible para compensar la falta de niños, se ve frenada por las reticencias de los europeos al respecto.

En la UE el rechazo a la violencia, que tantas miserias le ha dado al Viejo Mundo, puede incluso ser excesivo, y comienza a ser relativizado en la actual disposición europea a crear una capacidad militar propia, autónoma de la OTAN, para evitar nuevas experiencias humillantes como en la ex Yugoslavia, donde los europeos tuvieron que intervenir en su propia vecindad escudados en la fuerza aérea estadounidense.

El europeo común, se aleja de la creencia finalmente ingenua de la Ilustración clásica de que la ciencia y el progreso no tienen límites, se preocupa por el medio ambiente, la preservación de la naturaleza, incluso el bienestar de los animales como «seres sensibles»; en este último aspecto, se acerca más a la actitud de Gandhi, para quien «la grandeza de una nación y su progreso moral pueden juzgarse por el modo como  «trata a sus animales» que a la de Descartes, para quien éstos eran puros «autómatas sin alma», recursos destinados al trabajo o al consumo.

Algo que ayuda a comprender el mundo actual y el papel respectivo de Estados Unidos y de Europa en el mismo, entre la «vieja» y la «nueva» ciencia, y por lo tanto entre los enfoques predominantes en ambas partes: «Mientras la vieja ciencia se caracterizaba por la objetividad, la expropiación, la disección y la reducción, la nueva ciencia se distingue por el compromiso, la retroalimentación, la integración y el consumo.

El valor utilitario de la naturaleza está dando, paso poco a poco al valor intrínseco de la naturaleza». Estas reflexiones filosóficas distinguen las posibilidades de una «universalización del sueño europeo».

Lo trágico de la situación del mundo actual, que parte de las nociones freudianas de los instintos de vida y de muerte, es «que llevamos mucho tiempo creyendo que al volvemos cada vez más autónomos y menos dependientes de la naturaleza podremos garantizar mejor nuestra seguridad y nuestra libertad. De hecho, hemos llegado al borde mismo de nuestra propia aniquilación. El instinto de muerte ha prevalecido»

No fue el voto negativo de ingleses para salir de la UE que provoco la crisis; fue la crisis subyacente en torno a todas estas cuestiones y a una globalización poco controlada la que hizo que éstos emitieran aquel voto dirigido también contra una Unión Europea vista corno incapaz de defender con eficacia los intereses fundamentales de sus ciudadanos.

El «sueño europeo» de una suerte de capitalismo humanizado,

suavizado, ecológicamente responsable, más equilibrado por importantes prácticas de solidaridad hacia los grupos sociales, regiones y países desfavorecidos, y fortalecido por actividades resueltamente orientadas hacia el futuro, como la cooperación tecnológica y científica, está siendo rediscutido acaloradamente, y no pocos quieren tirarlo por la borda en beneficio del «modelo anglosajón» liberal, que creen más eficiente, mientras que aquellos que quieren salvarlo ante los embates de la globalización liberal divergen sobre las formas de modernizarlo y de adaptarlo a las circunstancias del presente. En realidad, ese «sueño americano», esa utopía y ese modelo están en plena decadencia. Una crisis, la de 2008, conviene enfatizar, que sin duda no fue causada por el rotundo «no» francés y holandés al «Tratado constitucional» sino que, muy al contrario, fue, ella misma, la causa subyacente de estos votos, sobre todo la falta de rumbo y de coherencia.

«Estamos viviendo una época agitada. Gran parte del mundo se halla ensombrecido, lo que deja a muchos seres humanos sin un rumbo claro», son conclusiones de los analistas de la Unión Europea y la Salida del Reino Unido. Y, con la importante salvedad de tener en cuenta la obvia distancia entre las buenas intenciones y las realidades concretas no pocas veces bastante menos brillantes -que se trate de economía o de ecología, de sociedad o de política interior y exterior-, podríamos también concordar con las últimas frases: «El sueño europeo es un faro en un mundo convulso. Su luz nos señala una nueva era de inclusión, de diversidad, de calidad de vida, de solidaridad, de desarrollo sostenible, de derechos humanos universales, de derechos de la naturaleza y de paz en la Tierra. Los norteamericanos solían decir que vale la pena morir por el sueño americano. «El nuevo sueño» o la utopía final europea es un sueño por el que vale la pena vivir». Sería interesante, para observadores de otras partes del mundo, proyectar también esta reflexión hacia los impactos de estos mismos «sueños» en sus propias sociedades y ver como se relacionan, por ejemplo, con el ya bien arraigado escepticismo argentino o el tradicional optimismo de «Brasil, país del futuro», México y su retroceso..., proverbialmente menos conocida, porque nuevas miradas han puesto bajo la lupa la racionalidad de la acción colectiva de estos grupos sociales cuyas actitudes y conductas parecían no coincidir con sus supuestos intereses históricos.

Europa se ha convertido en la nueva «ciudad sobre la colina». El mundo observa este magnífico y novedoso experimento de gobernanza transnacional con la esperanza de que pueda llegar a buen término después de la salida del Reino Unido.

¿Cuál es el modelo mejor preparado para abordar el futuro en un mundo globalizado? La respuesta para mi es clara: Mi corazonada es que el emergente sueño europeo, la utopía, está mucho mejor preparado para responder a las realidades espaciales y temporales de un mundo globalizado que el viejo sueño americano. Es cierto que las cosas nunca volverán a ser lo mismo, como cuando se recibe el pasaporte europeo en Heathrow o Dover, a estas alturas del invierno en que el Brexit cae como el telón de una película escrita por Ian Fleming o John Le Carré. Ahora esas aduanas cierran o abren el país más orgullosamente aislado y uno de los más visitados del mundo. Antes, una máquina permitía solventar el trámite, que los ciudadanos europeos ensayan ahora como si estuvieran en la fase final de un juguete que ya tendrá otras complejidades, ya que el Reino Unido es al momento el país más aislado de Europa.

## LA SOCIEDAD MUNDIAL DEL RIESGO: UN ESBOZO

Entre los intelectuales en general, pero también en algunos círculos científicos sociales en particular, impera una especie de reacción de huida frente a un mundo cuyas dislocaciones son de tal magnitud que hacen inservibles todos los instrumentos teóricos dc los que disponemos, todas las expectativas de futuro que nos han sido transmitidas, y especialmente todos los medios clásicos de la política. La teoría de la Segunda Modernidad es un intento de dar cuenta de esta situación. Para comprender y explicar la desintegración, el carácter explosivo de una realidad que ya no se ajusta a la idea de que las estructuras se reproducen mismas de forma espontánea, esta teoría no sólo precisa conceptos nuevos, también necesita una gramática social y política distinta. De la teoría de la modernización reflexiva, tomaremos aquí el concepto de sociedad mundial del riesgo. Hacemos esto para dar respuesta a la siguiente pregunta: ¿qué significa definir la sociedad europea como región de la sociedad mundial del riesgo? ¿Hasta qué punto puede árnica conflictiva de la sociedad mundial del riesgo obligar a los europeos a adoptar su punto de vista cosmopolita?

Teoremas generales

¿En qué se diferencian los nuevos riesgos de los viejos peligros? ¿Por qué la dinámica conflictiva de la sociedad mundial del riesgo ha de entenderse como segunda fase, como fase reflexiva de una modernizada o radicalizada?

Riesgos globales como construcción social

Los nuevos riesgos se perciben como riesgos transnacionales o globales; es decir, a pesar de que las catástrofes ocurren siempre en un lugar determinado y sólo hieren o matan a un número limitado, aunque siempre excesivo, de personas, el riesgo se percibe como ilimitado; puede acabar afectando a cualquiera. En este sentido, los riesgos globales han de distinguirse de los «problemas que no tienen nacionalidad» (como el analfabetismo, la pobreza, etc.), pues universalizan las probabilidades de destrucción.

Hay que distinguir claramente entre ocurrencia puntual de una catástrofe (física) o proceso de destrucción permanente, por una parte, y el riesgo global en tanto que expectativa ilimitada de tales catástrofes por otra. El que una catástrofe se considere o no un riesgo global no sólo depende del número de muertos y heridos o del grado de destrucción de la naturaleza, sino que es el resultado de una carrera de reconocimiento social.

Los riesgos globales son una expresión de la interdependencia global, a la que refuerzan. A diferencia de los problemas en las cadenas globales de producción y alimentación, que pueden permanecer latentes, los riesgos globales se manifiestan con su ilimitada fuerza explosiva física y política. Una de sus características es la combinación de interdependencia global y conciencia de esta su globalidad reflexiva: los riesgos globales pueden crear una opinión pública (al menos en determinadas circunstancias). Los riesgos globales tienen un potencial de destrucción similar o incluso superior al de las guerras (como demuestran las catastróficas consecuencias del lento cambio climático).

Sobre la teoría de la sociedad mundial del riesgo, véanse Beck (1986, 1988, 1999 y 2004, Giddens (1994); Münch (1998);

Adam/Beck (2000); Franklin (1998); Baker (2003); Bougen (2003); Ericson/Doyle (2003); sobre sus consecuencias para la política internacional, véase Zürn (1998) y Daase/Feske/Peters (2002).

Podríamos decir que son una especie de guerra sin guerra. Esta es, por una parte, una consecuencia de la paz, del éxito de la modernización; por otra, no hay que atribuirla a actores estatales, sino a actores no estatales.

Ciertamente, el paradigma de la amenaza de la seguridad no se ha vuelto obsoleto con el fin de la Guerra Fría. Sigue habiendo Estados que se enfrentan por territorios y recursos y que se amenazan con declararse la guerra, pero los peligros que se perciben una vez concluido el conflicto Este-Oeste son de una naturaleza muy distinta. Estos peligros suelen carecer de un actor claramente reconocible, de una intención hostil o de una potencial militar. El peligro no es directo, intencional y cierto, sino indirecto, no intencional o incierto. En una palabra: no se trata de amenazas sino de riesgos. Así pues, la diferencia entre riesgos y amenazas de la seguridad es la certidumbre, que se pierde cuando uno de los factores del cálculo clásico de la seguridad (el actor, la intención, el potencial) se convierte en una incógnita.

Incertidumbre fabricada

Una de las principales diferencias entre el sistema internacional de la Primera y de la Segunda Modernidad es que, en principio, el antiguo sistema era previsible, calculable, pues los Estados se tenían en jaque eternamente, mientras que el nuevo sistema es esencialmente incalculable. no sólo no sabemos si y cuándo un terrorista suicida se hará estallar en la estación de trenes o estrellará un avión contra el reactor de una central nuclear, ni si y en qué momento el cambio climático producirá inundaciones aquí y desertización allí, etc.; es que ni siquiera podemos saberlo, pues aquí falla incluso el cálculo de probabilidades. Hablamos de «unknown unknowns» (Beck, 1996; Wehling, 2002). En este el sistema internacional de la Segunda Modernidad está expuesto a riesgos transnacionales «que minan la estabilidad adquirida por los Estados. La política internacional ya no está marcada fundamentalmente por la amenaza, es decir, por la intención y la capacidad de los actores de hacerse daño mutuamente, sino cada vez más por el riesgo» (Daase. 2002, pág. 267). Pero esta incertidumbre fabricada por la civilización no libra de la obligación de tomar decisiones, sino que hace obligación sea aún mayor: «La incertidumbre obliga a tomar decisiones (Beck/Bonss/Lau, 2004).

Microcosmos y macrocosmos se han vuelto inseparables, ésta es la enseñanza del punto de vista cosmopolita. ¿Qué es una pareja, qué es una familia o una sociedad? Para preguntas tan sencillas como ésta ya no hay respuesta clara, pues las unidades sociales con las que hasta ahora hemos emos pensado y fundamentado nuestras instituciones y nuestra acción se difuminan y se mezclan. Tanto la política más pequeña como la más grande, la política internacional, se enfrentan a una época de desorden, crisis y ambivalencia en la que ni siquiera sabemos si «desorden» y «crisis son conceptos adecuados para describirla, pues producen la ilusión que es posible volver a la normalidad, cuando esto es cada vez más incierto. Esta situación, he aquí el mensaje de este libro, también afecta a Europa». Pero la pregunta que entonces plantea la realidad, aunque nadie quiera planteársela o responderla, no es: ¿qué «es» Europa? La pregunta es más bien: ¿en qué Europa queremos vivir? De hecho, la cuestión europea es así de compleja: ¿en qué mundo queremos vivir, y cómo puede contribuir Europa a hacer realidad este mundo?

Hemos respondido a esta pregunta con la ayuda del concepto de cosmopolitismo, desde el que también hemos reconstruido y criticado el exceso de europeización tal como se ha desarrollado hasta el momento. Como hemos visto, el modelo de un cosmopolitismo europeo autocrítico se caracteriza por estos tres rasgos:

Primero. El sueño europeo, el milagro europeo, es que viejos enemigos puedan reconciliarse y convertirse en vecinos. Esto encierra la siguiente lección: el camino hacia la creación de una red cosmopolita de Estados cooperadores no sólo presupone la existencia de libertad política, instituciones democráticas y economía de mercado, sino también una comprensión distinta de la historia. Sólo si se logra abrir los archivos de la historia nacional y sustituirlos por formas institucionalizadas de Teoría transnacional en las que los papeles de víctimas y verdugos vuelven a definirse desde una perspectiva totalmente distinta, sólo entonces podrá la democracia echar raíces. En un mundo en el que los conflictos étnicos estallan o amenazan con estallar por doquier, es necesario reflexionar sobre la máxima de la Europa cosmopolita: sin una política orientada a la reconciliación, la democracia no es posible, como tampoco lo es a largo plazo la paz y la seguridad. Esta máxima determina esencialmente la política de seguridad del Imperio europeo, un imperio de fronteras interiores y exteriores variables.

Segundo. La actual magnitud de los riesgos de la civilización, así como el grado en que éstos han calado en la opinión pública mundial y en la vida cotidiana de los hombres, hace absurdas, peligrosas, dos posiciones (hasta ahora dominantes): por una parte, la reacción posmoderna, que abandona las exigencias de racionalidad y de control de la modernidad; por otra, la postura de la Primera Modernidad o de la modernidad simple, que parte de la idea de que es posible hacer frente a los riesgos de la civilización con los mismos medios de la modernidad (más técnica, más mercado, más controles estatales, etc.) que han engendrado estos riesgos. En este sentido, el camino europeo puede desarrollarse como un camino de modernización reflexiva que, teniendo presentes las múltiples formas históricas de acceder y entender los principios de la modernidad, reconoce la existencia de modernidades alternativas, por lo que representa una alternativa al american way, que globaliza la Primera Modernidad y excluye categóricamente la posibilidad de reconocer otras modernidades.

Tercero. Los riesgos de la civilización tienen dos caras: como se sustraen a las pretensiones de control de la Primera Modernidad, esto es, a los controles de los Estados nacionales, crean opiniones públicas y comunidades de riesgo transnacionales o incluso globales que se esfuerzan por hallar soluciones; en este sentido, una Europa cosmopolita puede aprovechar el potencial de legitimación pública de los riesgos de la civilización para crear o reforzar la coalición de sociedad civil europea y global y Estados cosmopolitas cooperadores. Son las oportunidades de la sociedad mundial del riesgo las que pueden dar lugar a la síntesis de movimientos de la sociedad civil e Imperio europeo del consenso.

¿Qué puede significar, que significará, que podría y debería significar «Europa», qué podría aportar a un mundo ambivalente que ha perdido sus viejas referencias? Responderemos a esta pregunta en varios pasos. Empezaremos presentando tres posibles panoramas del futuro de Europa. Después abordaremos la cuestión de cómo podría hacerse realidad una Europa cosmopolita. Con este fin dilucidaremos cuatro elementos fundamentales para la construcción del cosmopolitismo europeo (sociedad civil, democracia, integración diferenciada y renovación de la comunidad de seguridad transatlántica). El requisito para construir una Europa cosmopolita es, como hemos visto, redefinir y reformular los intereses nacionales desde la perspectiva del cosmopolitismo europeo. El Imperio cosmopolita europeo no es una máquina de felicidad global, sino que está lleno de contradicciones, ambivalencias y paradojas que dan lugar a dilemas. Nosotros no podemos resolver estos dilemas, pero al menos hablaremos de ellos.

1.      Tres posibles futuros De Europa (Beck, 2019;  Ther 2016)

¿Qué camino seguirá Europa? ¿Cómo solucionará sus tensiones y conflictos internos? ¿Logrará integrar política y económicamente a los diez nuevos Estados miembros? ¿Mejorará la nueva Constitución, en el caso de que haya finalmente una, la capacidad de acción de las instituciones? ¿Qué papel desempeñará Europa en el nuevo orden mundial? Y sobre todo ¿cómo afrontará Europa los peligros ecológicos, económicos y políticos de la sociedad mundial del riesgo? Abordaremos estas cuestiones esbozando tres posibles futuros de Europa, que nos permitirán delinear el espacio en el que se desarrollará la europeización. A pesar de ser radicalmente distintas, estas tres posibilidades se basan en dos hipótesis desarrolladas en párrafos anteriores: la primera hipótesis es que Europa no puede seguir el camino que ha seguido hasta ahora. Europa cambia, ¡Europa debe cambiar! Pero la dirección y la meta de este cambio -ésta es nuestra segunda hipótesis-, están abiertas. El futuro de Europa no está predeterminado, las dinámicas internas y externas de la europeización no pueden detenerse.

Desintegración

La primera posibilidad es la desintegración de la UE a consecuencia de sus contradicciones internas y externas. En ese caso no se lograría integrar económica y políticamente a los nuevos Estados miembros de Europa oriental ni impulsar la integración positiva orientada a corregir el mercado, ni reformar y democratizar las instituciones europeas. La policía europea puede caer en un círculo de nacionalismo, después de la salida del Reino Unido, otros países podrían pedir su salida. Aunque no se ve en el corto plazo, debido a la crisis de la pandemia les conviene más estar unidos que ser independientes. Lo que ocurra con Reino Unido será el termómetro que marque el éxito o fracaso de la integración en la Unión.

La segunda posibilidad, y la más probable, es el estancamiento. La rigidez de las instituciones económicas les impedirá utilizar políticas fiscales diferenciadas con los países que más vayan a padecer la pandemia y la recuperación económica se les haga más difícil. Lo mismo ocurre con las políticas monetarias donde un Euro generalizado no permitirá la flexibilidad para devaluarlo en aquellos países con una economía débil al finalizar la pandemia.

En tercer lugar, tenemos un escenario donde la introducción de un nuevo principio de integración cosmopolita que ya no aspire a «armonizar» reglas y a superar diferencias (nacionales), sino a reconocerlas; y así, se tendría la consolidación de Europa como impulsora de un cosmopolitismo global y como integrante de una nueva comunidad de seguridad transatlántica.

¡La Europa cosmopolita necesita una constitución! Para evitar inmediatamente posibles malentendidos, diremos: no necesita una constitución porque el fin del proceso de integración europea sea crear un Estado (algunos dirían incluso: un «superestado») al que una constitución daría legitimidad; y tampoco la necesita para poner punto final al proceso de integración. Estos dos objetivos son incompatibles con la visión de una Europa cosmopolita. La Europa cosmopolita no sustituye a los Estados, sino que los reconoce e integra; y la Europa cosmopolita ha sido y es un proyecto abierto, variable y flexible que no puede definirse claramente de una vez por todas. Desde el punto de vista de una Europa cosmopolita, pues, dos de los principales argumentos que se ha aducido a favor de la Constitución europea yerran el blanco.

Pero entonces, ¿por qué necesita Europa una constitución? Desde el punto de vista de un cosmopolitismo europeo, por dos razones fundamentales: en primer lugar, para servir de fundamento normativo a una sociedad civil europea y, en segundo lugar, para institucionalizar el cosmopolitismo en la política europea. ¿Qué significa exactamente esto?

Como hemos visto, el cosmopolitismo se basa en dos principios:

por una parte, en el principio del reconocimiento de la diferencia; por otra en la existencia de un conjunto básico de normas sustanciales y procedimentales comunes. A través de estas normas comunes hay que buscar soluciones para los dos problemas fundamentales del cosmopolitismo: el logro de la integración social, por una parte, y la protección efectiva de la diferencia por otra. Las normas comunes han de evitar que el reconocimiento de la diferencia desemboque en la pura arbitrariedad y produzca desintegración; al mismo tiempo, han de proteger a lo diferente contra las exigencias de unificación y uniformidad.

En principio, lo único importante es que este fundamento normativo no puede atribuirse a un «origen común», a una «cultura occidental» común. Estos valores han de obtenerse más bien a través de la ruptura consciente de los contenedores de la historia nacional y a través de la memoria autocrítica del Holocausto y de la historia colonial de Europa. Es la experiencia de la negatividad absoluta («crímenes contra la humanidad»), la que puede crear normas sustanciales (derechos humanos, limitación de la soberanía).

Al mismo tiempo, la validez del fundamento normativo de la Europa cosmopolita depende del cumplimiento de dos condiciones generales: en primer lugar, del reconocimiento recíproco (tanto entre Estados como entre ciudadanos); y, en segundo lugar, de que este reconocimiento se logre a través de un proceso discursivo. Lo fundamental es que de este modo el proceso de elaboración de una constitución cumple dos funciones. A través de este proceso discursivo no sólo se establecen unas normas comunes para la organización de una comunidad política, sino que al mismo tiempo se constituye la sociedad civil como sujeto político. Este segundo aspecto es especialmente relevante para nuestra argumentación, y en este punto podemos examinar críticamente el procedimiento seguido en la elaboración de la Constitución.

Fuerza y debilidad en la sociedad mundial del riesgo.

¿No son nuestros argumentos a favor de una Europa cosmopolita simples deseos irrealizables en un mundo en el que lo que impera no parecen ser las normas internacionales y la cooperación transnacional, sino el poder militar, y en el que los que tienen la última palabra son precisamente los Estados nacionales y su poderío militar? ¿No está, paradójicamente, la clave de la realización de una Europa cosmopolita en el desarrollo y en el aumento de su propia fuerza militar? ¿Es necesario el poder militar de Europa para lograr imponer su poder civil en el mundo? Para politólogos neorrealistas como Robert Kagan (2002,2003), la respuesta a estas preguntas es clara: la relación entre América y Europa se caracteriza por unas diferencias fundamentales. «Estados Unidos y Europa son hoy radicalmente diferentes.» Kagan atribuye estas diferencias a dos causas que se refuerzan mutuamente. La primera de ellas es el creciente desequilibrio de poder entre Europa y Estados Unidos, Ambos ven el mundo desde perspectivas distintas: Estados Unidos desde el punto de vista del fuerte, Europa desde el punto de vista del débil. En segundo lugar, este desequilibrio de poder ha abierto un «abismo ideológico» entre Estados Unidos y Europa: «En Estados Unidos, la fuerza militar norteamericana ha reforzado la tendencia a hacer uso de ella. La debilidad militar de Europa, en cambio, ha conducido a un comprensible rechazo a servirse del poder militar» (Kagan, 2002: 1,198). Según Kagan, no estamos ante diferencias de opinión pasajeras ni ante las habituales diferencias entre gobiernos: «El verdadero problema no es Bush, Trump, Biden o cualquier otro presidente norteamericano. El problema es estructural y carece de solución. Como Estados Unidos no limitará su poder y Europa también acabará decidiéndose a hacer uso del poder que tiene, y hasta es posible que lo aumente un poco, el futuro podría estar marcado por fuertes tensiones transnacionales. El peligro es que Estados Unidos y Europa se separen definitivamente» (Kagan, 2002, pág. 1.205).

Desde una perspectiva «realista» sólo hay una forma de solucionar este problema, a saber, que Europa aumente su fuerza militar. Hasta ahora, esta solución no sólo ha sido imposible por la falta de acuerdo entre los europeos; dadas las escasas posibilidades financieras de los Estados europeos y la considerable falta de competencias supranacionales en materia de política exterior y de seguridad, esta solución es poco «realista». No obstante, las alternativas que los puntos de vista liberales y constructivistas han ofrecido hasta ahora para resolver este problema son sumamente vagas e indeterminadas (véase Mayer/Rittberger/Zelli, 2003).

Para poder solucionar este problema, primero es necesario revelar y criticar la obsolescencia del concepto de poder de la posición realista. Para ella, el poder es siempre poder militar.

Naturalmente, los realistas tampoco creen que los Estados son capaces de garantizar completamente su seguridad con medios militares. En un mundo estatal «anárquico», hobbesiano, esta seguridad completa es inalcanzable. Y esta inseguridad estructural del mundo estatal puede incluso crecer con el rearme militar, pues éste anima a los otros Estados a reforzar su poderío militar. No obstante, en un mundo «realista» los riesgos son calculables y pueden reducirse con medios militares.

El poder del derecho humanitario, creador de una retórica y una legitimidad, ha crecido exponencialmente. En la sociedad mundial del riesgo, pues, el poder político global no es el fruto del poderío militar (de acuerdo con la ecuación: a mayor poderío militar, mayor poder político). Sucede más bien que sólo el uso de medios militares acordes con el imperio de la ley en el espacio global es fuente de poder político.

Tercero. Quienes, como hace ejemplarmente Estados Unidos, se empeñan en aplicar la perspectiva nacional a los problemas globales (terrorismo, desarme, cambio climático, etc.) topan con las interdependencias globales, La reacción nacional contra el terrorismo transnacional (cierre de fronteras, aumento de los controles en puertos y aeropuertos, introducción de nuevas medidas de «protección y defensa nacional») es absolutamente insuficiente, no representa sino una de las «falsas reacciones» de lo nacional en una época en la que las causas de los problemas ya no se ajustan al esquema de lo nacional. Cuando las causas del terrorismo, situadas fuera del espacio nacional, también se combaten con una estrategia nacional de carácter militar, es decir, cuando al mundo estatal se le niega la posibilidad de responder al terrorismo con formas de cooperación cosmopolita, el resultado no es el aumento de la fuerza, sino de la debilidad. Dicho de otro modo: en la sociedad mundial del riesgo, la fuerza militar se transforma mismo tiempo también reducen la importancia de la asimetría de poder existente entre los Estados. Incluso la nación más poderosa del mundo es impotente frente a estos peligros. Las acciones unilaterales son ineficaces y contraproducentes.

Para conservar y aumentar su poder, los Estados deben: a) cooperar, b) acordar unas reglas internacionales y c) crear las correspondientes instituciones internacionales. En otras palabras: si quieren sobrevivir, los Estados deben cooperar. La permanente cooperación de los Estados, sin embargo, transforma esencialmente la definición de sí mismos. Su egoísta voluntad de supervivencia y su sed de poder les obliga a unirse y a transformarse a sí mismos. No es la rivalidad, sino la cooperación, lo que favorece los intereses nacionales. Así pues, hay una forma autodestructiva (autismo nacional) y una forma óptima de defender los intereses nacionales y aumentar el poder (cosmopolitismo).

Las reflexiones sobre el cosmopolitismo europeo que hemos desarrollado nos permiten señalar (provisionalmente) cinco pilares en los que ha de descansar esta concepción estratégica:

1. El principio que guíe la política mundial de Europa ya no puede ser el principio de la autodeterminación nacional y del nation building (que multiplica los conflictos étnicos y las aparentes soberanías nacionales), sino el principio de la cosmopolitización regional, que se inspira en el modelo de la Europa cosmopolita. Pero esta cosmopolitización no puede reducirse a una estrategia aislada de algunos Estados; exige que distintos Estados y «casi Estados», partiendo de sus respectivos trasfondos históricos y de su visión común de la sociedad mundial del riesgo, se constituyan en actores colectivos cosmopolitas en el gran metajuego de poder de la política mundial. Estos nuevos actores colectivos situados más allá del Estado y de la sociedad civil surgen de alianzas regionales entre Estados de «redes de cooperación interestatal», que incluyen actores globales no estatales como organizaciones no gubernamentales, organismos internacionales, etc. Sólo a través de estas redes transnacionales, pero al mismo tiempo regionales, es posible evitar a largo plazo los traumas de la guerra y de los conflictos étnicos y hacer que los principios de la democracia echen raíces. Aplicado al explosivo conflicto palestino-israelí, pero también a Afganistán, Irak, Irán, etc., esto significa: el cosmopolitismo europeo debe buscar una concepción no nacional, transnacional, que incluya toda la región y que le permita hacer una política independiente y consensuada al mismo tiempo.

En caso de conflicto, la Europa cosmopolita puede hacer oír su propia experiencia histórica (cómo viejos enemigos se han reconciliado, es decir, dar voz a la prioridad de una política del riesgo eminentemente política sobre una política del riesgo esencialmente militar, y ejercitarse en la política y en el arte de la traducción y de la mediación.

3. La Europa cosmopolita lucha por el reconocimiento de los riesgos mundiales en sus dimensiones ecológica, económica y terrorista; y al hacerlo también actúa de forma absolutamente «egoísta», pues este reconocimiento puede ayudar a crear nuevos mercados, nuevas fuentes de legitimación y nuevas interdependencias globales. Los riesgos no se perciben únicamente como riesgos, sino también como instrumentos para legitimar y crear las instituciones de un orden cosmopolita.

4. La Europa cosmopolita rechaza la idea de que existe una sola vía de modernidad («one best way»): el american way, y lucha por la existencia, el reconocimiento y el fomento de vías de modernidad alternativas que, aun estando relacionadas entre sí, respeten los distintos trasfondos históricos y las distintas situaciones. Estrechamente relacionada con esta lucha está la concepción de una democracia cosmopolita, de una democracia que no sólo exista en el seno de los Estados, sino que también se haga efectiva en las relaciones interestatales. Si se quiere evitar la paradoja que supondría una dictadura de la democracia a escala mundial, entre las sociedades del mundo ha de haber oposiciones y alternativas.

5. Una Europa que asuma su responsabilidad cosmopolita ya no puede obstaculizar el reconocimiento de los otros con las limosnas de las políticas de desarrollo, sino que ha de abrir sus mercados a los productos y a las iniciativas de los otros. La contribución de Europa al establecimiento de un nuevo orden mundial cosmopolita y justo ha de empezar, pues, en su propio seno: Europa ha de poner fin a su proteccionismo económico y político, a su proteccionismo narcisista. En Europa, ser blanco comporta el privilegio de no darse cuenta de que se es blanco. Impera un daltonismo en clave de color. Este universalismo de Europa, blanco y daltoniano al mismo tiempo presiona a quienes son de otra raza, etnia o renglón para que renuncien a su diferencia: el verdadero europeo negro es el europeo no negro; el verdadero judío europeo es el europeo no judío; el verdadero europeo musulmán es el europeo no musulmán. El buen europeo, el verdadero europeo, el europeo blanco, se ve a sí mismo universalizado en el otro, en el extranjero: es así como se cierra al mundo. Para volverse cosmopolita, Europa ha de superar esta cerrazón.

El dilema de la paz

¿No han puesto fin los éxitos de la Europa cosmopolita a su misión de paz? ¿No se ha convertido la paz, que desde hace más de medio siglo se considera como algo obvio, en una posición cómoda que no se quiere perder y que lleva a la inacción y al conformismo, mientras que los valores que se defiende exigen un compromiso activo? ¿No estuvo la misión pacificadora en el origen de la nueva Europa, mientras que hoy se ha convertido en su contrario, a saber: ¿es una defensa del statu quo que justifica el ensimismamiento de Europa, mientras que en su periferia y en otras partes del mundo se incuba o reina el horror?

Uno puede definirse a sí mismo como miembro de una sociedad cosmopolita, pero las violentas definiciones étnicas o racistas de los otros pueden echar por tierra esta ilusión y obligarle a ser un judío. ¿No es precisamente ésta la lección de la historia del Holocausto? Y ¿qué sucede cuando un enemigo impenetrable declara la guerra a la Europa cosmopolita? ¿Y si ésta no es ya una guerra como las de antes, sino una amenaza sistemática y global de atentados terroristas que deja atrás la diferencia entre guerra y paz? ¿Basta entonces con asegurar la paz dentro de Europa sirviéndose de las más sofisticadas técnicas de fortificación? ¿O debe la UE reaccionar y renunciar a defender sus jardincitos nacionales?

¿En qué consiste propiamente la misión pacificadora de Europa frente a la nueva guerra mundial que representa el terrorismo? ¿Es realmente posible seguir afirmando que el presidente norteamericano ha declarado la guerra al terrorismo y que los golpes terroristas son esencialmente antiamericanos, pero no antioccidentales, antieuropeos, anti cosmopolitas?

¿O acaso existe algo así como una Europa cosmopolita y sus enemigos? No se equivocan quienes, ante semejante avalancha de interrogantes, tienen la impresión de que los intelectuales tampoco saben responder a estas preguntas. La teoría de la Segunda Modernidad no aspira a dar soluciones ni remedios milagrosos; su intención es más bien ofrecer un marco teórico, conceptual y empírico que permita comprender las realidades y los dilemas de la Segunda Modernidad. Esto confiere una importancia fundamental a la siguiente cuestión: ¿cómo reaccionan los más diversos actores sociales -organizaciones, partidos y gobiernos, las grandes religiones, los actores económicos mundiales, los sindicatos, las administraciones de justicia y las instituciones educativas nacionales, los distintos grupos nacionales e internacionales de ganadores y perdedores, los movimientos sociales, así como las ciencias sociales, en definitiva: ¡todos!-, cómo reaccionan ante estas paradojas y contradicciones? ¿Son estas razones y motivos para atrincherarse en el punto de vista nacional (o en el nacionalismo metodológico) y para evocar con una política de la nostalgia las viejas certezas de la modernidad simple, de la Primera Modernidad? ¿O podrían ser también el principio de una cultura de las incertidumbres compartidas, de los dilemas compartidos? Y ante esta incertidumbre sobre la incertidumbre, ¿no deberíamos hacer como si dicha cultura fuese al menos posible?

Que los dilemas compartidos no tienen por qué obstaculizar la acción, que incluso pueden crear vínculos y mover a la acción, esto no es nada nuevo, sino el mensaje explícito del mito del origen de Europa. Origen antioriginario, antiesencialista de Europa, origen cosmopolita en sentido propio: Europa, cuenta Homero, era hija de Agenor, rey de Fenicia, un país de Oriente Medio. El dios de los griegos, Zeus, quedó tan prendado de su belleza que, transformado en un toro blanco, se acercó a ella, la raptó y se la llevó a la isla de Creta, donde Europa dio a luz al rey Minos.

Aquí están reunidos los elementos de un mito escandaloso: todas las fronteras son transgredidas, tanto las existentes entre los dioses, los hombres y los animales como las que delimitan los distintos espacios de poder; aquí se habla de transformación, de encantamiento, de conquista y de rapto; quebrantada su voluntad, sin autodeterminación, la encantadora Europa es sometida; en adelante deberá vivir «entre las culturas», es decir, «desarraigada», «extrañada»; pero estos «dilemas», esta diferencia como existencia, esta existencia como diferencia, no se presentan como una pérdida, como una ruina, como una paralización de la acción, sino más bien como el poder y la fuerza de Europa: Europa, cuya belleza hace que el mismo dios Zeus se rebaje a la categoría de animal, se convierte en reina. Sus hijos y los hijos de sus hijos crean un espacio de poder en el que se mezclan dentro y fuera, lo familiar y lo extraño.

Una Europa cosmopolita, una Europa consciente de sus dilemas y paradojas, puede evitar ambas cosas. la combinación de ignorancia y arrogancia frente a las otras culturas y el romanticismo de signo contrario, esto es, la idealización de lo extraño y la demonización de sí misma. Esto es seguramente lo que tenía en mente Jacques Derrida cuando escribió en El otro cabo\ «Hemos de convertirnos en los guardianes de determinada idea de Europa, de una diferencia de Europa, pero de una Europa que no se encierre en su propia identidad, sino que se acerque de forma ejemplar a lo que ella no es, al otro cabo o al cabo de lo otro, a lo otro del cabo; es posible que lo otro del cabo sea algo totalmente otro, el más allá de la tradición moderna, otra orilla, otra costa» (Derrida, 1992, págs. 25 y sig.). La fuerza y el poder de irradiación global de la Europa cosmopolita se basan, pues, en la responsabilidad ante los dilemas compartidos: por una parte, Europa ha de evitar caer en las trampas de la arrogancia y de la negación de sí misma; pero, por otra parte, es precisamente de aquí de donde ha de extraer su orgullo y su autoconciencia, así como de su unicidad histórica, que ha demostrado al mundo que viejos enemigos pue den vivir como vecinos. Entonces existe en todo el mundo una alternativa al *american way,* el *european way,* en el que el derecho, la igualdad política, la justicia social, la integración cosmopolita y la solidaridad ocupan un lugar central.

Emeterio Guevara Ramos

# EPÍLOGO

Resumen de las propuestas de Phili Ther sobre Europa.

Philipp Ther es un historiador que ha escrito extensamente sobre la transformación de Europa desde 1989. En su libro "Europe Since 1989: A History", Ther ofrece una visión detallada de los cambios políticos, económicos y sociales que han ocurrido en Europa del Este y del Oeste desde la caída del Muro de Berlín.

Resumen de las principales proclamas de Philipp Ther sobre Europa:

Revoluciones de 1989: Ther describe las revoluciones de 1989 no como una victoria triunfalista de la Guerra Fría, sino como un conjunto de desarrollos transnacionales impulsados por la movilización masiva, el declive económico, la cobertura mediática intensiva y el nacionalismo.

Reformas Neoliberales: Ther enfatiza cómo las reformas neoliberales, influenciadas por las teorías económicas de Reagan, Thatcher y la Escuela de Chicago, determinaron el curso de los cambios en Europa. Estas reformas incluyeron la liberalización, la desregulación y la privatización, que tuvieron efectos catastróficos en los países del antiguo bloque soviético1.

Transformación desde abajo: Ther argumenta que el éxito o fracaso económico de los países postcomunistas fue determinado por el capital humano y la "transformación desde abajo", en lugar de la "terapia de choque" económica.

Impacto en Europa Occidental: Según Ther, los esfuerzos del mundo capitalista occidental por remodelar Europa del Este en su propia imagen también terminaron remodelando Europa Occidental, acelerando las reformas neoliberales en países como Alemania reunificada.

Crisis Financiera Global: Ther compara los eventos en Europa del Este y del Sur antes y después de la crisis financiera global de 2008-2009, mostrando cómo las políticas neoliberales afectaron a ambos lados del continente.

La unión europea como una utopía

La Unión Europea (UE) se ha considerado a menudo como un modelo de cooperación internacional y un esfuerzo por crear una comunidad unida basada en la paz, la prosperidad y la cohesión social. Si bien la idea de una Unión Europea como una utopía puede ser un concepto aspiracional, aquí hay algunos aspectos que la hacen parecer una "utopía" moderna:

Logros y aspiraciones de la UE

Paz y estabilidad: Después de siglos de conflictos y guerras en Europa, la UE ha sido fundamental para mantener la paz y la estabilidad en el continente.

Libertad de movimiento: Los ciudadanos de los países miembros de la UE disfrutan de la libertad de vivir, trabajar y estudiar en cualquiera de los estados miembros sin la necesidad de visas o permisos adicionales.

Economía integrada: La zona euro y el mercado único han permitido una integración económica sin precedentes, facilitando el comercio y la inversión entre los países miembros.

Derechos humanos y democracia: La UE promueve los derechos humanos, la democracia y el estado de derecho tanto dentro de sus fronteras como en sus relaciones exteriores.

Sostenibilidad y medio ambiente: La UE ha adoptado políticas avanzadas para abordar el cambio climático y promover la sostenibilidad ambiental, como el Pacto Verde Europeo.

Desafíos y realidades

Sin embargo, la UE enfrenta varios desafíos que cuestionan su utopismo:

Desigualdades económicas: A pesar de los esfuerzos por equilibrar las economías de sus miembros, persisten disparidades significativas entre los países del norte y del sur, así como entre el este y el oeste.

Crisis migratoria: La gestión de la inmigración y el asilo ha sido un tema divisivo, con políticas y actitudes muy diferentes entre los estados miembros.

Brexit y euroscepticismo: La salida del Reino Unido de la UE en 2020 y el aumento del euroscepticismo en varios países demuestran que no todos comparten la visión de una Europa más unida.

Sobrecargas burocráticas: La toma de decisiones en la UE puede ser lenta y compleja debido a su estructura institucional y la necesidad de consenso entre tantos países miembros.

Futuro y potencial

Aunque la UE no es una utopía perfecta, su existencia y desarrollo representan un experimento único en la historia de la humanidad para crear una región basada en la cooperación y los valores compartidos. Continuar trabajando hacia un futuro más integrado y justo puede acercar más a la UE a esa visión idealista de una utopía.

Es difícil poner punto final a una reflexión como la presente, que se hace sobre una obra en construcción, antes de que hayan vencido los plazos fijados. Se han conmemorado los 70 años de inicio de la fundación de la ahora UE, y aún falta mucho por hacer. Espero, pese a ello, haber cumplido con el propósito de mostrar una imagen apretada del camino recorrido en la búsqueda de esa utopía, además de mostrar que se requiere una Europa federal como la solución más equilibrada y democrática, contribuir a explicar el contenido de ese compromiso y señalar algunos de los principales desafíos a los que se enfrentan.

No se trata sólo de coronar un orden tecnocrático o arquitectónico. El político no es sólo un ingeniero que facilita los funcionamientos sociales, como ha dicho con razón el cardenal arzobispo de París, monseñor Lustiger; es necesario volver la reflexión hacia los valores, en un momento en el que parecen consolidados algunos como la democracia, la tolerancia o la paz civil en esta parte de Europa, una victoria que no es, ni será nunca, definitiva e irreversible como ya lo mostró la salida de Reino Unido. Esta reivindicación de los valores adquiere particular sentido en un momento en el que se están produciendo profundos cambios en el modo de hacer política y se tiene la oportunidad de reconstruir todo después de la pandemia.

El deshielo histórico de Europa también se está llevando por delante muchos de los equilibrios de la vida política desde el final de la Segunda Guerra Mundial. Existe una creciente imprevisibilidad que hace los comportamientos más versátiles por parte de los ciudadanos en relación con los líderes o los partidos políticos tradicionales. Tal fenómeno es más manifiesto en Italia, Francia, Grecia y los países escandinavos que están viviendo un cambio de régimen por la vía pacífica que tiende hacia la derecha, después regresa al centro y vuelve a moverse en péndulo.

En los países del este que se integraron a la UE existe una revolución pacífica y ascendente (salvo en Polonia), en la que el poder judicial y de los medios de comunicación están adquiriendo un peso decisivo; de un proceso que conviene seguir con atención, porque Italia, tan frecuentemente denigrada, apunta casi siempre tendencias de vanguardia en muchos campos —y no sólo en el del arte o la moda— y, además, porque es un proceso que se desarrolla en la *piazza*, a la vista de todos. «La multiplicación de los "escándalos" de dinero en las grandes democracias no es tanto una anomalía —como ha escrito Géhenno— como la consecuencia lógica del triunfo de la única universalidad que queda, la del dinero»; visión sin duda pesimista y provocativa, pero que refleja el gran desafío que se plantea en el próximo futuro, para dotar de alma y generar entusiasmo colectivo en esta noble tarea. Ello lleva a incidir en las virtudes de los ciudadanos y los políticos. Políticos de la izquierda han planteado con inteligencia el ejercicio de modo negativo, a partir de los «vicios», resumiendo los del ciudadano en tres: indiferencia, intolerancia y falta de civismo, frente a «los más específicos del político qua político», que resume en el corporativismo de la partitocracia, la falta de transparencia y la corrupción imparable, como «vicio más extendido, celebrado y también más ancestral de la política»

A finales del siglo XVIII, en el debate constituyente norteamericano, Hamilton afirmaba que un hombre codicioso que llegue a ocupar un cargo público, al reflexionar sobre el momento en que irremediablemente deberá renunciar a sus emolumentos, puede sentir la tentación, no fácilmente resistible, de aprovecharse de su cargo mientras dure, recurriendo sin escrúpulos a los procedimientos más corruptos para obtener una cosecha tan abundante como efímera. En cambio, es probable que el mismo hombre, contemplando una perspectiva diferente, se contente con los privilegios regulares de su situación, siendo capaz de arriesgarse a resistir las consecuencias de un abuso de sus oportunidades.

La reflexión tiene plena vigencia en la Europa de hoy, en la que está latente un debate sobre la relación entre la ética y la política que conviene avivar. Una característica básica de la democracia es, precisamente, la de saber establecer un adecuado contrapeso entre los intereses y las pasiones, gracias a un sistema de controles y equilibrios con un valor disuasorio para los seres humanos que forman la sociedad. Y ello partiendo de que se es falible, es decir, susceptibles de caer en la tentación de meter la mano en el cajón del pan, por decirlo en román paladino, y no seres angelicales. La regulación de los comportamientos políticos, el autocontrol de los intereses y de las pasiones es, por tanto, una pieza esencial de la democracia.

Es ésta una dimensión nueva de la Unión Europea, en el momento en que inicia su existencia sin el Reino Unido. El método fundacional comunitario ha tenido grandes ventajas y también algunos inconvenientes de talla, como convertir la vida de la Comunidad durante muchos años en un puro toma y daca de intereses. Se consideraba normal, e incluso se defendía abiertamente, que había que ir a Bruselas a hacer pasillos o antesala, el ejercicio del *lobbying*, para conseguir un resultado concreto. La imagen de la Comunidad ha respondido durante mucho tiempo a la exaltación del juego de intereses y del tráfico de influencias, como aspectos más visibles y tangibles de un proceso asociativo que poco a poco reemplazaba la lucha clásica de los Estados europeos por la hegemonía continental.

Por eso no hay que rasgarse demasiado las vestiduras cuando se ven ciertas reacciones de los pueblos europeos durante el debate político en Bruselas que avivan el escepticismo.

Democracia, transparencia y subsidiariedad es un tríptico que la realidad ha impuesto como máxima prioridad a los dirigentes europeos. Su misma definición se refiere a las conductas con un criterio de transparencia, partiendo de que la influencia es algo presente en todas las relaciones humanas, tanto en el ámbito público como en el privado.

Sus resultados se pueden ver en el debate de cualquier texto legislativo o reglamentario, en la frase oportunamente introducida. Cuando se examinan las enmiendas a un proyecto de ley de presupuestos, o de un impuesto, o a la regulación de los precios agrícolas -sea en el Parlamento europeo, sea en el de un país-, no hacen falta profundas investigaciones para saber a quién se apoya o qué se defiende. Por ello, es conveniente regular el tráfico de influencias, porque hay que regular los comportamientos humanos: no siempre son puros o altruistas. Sin olvidar que también son grupos de intereses las ONG, como Amnistía Internacional o Médicos Sin Fronteras, con móviles altruistas y no egoístas. Por todo ello, es más positivo seguir una línea de comportamiento que, admitiendo el carácter falible y apasionado del ser humano, trate de perfeccionar los controles necesarios para que su acción sea transparente. Esta reivindicación del carácter necesariamente ético de la acción pública debe establecerse sobre la base de la transparencia y del autocontrol tanto entre los responsables políticos directos como entre todos aquellos que ejercen responsabilidades públicas, sean magistrados, funcionarios o periodistas.

Al mismo tiempo, la Unión Europea puede constituir un sugestivo proyecto de Comunidad de destino a los europeos, sobre todo a los jóvenes. No como apelación obligada a los valores de la juventud, que debe afirmarlos ella misma con su esfuerzo, sino porque se está consiguiendo superar aquella Europa que, en palabras de Paúl Valéry, era «un sistema paradójico, que realizó el máximo de unión intelectual con el máximo de desunión desde el punto de vista de las voluntades», maldición que es preciso tener presente para que pertenezca por siempre al pasado.

Esta nueva página de la historia se empieza a escribir en un momento en el que las sociedades que constituyen la Unión Europea están pasando claramente del reino de la necesidad al reino de la libertad. La superación de los condicionamientos y servidumbres que han constituido la intrahistoria de la humanidad, gracias al espectacular y liberador desarrollo impulsado por el continuo avance tecnológico, abren infinitas perspectivas. La alternativa es: o el repliegue en nosotros mismos, rodeados de barreras para evitar la contaminación de la pobreza, o una participación activa y conjunta en un futuro mejor para la humanidad. Europa ha respondido a su verdadero genio cuando se ha abierto a lo universal.

¿Cuál es la mejor definición de la democracia europea del futuro? Sin duda, la que dio Pericles, hace ahora 2500 años, en su famosa Oración fúnebre a los atenienses caídos en la guerra del Peloponeso:

«Tenemos un sistema político que no imita las leyes de otros, sino que servimos más de modelos para unos que imitadores de otros. En cuanto a su nombre, al no ser objetivo de su administración los intereses de unos pocos sino los de la mayoría, se denomina democracia y, de acuerdo con las leyes, todos tienen derechos iguales en sus pleitos privados; en lo que hace a la valoración de cada uno, en la medida en que se goza de prestigio en algún aspecto, nadie es preferido para intervenir en los asuntos públicos más en razón de pertenecer a un grupo determinado que por sus méritos, ni tampoco, en lo que hace a la pobreza, es un obstáculo lo oscuro de su reputación, si puede beneficiar a la ciudad. En nuestra ciudad entra por su importancia cualquier mercancía desde cualquier punto de la tierra, y se da el caso de que los productos originados aquí no los disfrutamos como más propios que los que procedan del resto de la humanidad. [...] Ofrecemos una ciudad abierta a todos. [...]

«Gustamos de la belleza con sencillez y de la especulación sin incurrir en malicia, recurrimos a la riqueza por la oportunidad que da de actuar más que por vanagloria, y en cuanto a la pobreza, para nadie es vergonzoso confesarla, sino que es más vergonzoso no intentar salir de hecho de ella.

«En las mismas personas es posible el interés por los asuntos públicos y privados, y el que, a pesar de dedicarse a distintas ocupaciones, no conozcan de un modo deficiente las públicas, pues somos los únicos que, a quien no participa en ninguna de ellas, lo consideramos no despreocupado sino inútil, y lo cierto es que sólo nosotros decidimos o examinamos con rectitud los asuntos, sin considerar un daño para la acción las palabras, sino más bien el no informarse mediante debate antes de emprender lo que se debe ejecutar».

En un mundo apasionado por la predicción del futuro con tintes científicos, lo que se llama la prospectiva, inconscientemente sobrecogido por el ocaso de la presente década y el alba de la tercera, resulta aleccionadora la vigencia y frescura de esta definición. Para los que vivirán y dirigirán la Europa y el mundo de la próxima década es una lección útil recordar que, a pesar de los cambios y avances tecnológicos, el alma humana sigue siendo similar en sus aspectos mejores y peores a la de los atenienses clásicos. También, que no estamos condenados a repetir la historia; con voluntad y osadía, ésta puede cambiar su rumbo.

Europe Direct - 101000568880

De:      EDCC (noreply@edcc.ec.europa.eu)

Para:    emeterio_g@yahoo.com.mx

Fecha:  jueves, 16 de enero de 2020 09:33 GMT-6

Estimado Sr. Guevara:

Gracias por ponerse en contacto con el Centro de Contacto Europe Direct.

Su pregunta ha sido transmitida al servicio competente de la Comisión Europea. La respuesta es la siguiente:

"No entendemos exactamente lo que pretende citar. Pero en general se permite citar textos escritos y publicados por la Unión Europea, también más allá de las reglas académicas y artísticas para las citas. Si encuentra textos en los sitios web oficiales de la Unión Europea, todos ellos están cubiertos por este aviso legal (https://europa.eu/european-union/abouteuropa/legal_notices_es), que establece que la reproducción está autorizada. Un aviso similar se encuentra en las publicaciones oficiales de la UE en forma impresa. Si tiene preguntas especializadas sobre la reproducción, puede ponerse en contacto con: info@publications.europa.eu (https://op.europa.eu/es/web/about-us/contact)."

Esperamos que esta información le resulte de utilidad. Póngase en contacto con nosotros nuevamente si tiene otras preguntas sobre la Unión Europea, sus actividades o instituciones.

-------------------------------------------------------------

Estoy escribiendo un libro sobre la historia y el futuro de la Unión Europea. Está en su fase final. Mi petición es que me permitan citar algunos de los pilares sociales de la Unión que abarcan hasta 11 renglones, lo que rebasa los estándares internacionales, obviamente con el crédito correspondiente.
Muchas gracias.

Atentamente,
Centro de Contacto Europe Direct
Respondemos a todas las preguntas sobre la UE

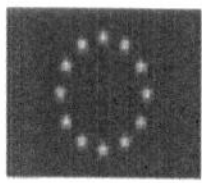

00 800 6 7 8 9 10 11

Europedirect.europa.eu

# BIBLIOGRAFIA


ALIGICA, Paul Dragos, y Anthony John Evans. The neoliberal Revolution in Eastern Europe: Economic Ideas in the Transition from Communism. Hansen, 2009.

ASLUND, Anders. Gorvachev's Struggle Economic Reform: The Soviet Reform Process. Cornell University Press. 1989.

ASLUND, Anders. Building Capitalism: The Transformation of the Former Soviet Bloc. Cambridge Press. 2002.

ASLUND, Anders. How Capitalism was Built: the Transformation of Central Europe, Russia, and Central Asia. Cambridge University Press. 2007.

BARÓN, Enrique. Europa al alba del milenio. Acento, 1997.

Andrés, Blas de, Guerrero. Nacionalismo y naciones en Europa. Alianza Universidad, 1995.

BENKO, A. y Liepitz, A. Las regiones que ganan, Valencia: Alfons el Magnánim, 1994.

BLAIR, T. y Schroeder, G.. La Tercera Vía. Europa, en: JACQUES, M. (ed.) ¿Tercera Vía o neoliberalismo?, Barcelona: Icaria, 2000.

BECK, Ulrich. La Europa cosmopolita. Paídos, 2006.

BECK, Ulrich. The Reinvention of Politics: Rethinking Modernity in the Global Social Order- Polity, 2015.

BECK, Ulrich. Cosmopolitan vision, Polity, 2015.

BECK, Ulrich. Ulrich Beck: Pioneer in Cosmopolitan Sociology and Risk Society. Springer, 2014.

BECK, Ulrich

BEREND, Iván. From the Soviet Bloc to the European Union Cambridge University Press. 2009.

BILBAO Ubillos, J. (2014): Modelo social europeo: perspectivas de futuro, Eurobask.

BOHLE, Dorothee y Bela Greskovitz. Capitalist Diversity on Europe Periphery. Cornell University Press. 2012.

BOURDIEU, P. La miseria del mundo, Madrid: AKAL, 1999.

BOZO, Frederick, et al. Europe and the End of the Cold War. Routledge. 2008.

BRUNET, I. y Belzunegui, A. Flexibilidad y formación. Una crítica sociológica al discurso de las competencias, Barcelona: Ariel, 2001.

BRUNTE, I. y Pastor, I. Jove i inserció laboral, Barcelona: Proa, 2001.

CASTEL, R. La metamorfosis de la cuestión social. Una crónica del salariado, Barcelona: Paidós, 1997.

BOOKER, Christopher. The Great Deception: Can the European Union survive? - EU Referendum .Bloomsbury Publishing PLC, 2016.

COATES, K. y Barratt, M. La Tercera Vía hacia el estado servil, en: JACQUES, M. (ed.), ¿Tercera Vía o neoliberalismo?, Barcelona: Icaria.

CINI, Michelle; Borragan. European Union Politics. Oxford University Press, 2019.

COMISIÓN EUROPEA (1993), Libro Blanco sobre el crecimiento, la competitividad y el empleo, Bruselas.

— (1995). Libro Blanco sobre la educación y la formación. Enseñar y aprender. Hacia la sociedad cognitiva, Bruselas.

— (1998). El empleo en Europa-empleo para todos. Todos por el empleo: transformar las directrices de acción, Bruselas.

— (1999). El Tratado de Ámsterdam: instrucciones de uso, Bruselas.

— (1999a). Directrices para el empleo 1999, Bruselas.

— (2000). Propuesta de Directrices para las políticas de empleo de los Estados miembros en el año 2000, Bruselas.

COMISIÓN EUROPEA (2010): Europa 2020. Una estrategia para un crecimiento inteligente, sostenible e integrador, COM (2010) 2020, Bruselas.

COMISIÓN EUROPEA (2017): Documento de reflexión sobre la dimensión social de Europa, COM (2017) 206, Bruselas.

COMISIÓN EUROPEA (2017a): Libro Blanco sobre el futuro de Europa, COM (2017) 2025, Bruselas.

COMISIÓN EUROPEA (2017b): Documento de reflexión sobre la profundización de la unión económica y monetaria, COM (2017) 291, Bruselas.

COMISIÓN EUROPEA (2017c): Documento de reflexión sobre el futuro de las finanzas de la UE, COM (2017) 358, Bruselas.

COMISIÓN EUROPEA (2017d): Comunicación nuevos pasos para la plena realización de la unión económica y monetaria europea: una hoja de ruta, COM (2017) 821 final, Bruselas.

CONSEJO ECONÓMICO Y SOCIAL DE ESPAÑA (2018): La gobernanza económica de la Unión Europea, Informe anual, CES, Madrid.

COSTAS, A. (2011): "Quiebra moral de la economía de mercado", El País, 18 de abril de 2011.

DAVIES, Norman. Europe: a History. Oxford University Press. 1996.

DINAN, Desmond y Neill Nugent. The European Union in Crisis (The European Union Series) Red Globe Press, 2017.

DINAN, Desmond. Origins and Evolution of the European Union. (New European Union Series) Oxford University Press, 2014.

DROZDIAK, William. Fractured Continent: Europe's Crises and the Fate of the West. W. W. Norton & Company, 2017.

DUVERGER, M. (1994): Europa de los hombres. Una metamorfosis inacabada, Alianza, Madrid.

EPSTEIN, Rachel. In Pursuit of Liberalism: International Institutions in Post Communist Europe. John Hopkins University Press. 2008.

ESPING-ANDERSEN, G. (1993): Los tres mundos del Estado de Bienestar, Ed. Alfonso el Magnánimo, Valencia.

GIDDENS, A. (1999). La tercera vía. La renovación de la socialdemocracia, Madrid: Taurus.

—Un mundo desbocado. Los efectos de la globalización en nuestras vidas, Madrid: Taurus, 2000.

-Europa en la era global. Paidós, 2007.

GORZELAK, Grzegorz. The Regional Dimension of Transformation in Central Europe: Regions and Cities. Routledge. 1996.

HALL, S. El gran espectáculo hacia ninguna parte, en: JACQUES, M. (ed.), ¿Tercera Vía o neoliberalismo?, Barcelona: Icaria, 2000.

HOBSBAWM, E. (2000). La muerte del neoliberalismo, en: JACQUES, M. (ed.), ¿Tercera Vía o neoliberalismo?, Barcelona: Icaria.

MARTÍN CRIADO, E. (1998). Producir la juventud: crítica de la sociología de la juventud, Madrid: ISTMO.

— (1999). El paro juvenil no es el problema, la formación no es la solución, en CACHÓN, L. (ed.): Juventudes, mercados de trabajo y políticas de empleo, Benillcull del Xúquer (Valencia): Ed. 7 i Mig, pp. 15-48.

HABERMAS, Jurgen. The Crisis of the European Union: A Response. Polity, 2012.

HABERMAS, J. (2012): La constitución de Europa, Trotta, Madrid. HABERMAS, J. (2018): "¿Hacia dónde va Europa?", El País, 18 de noviembre.

JONES, E. L. El milagro europeo. Alianza Universidad , 1999.

JORDÁN, J. M. y TAMARIT, C. (2013) (coordinadores): Economía de la Unión Europea, Thomson-Cívitas, Pamplona.

JORDÁN, J. M. y CARDONA, J. (2015): "Balance y retos actuales de la integración europea", en el libro colectivo La encrucijada de Europa. Luces y sombras para un futuro común, Universidad de Valencia.

McCORMICK, John; Jonathan Olsen. The European Union: Politics and Policies. Westview Press, 2013.

McCORMICK, John. Understanding the European Union: A Concise Introduction. Red Globe Press, 2020.

J. J. Kaplan y G. Schleiminger, The European Payments Union. Financial Diplomacy in the 1950s. Oxford, Clarendon Press, 1989.

L. Tsoukalis, The Politics and Economics of European Monetary integration. Londres, Allen & Unwin, 1977.

P.Ludlow, The Making of the European Monetary System. Londres, Butterworths European Studies, 1982.

D.Gros y N. Thygesen, The EMS-Achievements, Current Issues and Directions of the Future, CEPS Paper núm. 35,1988,80 pp. P. de Grauwe y L Papademos (comps.), The European Monetary System in the 1990's. Londres, Longman, 1990, 350 pp.

T. Padoa Schioppa y otros, Stability and Equity, A Strategy of the Evolution of the Economic System of the European Community. Oxford, Oxford University Press, 1987, pp.75 77.

Committee on the Study of Economic and Monetary Union (el Comité Delors), Report on Economic and Monetary Union in the European Community (" Delors Report" ), Office for Official Publications of the European Communities, Luxemburg, 1989.

<Declaración del Consejo del Banco Central en "las decisiones de Maastricht sobre la unión económica y monetaria europea" Informe Mensual del Deutsche

Bundesbank, febrero de 1992.
NELSEN, Brent F. (Editor). The European Union: Readings on the Theory and Practice of European. Lynne Rienner Publishers, 2014.
OLSEN, Jonathan. The European Union. Routledge, 2016.
Jürgen von Hagen en " Fiscal Arrangements, in a Monetary Union: Evidence from the US" en Fiscal Policy, Taxation and the Financial System in an Increasingly Integrated Europe, Suerf, Kluwer Academic Publishers, Dordrecht, 1992, pp. 337 359.
RIFKIN, Jeremy. El sueño europeo. Paidós, 2004.
Bickerton, Chris. The European Union: A Citizen's Guide. Pelican Books, 2016.
PETERSON, John. (Editor), Dermot Institutions of the European Union (New European Union Series) Oxford University Press, 2017.
PINDER, John y Simon Usherwood. The European Union: A Very Short Introduction. Oxford University Press, 2018.
PINDER, John. The Building of the European Union. Oxford University Press, 1999.
SOBOLEWSKA, Maria and Robert Ford. Brexitland: Identity, Diversity and the Reshaping of British Politics. Cambridge University Press, 2020.
STAAB, Andreas. The End of Europe?: The Five Dilemmas of the European Union. Lexington Books, 2020.
STIGLITZ, Joseph H. The Euro. W W Norton, 2018.
STIGLITZ, Joseph H. Rewritten the Rules of the European Economy. W W Norton, 2020.
SCHIEK, Dagmar. The EU Economic and Social Model in the Global Crisis: Interdisciplinary Perspectives (Studies in Modern Law and Policy), 2016.
WICKHAM, James. European Societies Today: Inequality, Diversity, Divergence, 2020.

Sobre el Modelo Social, en orden de importancia.

Aurore Wanlin, The Lisbon Scorecard VI, Londres, Centre for European Reform, 2006.
Thomas Friedman, The World Is Flat: A Brief History of the Twenty-First Century, Nueva York, Alien Lane, 2005 [hay trad. cast.: La tierra es plana: breve historia del mundo globalizado del siglo XXI, Madrid, Martínez Roca, 2006].
Gordon Brown, Global Europe, Londres, Treasury (Ministerio de Hacienda británico), 2005, pág. 4.
Daniel Vaugban-Whitehead, EU Enlargement versus Social Europe?, Londres, Elgar, 2003.
Jürgen Habermas y Jacques Derrida, «February 15, or, what binds Europeans together», en Daniel Levy y otros (comps.), Old Europe, New Europe, Core Europe, Londres, Verso, 2005 [N. del t.: El artículo fue publicado originalmente en alemán y en francés en el Frankfurter Allgemeine Zeitung y en Libération, respectivamente, el 31 de mayo de 2003. En español se publicó, entre otros, en el diario El País del 4 de junio de 2003 con el título «Europa, en defensa de una política exterior común».]
2. Anna Diamantopoulou, «The European social model - myth or reality?»,

discurso en el congreso del Partido Laborista, Boumemouth (Inglaterra), 29 de septiembre de 2003.

André Sapir, «Globalization and the reform of European social models», documento informativo para la reunión del ECOFIN, Manchester, 9 de septiembre de 2005, disponible en línea en <www.bruegel.org>. Manuel Castells y Pekka Himanen, The Information Society and the Welfare. Oxford, Oxford University Press, 2002 [hay trad. cast.: El Estado del bienestar en la sociedad de la información: el modelo finlandés, Madrid, Alianza, 2002].

Wim Kok, Eacing the Challenge, Report of the High Level Group, noviembre de 2004, pág. 16 [hay trad. cast.: Hacer frente al desafío, Informe del Grupo de Alto Nivel presidido por Wim Kok, pág. 18].

André Sapir, An Agenda for a Growing Europe: Report of the High-Leve. Study Group, Bruselas, Comisión Europea, julio de 2003.

Palme, «Why the Scandinavian experience is relevant for reform of the ESM».


• Instituto Nacional de Educación Sueco), Schools like any Other?, Estocolmo, 2005, y en ídem, Equity Trends in the Swedish School System, Estocolmo, 2005.10.

Gosta Esping-Andersen, The Three Worlds of Welfare Capitalism, Cambridge, Polity, 1990 [hay trad. cast.: Los tres mundos del Estado del bienestar, Valencia, Alfons el Magnánim, 1993].

Torben Iversen y Anne Wren, «Equality, employment and budgetary restraint: the trilemma of the service economy», World Politics, 50, 1998.

Antón Hemerijck, «The self-transformation of the European social model(s)», en Gesta Esping-Andersen (comp.), Why We Need a New Welfare State. Oxford, Oxford University Press, 2002.

Katinka Barysch, «Liberal versus social Europe», Centre for European Reform Bulletin, agosto-septiembre de 2005.

Karl Aiginger, «Towards a new European model of a reformed welfare state», United Nations Economic Survey of Europe, 1, 2005. Véase otra importante contribución en Joakim Palme, «Why the Scandinavian experience is relevant for the reform of the ESM», disponible en línea en <http://www.progressive-governance.net/php/article.php?aid=501&sid=7>.

Karl Aiginger, «Towards a new European model of a reformed welfare state», United Nations Economic Survey of Europe, 1, 2005.


Bibliografía sobre guerra Rusia Ucrania

Acemoglu, D., & Robinson, J. A. (2012). Por qué fracasan los países. Los orígenes del poder, la prosperidad y la pobreza. Ediciones Deusto

Altermann, M., & Rinklebe, J., & Merbach, I., & Körschens, M., & Langer, U., & Hofmann, B. (2005). Chernozem—soil of the year 2005. Journal of Plant Nutrition and Soil Science, 168(6).

Amnistía Internacional. (2021). La situación de los derechos humanos en el mundo. Londres, Reino Unido.

Antonenko, A.,& Bambals, R., & Nitsovych, R.,... & Pavlenko, O. (2015) War in the energy sector as a second fronte. The war in Ukraine: Lessons for Europe. Riga, University of Latvia Press. The Center for East European Policy Studies..

Añorve, D. (2016). La anexión de Crimea: una respuesta a la crisis demográfica de la Federación Rusa. Foro internacional.

Aznar Fernández-Montesinos, F. (2018). La OTAN y la posmodernidad. Una organización poco comprendida y geopolíticamente necesaria. Revista de Estudios en Seguridad Internacional, Vol 4, No 2.

Babajan, T. (2018). Oligarchs, State Power and Mass Opinion: A Study of the Role of Oligarchs in Post-Soviet Pseudo-democracies. Linnaeus University Press.

Brzezinski, Z. (1998). La OTAN se acerca a Rusia. Política Exterior.

Brzezinski, Z. (2016). The grand chessboard. American primacy and its geostrategic imperatives. New York Basic Books.

Cámara, M. D. L. (2010). La política exterior de Rusia. Boletín Elcano.

Cardona, J. A. V. (2017). Geopolítica de la crisis en Ucrania. Revista Perspectivas en Inteligencia.

Checa Godoy, A. (2008) La desrusificación de Ucrania. El papel de los medios. IC Revista Científica de Información y Comunicación.

Dvornichenko, A. Y. (2016).The place of the Kievan Rus in history. Institute of History, St.Petersburg State University.

Fettweis, C. J. (2015) On heartlands and chessboards: Classical geopolitics, then and now. Orbis.

Freedom House. (2021a). Ukraine: Freedom in the world 2021. Country Report.

Gamboa, F. (2014). El conflicto en Ucrania: A diez años del fracaso de la Revolución Naranja. Ciências Sociais Unisinos.

Giertych, J. (1956). El problema del separatismo en Ucrania y Polonia Suroriental. Revista de estudios políticos, (85).

González, F. J. R. (2011). Conflictos en el espacio postsoviético: situación actual y posible evolución futura. Boletín de Información.

Granados , J. (2007). Ucrania, un Estado y dos civilizaciones. Revista UNISCI.

Gryshova, I., & Stoyanova-Koval, S., & Dobrianska, N., & Gogol, M., & Sakun, A. (2019). Política de integración y cooperación con la Unión Europea sobre posiciones de liderazgo ycompetitividad de la economía ucraniana. Revista Dilemas Contemporáneos: Educación, Política y Valores.

Huntington, S. P. (1996). The clash of civilizations and the remaking of world order. The free press.

Ishchenko, V. (2014). Las fracturas de Ucrania. New Left Review (87). Instituto de Altos Estudios Nacionales de Ecuador.

López Jiménez, J. A. (2018). El vecindario oriental de la Unión Europea y los conflictos post-soviéticos., Revista de Estudios en Seguridad Internacional.

Mancera, A. C. (2014). La federación rusa y la crisis de Ucrania. El Cotidiano.

Márquez Muñoz, J. (2006) ¿ Ucrania dividida?. Revista de Relaciones Internacionales de la UNAM.

Maszkiewicz, M. (2014). Ucrania: el postcolonialimo soviético versus la elección europea. Revista Cuadernos Manuel Giménez Abad-

Mearsheimer, J. J. (2015). Don't arm Ukraine. New York Times.

Mearsheimer, J. J. (2014a). Getting Ukraine Wrong. The New York Times.

Mearsheimer, J. J. (1993). The case for a Ukrainian nuclear deterrent. Foreign affairs, 50-66.

Mearsheimer, J. J. (2001). The tragedy of Great Power politics. W.W Norton & Company.

Mearsheimer, J. J. (2014b). Why the Ukraine crisis is the West's fault: the liberal delusions that provoked Putin. Foreign Affairs.

Membrive, L. A., & Amado, V. M. (2010). Ucrania tras las elecciones presidenciales de 2010. Real Instituto el Cano.

Minakov, M., & Rojansky, M. (2018). Democracy in Ukraine: Are We There Yet. Kennan Cable, Wilson Center.

Morales Hernández, Javier, (2018a)., Seguridad ontológica y percepciones de amenaza: Rusia ante la ampliación de la OTAN. Revista de Estudios en Seguridad Internacional, Vol. 4, No. 2.

Morales Hernández, Javier, (2018b). ¿Una nueva Guerra Fría? La militarización del discurso entre Rusia y Occidente.

Morales Hernández, Javier, & Eurasia, F. A. (2015). Rusia y Europa entre la confrontación y la cooperación: el reafirme ante el conflicto en Ucrania. Anuario CEIPAZ.

Pascual de la Parte, F. (2017). El imperio que regresa. La guerra de Ucrania 2014-2017: origen, desarrollo, entorno internacional y consecuencias. Ediciones de la Universidad de Oviedo.

Pozo, G. (2004). La paz fría: Rusia y la OTAN entre 1991 y 2001. Cuadernos constitucionales de la Cátedra Fadrique Furió Ceriol.

Prudnikov, V. (2009). ¿ Continuidad o cambios en la política exterior de Rusia?. Revista de Relaciones Internacionales de la UNAM.

Raffensperger, C. (2012). Reimagining Europe: Kievan Rus' in the Medieval World. Harvard University Press.

Rodríguez, J. D. (2020). La OTAN después de los 70: desafíos, redefinición y fortalecimiento de la Alianza. bie3: Boletín IEEE.

Rodríguez Prieto, V. (2018). La dimensión oriental de la política europea de la vecindad en la nueva estrategia global. Revista de Estudios en Seguridad Internacional, Vol 4, No.2.

Rose, G. (1998). Neoclassical realism and theories of foreign policy. World Politics, Cambridge University Press. Vol. 51, No. 1.

Rubio, A. R. (2004). Europa y Rusia ante la crisis ucraniana. Boletín Elcano, (57), 5.

Ruiz Ramas, R., & Morales Hernández, J., & Ruiz González F. J., & Ferrero Turrión, R., & Pardo

Sauvageot, E., & González P. (2016). Ucrania: de la Revolución del Maidán a la Guerra del Donbass. Comunicación Social Ediciones. Colección Historia y Presente.

Ruiz Ramas, R. (2018). Ucrania como Estado frontera, Estado multicultural y Estado nación-unitario: La reforma constitucional de 1996 y sus consecuencias. Escuela de Estudios Internacionales, Universidad Sun Yan-sen, Cantón, China.

Salmón, E., & Rosales, P. (2014). Rusia y la anexión de Crimea o la crisis de la post Guerra Fría. Derecho PUCP.

Sanz, J. D. A. (1992). El nuevo rumbo de la política exterior rusa. Policy.

Schweller, R. L. (2006). Unanswered Threats: Political Constraints on the Balance of Power. New Jersey: Princeton University Press.

Serra, M. B. (2016). El complejo regional post-soviético y el conflicto en Ucrania como dilema de seguridad. Perspectivas: Revista de Ciencias Sociales. No. 2.

Trujillo, I. C. (2020). 4TP: Hacia una Cuarta Teoría Política Alexander Dugin y el

Neoeurasianismo. Tiempo devorado.
Van Zon, H. (2001). Neo-patrimonialism as an impediment to economic development: the case of Ukraine. The Journal of Communist Studies and Transition Politics, 17(3), 71-95 p.
Vargas, J. (2017). Geopolítica de la crisis de Ucrania. Perspectivas en inteligencia, 9(18): 105- 129
Westphal, K., & Balmaceda, M., & Pirani, S., (2009). The russian-ukranian gas conflict. Russian analytical digest, Center for Security Studies, ETH Zurich. No 53, p 25.
World Bank Group (2020). Economy profile: Ukraine. Doing Business.
Waltz, Kenneth N. (2010). Theory of International Politics. New York: Columbia University, Saltzman Institute of War and Peace Studies, Waveland Press.

PUBLICACIONES: LIBROS

Marquina, Antonio (ed.) (1990): Desarme Convencional y Seguridad  Europea. Madrid, Editorial Complutense.
Marquina, Antonio (ed.) (1991): Un Nuevo Orden de Seguridad para Oriente Medio. Madrid, Editorial Complutense.
Marquina, Antonio (ed.) (1992): Seguridad en el Mediterráneo: Nuevos Planteamientos. Madrid, Fundación Universitaria San Pablo-CEU, 1992.
Marquina, Antonio (ed.) (1993): El Flanco Sur de la OTAN. Madrid, Editorial Complutense.  Marquina, Antonio (ed.) (1993): El Magreb: Concertación, Cooperación y Desafíos. Madrid, ICMA.
Cañete, Jacinto y Marquina, Antonio (eds.) (1997): El Cáucaso. Rivalidades y Estrategias. Madrid, Instituto de Europa Oriental, Universidad Complutense.
Marquina, Antonio (ed.) (1997): Elites and Change in the Mediterranean. Collection STRADEMED.
Marquina, Antonio (ed.) (1997): Las Migraciones del Norte de África a España y la Unión Europea. Tareas para una política de asociación. Madrid.
Marquina, Antonio (ed.) (1997): La Cumbre de Madrid y el Futuro de la Alianza Atlántica. Madrid, UNISCI / Asociación Atlántica Española.
Marquina, Antonio (ed.) (1998): Mutual Perceptions in the Mediterranean. Unity and Diversity. Collection STRADEMED. UNISCI / Publisud / AFES-PRESS.
Marquina, Antonio (ed.) (1998): España en la Nueva Estructura Militar de la OTAN. Madrid, UNISCI.
Marquina, Antonio and Brauch, Hans Günter (eds.) (2000): Political Stability and Energy Cooperation in the Mediterranean, Madrid, UNISCI / AFES-PRESS.
Brauch, Hans Günter; Marquina, Antonio and Biad, Abdelwahab (eds.) (2000): Euro-Mediterranean Partnership for the 21st Century,Houndmills, Palgrave Macmillan.
Brauch, Hans Günter; Liotta, Peter H.; Marquina, Antonio; Rogers, Paul F. and El-Sayed Selim, Mohamed (eds.) (2003): Security and Environment in the Mediterranean: Conceptualising Security and Environmental
Conflicts, Berlin, Springer.
Marquina, Antonio (ed.), (2004): Environmental Challenges in the Mediterranean, 2000-2050. Dordrecht, Kluwer.
Marquina, Antonio and Abad, Gracia (eds.) (2005), The New International

Environment and Regional Challenges, Madrid, UNISCI.
Petschen, Santiago (2005): La Constitución Europea: Una Visión desde la Perspectiva del Poder. Barcelona, Plaza y Valdés.
Priego Moreno, Alberto (2009): El Caúcaso: del fin de la URSS a la Revolución de la Rosa, Madrid, UNISCI.
Abad Quintanal, Gracia (2009): ASEM: Reinventando las relaciones Asia Europa, Madrid, UNISCI.

# ABOUT THE AUTHOR

Nació en Guanajuato, México. Realizó estudios de licenciatura y dos maestrías en la Universidad de Guanajuato. Obtuvo la maestría en Ciencias Sociales por la Southern Oregon University, de OR, USA. Estudió el Doctorado en Problemas de la Sociedad Industrial Contemporánea en España y obtuvo el PHD en Urbanismo en el UK. Ha escrito más de 500 artículos de fondo. Este es su libro número 31.